BIBLIOTHÈQUE UNIVERSELLE DES FAMILLES

OEUVRES

COMPLÈTES

DE MOLIÈRE

TOME DEUXIÈME.

PARIS.

PUBLIÉE PAR NAPOLÉON CHAIX,

IMPRIMEUR-ÉDITEUR.

1864.

BIBLIOTHÈQUE UNIVERSELLE DES FAMILLES

FORMANT

500 BEAUX VOLUMES IN-OCTAVO

CHOISIS PARMI

LES MEILLEURS OUVRAGES ANCIENS ET MODERNES

PUBLIÉE

PAR NAPOLÉON CHAIX.

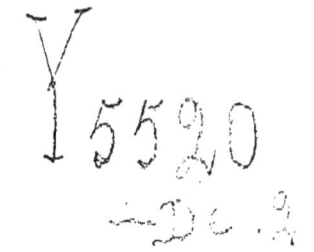

COLLECTION NAPOLÉON CHAIX.

ŒUVRES

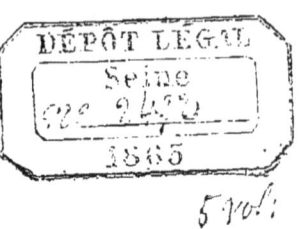

COMPLÈTES

DE MOLIÈRE

TOME DEUXIÈME

PARIS

CHEZ NAPOLÉON CHAIX ET Cie,

IMPRIMEURS-ÉDITEURS.

1864.

LES FACHEUX.

COMÉDIE-BALLET EN TROIS ACTES.

17 août 1661.

AU ROI.

SIRE,

J'ajoute une scène à la comédie; et c'est une espèce de fâcheux assez insupportable qu'un homme qui dédie un livre. Votre Majesté en sait des nouvelles plus que personne de son royaume, et ce n'est pas d'aujourd'hui qu'elle se voit en butte à la furie des épîtres dédicatoires. Mais, bien que je suive l'exemple des autres, et me mette moi-même au rang de ceux que j'ai joués, j'ose dire toutefois à Votre Majesté que ce que j'en ai fait n'est pas tant pour lui présenter un livre, que pour avoir lieu de lui rendre grâce du succès de cette comédie. Je le dois, Sire, ce succès qui a passé mon attente, non-seulement à cette glorieuse approbation dont Votre Majesté honora d'abord la pièce, et qui a entraîné si hautement celle de tout le monde, mais encore à l'ordre qu'elle me donna d'y ajouter un caractère de fâcheux dont elle eut la bonté de m'ouvrir les idées elle-même, et qui a été trouvé partout le plus beau morceau de l'ouvrage. Il faut avouer, Sire, que je n'ai jamais rien fait avec tant de facilité, ni si promptement, que cet

endroit où Votre Majesté me commanda de travailler.
J'avais une joie à lui obéir qui me valait bien mieux
qu'Apollon et toutes les Muses ; et je conçois par là ce
que je serais capable d'exécuter pour une comédie
entière, si j'étais inspiré par de pareils commandements.
Ceux qui sont nés en un rang élevé peuvent se propo-
ser l'honneur de servir Votre Majesté dans les grands
emplois ; mais, pour moi, toute la gloire où je puis
aspirer, c'est de la réjouir. Je borne là l'ambition de
mes souhaits ; et je crois qu'en quelque façon ce n'est
pas être inutile à la France que de contribuer quelque
chose au divertissement de son roi. Quand je n'y réus-
sirai pas, ce ne sera jamais par un défaut de zèle ni
d'étude, mais seulement par un mauvais destin qui
suit assez souvent les meilleures intentions, et qui sans
doute affligerait sensiblement,

Sire,

De Votre Majesté,

Le très-humble, très-obéissant et très-fidèle
serviteur et sujet,

J. B. P. MOLIÈRE.

AVERTISSEMENT.

Jamais entreprise au théâtre ne fut si précipitée que celle-ci ; et c'est une chose, je crois, toute nouvelle, qu'une comédie ait été conçue, faite, apprise et représentée en quinze jours. Je ne dis pas cela pour me piquer de l'impromptu et en prétendre de la gloire, mais seulement pour prévenir certaines gens qui pourraient trouver à redire que je n'aie pas mis ici toutes les espèces de fâcheux qui se trouvent. Je sais que le nombre en est grand et à la cour et dans la ville, et que, sans épisodes, j'eusse bien pu en composer une comédie en cinq actes bien fournis et avoir encore de la matière de reste. Mais, dans le peu de temps qui me fut donné, il m'était impossible de faire un grand dessein, et de rêver beaucoup sur le choix de mes personnages et sur la disposition de mon sujet. Je me réduisis donc à ne toucher qu'un petit nombre d'importuns ; et je pris ceux qui s'offrirent d'abord à mon esprit, et que je crus les plus propres à réjouir les augustes personnes devant qui j'avais à paraître ; et pour lier promptement toutes ces choses ensemble, je me servis du premier nœud que je pus trouver. Ce n'est pas mon dessein d'examiner maintenant si tout cela pouvait être mieux, et si tous ceux qui s'y sont divertis ont ri selon les règles. Le temps viendra de faire imprimer mes remarques sur les pièces que j'aurai faites, et je ne désespère pas de faire voir un jour, en grand auteur, que je puis citer Aristote et Horace. En attendant cet examen, qui peut-être ne viendra point, je m'en remets assez aux décisions de la multitude, et je tiens aussi difficile de combattre un ouvrage que le public approuve que d'en défendre un qu'il condamne.

Il n'y a personne qui ne sache pour quelle réjouissance la pièce fut composée, et cette fête a fait un tel éclat qu'il n'est pas nécessaire d'en parler; mais il ne sera pas hors de propos de dire deux paroles des ornements qu'on a mêlés avec la comédie.

Le dessein était de donner un ballet aussi; et, comme il n'y avait qu'un petit nombre choisi de danseurs excellents, on fut contraint de séparer les entrées de ce ballet, et l'avis fut de les jeter dans les entr'actes de la comédie, afin que ces intervalles donnassent temps aux mêmes baladins de revenir sous d'autres habits; de sorte que, pour ne point rompre aussi le fil de la pièce par ces manières d'intermèdes, on s'avisa de les coudre au sujet du mieux que l'on put et de ne faire qu'une seule chose du ballet et de la comédie. Mais comme le temps était fort précipité, et que tout cela ne fut pas réglé entièrement par une même tête, on trouvera peut-être quelques endroits du ballet qui n'entrent pas dans la comédie aussi naturellement que d'autres. Quoi qu'il en soit, c'est un mélange qui est nouveau pour nos théâtres et dont on pourrait chercher quelques autorités dans l'antiquité ; et, comme tout le monde l'a trouvé agréable, il peut servir d'idée à d'autres choses qui pourraient être méditées avec plus de loisir.

D'abord que la toile fut levée, un des acteurs, comme vous pourriez dire moi, parut sur le théâtre en habit de ville, et, s'adressant au roi avec le visage d'un homme surpris, fit des excuses en désordre sur ce qu'il se trouvait là seul, et manquait de temps et d'acteurs pour donner à Sa Majesté le divertissement qu'elle semblait attendre. En même temps, au milieu de vingt jets d'eau naturels, s'ouvrit cette coquille que tout le monde a vue, et l'agréable naïade[1] qui parut dedans s'avança au bord du théâtre, et d'un air héroïque prononça les vers que M. Pellisson avait faits, et qui servent de prologue.

---

[1] Cette naïade fut représentée par Madeleine Béjart.

PERSONNAGES.

DAMIS, tuteur d'Orphise.

ORPHISE.

ÉRASTE, amoureux d'Orphise.

ALCIDOR,
LISANDRE,
ALCANDRE,
ALCIPPE,
ORANTE,
CLIMÈNE,　} fâcheux.
DORANTE,
CARITIDÈS,
ORMIN,
FILINTE,

LA MONTAGNE, valet d'Éraste.

L'ÉPINE, valet de Damis.

LA RIVIÈRE, et deux camarades.

Noms des acteurs qui ont joué d'original dans *les Fâcheux* :

DAMIS.	L'Épy.
ORPHISE.	Mlle Béjart.
ÉRASTE.	La Grange.
ORANTE.	Mlle Duparc.
CLIMÈNE.	Mlle Debrie.
LA MONTAGNE.	Duparc.

La scène est à Paris.

LES FACHEUX.

PROLOGUE.

UNE NAÏADE sortant des eaux dans une coquille.

Pour voir en ces beaux lieux le plus grand roi du monde,
Mortels, je viens à vous de ma grotte profonde.
Faut-il, en sa faveur, que la terre ou que l'eau
Produisent à vos yeux un spectacle nouveau?
Qu'il parle ou qu'il souhaite, il n'est rien d'impossible :
Lui-même n'est-il pas un miracle visible?
Son règne, si fertile en miracles divers,
N'en demande-t-il pas à tout cet univers?
Jeune, victorieux, sage, vaillant, auguste,
Aussi doux que sévère, aussi puissant que juste :
Régler et ses États et ses propres désirs;
Joindre aux nobles travaux les plus nobles plaisirs;
En ses justes projets jamais ne se méprendre;
Agir incessamment, tout voir et tout entendre,
Qui peut cela peut tout : il n'a qu'à tout oser,
Et le ciel à ses vœux ne peut rien refuser.
Ces termes marcheront, et si Louis l'ordonne,
Ces arbres parleront mieux que ceux de Dodone.

Hôtesses de leurs troncs, moindres divinités,
C'est Louis qui le veut, sortez, nymphes, sortez;
Je vous montre l'exemple, il s'agit de lui plaire.
Quittez pour quelque temps votre forme ordinaire;
Et paraissons ensemble, aux yeux des spectateurs,
Pour ce nouveau théâtre autant de vrais acteurs.

(Plusieurs dryades, accompagnées de faunes et de satyres, sortent des arbres et des termes.)

Vous, soin de ses sujets, sa plus charmante étude,
Héroïque souci, royale inquiétude,
Laissez-le respirer, et souffrez qu'un moment
Son grand cœur s'abandonne au divertissement :
Vous le verrez demain, d'une force nouvelle,
Sous le fardeau pénible où votre voix l'appelle,
Faire obéir les lois, partager les bienfaits,
Par ses propres conseils prévenir nos souhaits,
Maintenir l'univers dans une paix profonde,
Et s'ôter le repos pour le donner au monde.
Qu'aujourd'hui tout lui plaise, et semble consentir
A l'unique dessein de le bien divertir!
Fâcheux, retirez-vous; ou s'il faut qu'il vous voie,
Que ce soit seulement pour exciter sa joie!

(La naïade emmène avec elle, pour la comédie, une partie des gens qu'elle a fait paraître, pendant que le reste se met à danser au son des hautbois, qui se joignent aux violons.)

FIN DU PROLOGUE.

ACTE PREMIER.

SCÈNE I.

ÉRASTE, LA MONTAGNE.

ÉRASTE.

Sous quel astre, bon Dieu! faut-il que je sois né,
Pour être de fâcheux toujours assassiné!
Il semble que partout le sort me les adresse,
Et j'en vois chaque jour quelque nouvelle espèce;
Mais il n'est rien d'égal au fâcheux d'aujourd'hui;
J'ai cru n'être jamais débarrassé de lui;
Et cent fois j'ai maudit cette innocente envie
Qui m'a pris, à dîner, de voir la comédie,
Où, pensant m'égayer, j'ai misérablement
Trouvé de mes péchés le rude châtiment.
Il faut que je te fasse un récit de l'affaire,
Car je m'en sens encor tout ému de colère.
J'étais sur le théâtre en humeur d'écouter
La pièce qu'à plusieurs j'avais ouï vanter;
Les acteurs commençaient, chacun prêtait silence;
Lorsque, d'un air bruyant et plein d'extravagance,
Un homme à grands canons est entré brusquement
En criant : « Holà! ho! un siége promptement! »
Et, de son grand fracas surprenant l'assemblée,

Dans le plus bel endroit a la pièce troublée.
Hé! mon Dieu! nos Français, si souvent redressés,
Ne prendront-ils jamais un air de gens sensés?
Ai-je dit; et faut-il sur nos défauts extrêmes
Qu'en théâtre public nous nous jouions nous-mêmes,
Et confirmions ainsi, par des éclats de fous,
Ce que chez nos voisins on dit partout de nous?
Tandis que là-dessus je haussais les épaules,
Les acteurs ont voulu continuer leurs rôles :
Mais l'homme pour s'asseoir a fait nouveau fracas;
Et, traversant encor le théâtre à grands pas,
Bien que dans les côtés il pût être à son aise,
Au milieu du devant il a planté sa chaise,
Et, de son large dos morguant les spectateurs,
Aux trois quarts du parterre a caché les acteurs.
Un bruit s'est élevé, dont un autre eût eu honte;
Mais lui, ferme et constant, n'en a fait aucun compte,
Et se serait tenu comme il s'était posé,
Si, pour mon infortune, il ne m'eût avisé.
« Ha! marquis, m'a-t-il dit, prenant près de moi place,
Comment te portes-tu? Souffre que je t'embrasse. »
Au visage, sur l'heure, un rouge m'est monté
Que l'on me vît connu d'un pareil éventé.
Je l'étais peu pourtant; mais on en voit paraître
De ces gens qui de rien veulent fort vous connaître,
Dont il faut au salut les baisers essuyer,
Et qui sont familiers jusqu'à vous tutoyer.
Il m'a fait à l'abord cent questions frivoles,
Plus haut que les acteurs élevant ses paroles.
Chacun le maudissait; et moi, pour l'arrêter,
« Je serais, ai-je dit, bien aise d'écouter.
—Tu n'as point vu ceci, marquis? Ah! Dieu me damne!
Je le trouve assez drôle, et je n'y suis pas âne;
Je sais par quelles lois un ouvrage est parfait,
Et Corneille me vient lire tout ce qu'il fait. »

Là-dessus, de la pièce il m'a fait un sommaire,
Scène à scène averti de ce qui s'allait faire;
Et jusques à des vers qu'il en savait par cœur,
Il me les récitait tout haut avant l'acteur.
J'avais beau m'en défendre, il a poussé sa chance,
Et s'est devers la fin levé longtemps d'avance;
Car les gens du bel air, pour agir galamment,
Se gardent bien surtout d'ouïr le dénoûment.
Je rendais grâce au ciel, et croyais de justice
Qu'avec la comédie eût fini mon supplice;
Mais, comme si c'en eût été trop bon marché,
Sur nouveaux frais mon homme à moi s'est attaché,
M'a conté ses exploits, ses vertus non communes,
Parlé de ses chevaux, de ses bonnes fortunes,
Et de ce qu'à la cour il avait de faveur,
Disant qu'à m'y servir il s'offrait de grand cœur.
Je le remerciais doucement de la tête,
Minutant à tous coups quelque retraite honnête;
Mais lui, pour le quitter me voyant ébranlé :
« Sortons, ce m'a-t-il dit, le monde est écoulé. »
Et sortis de ce lieu, me la donnant plus sèche[1] :
« Marquis, allons au Cours faire voir ma galèche [2] :
Elle est bien entendue, et plus d'un duc et pair
En fait à mon faiseur faire une du même air. »
Moi, de lui rendre grâce, et, pour mieux m'en défendre,
De dire que j'avais certain repas à rendre.
« Ah! parbleu! j'en veux être, étant de tes amis,
Et manque au maréchal, à qui j'avais promis.
— De la chère, ai-je fait, la dose est trop peu forte
Pour oser y prier des gens de votre sorte.
— Non, m'a-t-il répondu, je suis sans compliment,

---

[1] *Me la donnant plus sèche,* terme de manége : ne me permettant pas
de me *dérober,* se rendant plus maître de moi.

[2] *Galèche,* dont on a fait *calèche.*

Et j'y vais pour causer avec toi seulement ;
Je suis des grands repas fatigué, je te jure.
— Mais si l'on vous attend, ai-je dit, c'est injure.
— Tu te moques, marquis! nous nous connaissons tous ;
Et je trouve avec toi des passe-temps plus doux. »
Je pestais contre moi, l'âme triste et confuse
Du funeste succès qu'avait eu mon excuse,
Et ne savais à quoi je devais recourir
Pour sortir d'une peine à me faire mourir :
Lorsqu'un carrosse fait de superbe manière,
Et comblé de laquais et devant et derrière,
S'est, avec un grand bruit, devant nous arrêté,
D'où sautant un jeune homme amplement ajusté,
Mon importun et lui courant à l'embrassade,
Ont surpris les passants de leur brusque incartade ;
Et, tandis que tous deux étaient précipités
Dans les convulsions de leurs civilités,
Je me suis doucement esquivé sans rien dire ;
Non sans avoir longtemps gémi d'un tel martyre,
Et maudit ce fâcheux, dont ce zèle obstiné
M'ôtait au rendez-vous qui m'est ici donné.

LA MONTAGNE.

Ce sont chagrins mêlés aux plaisirs de la vie.
Tout ne va pas, monsieur, au gré de notre envie :
Le ciel veut qu'ici-bas chacun ait ses fâcheux,
Et les hommes seraient sans cela trop heureux.

ÉRASTE.

Mais de tous mes fâcheux, le plus fâcheux encore
C'est Damis, le tuteur de celle que j'adore,
Qui rompt ce qu'à mes vœux elle donne d'espoir,
Et fait qu'en sa présence elle n'ose me voir.
Je crains d'avoir déjà passé l'heure promise,
Et c'est dans cette allée où devait être Orphise.

LA MONTAGNE.

L'heure d'un rendez-vous d'ordinaire s'étend,

Et n'est pas resserrée aux bornes d'un instant.

ÉRASTE.

Il est vrai; mais je tremble, et mon amour extrême
D'un rien se fait un crime envers celle que j'aime.

LA MONTAGNE.

Si ce parfait amour, que vous prouvez si bien,
Se fait vers votre objet un grand crime de rien,
Ce que son cœur pour vous sent de feux légitimes,
En revanche, lui fait un rien de tous vos crimes.

ÉRASTE.

Mais, tout de bon, crois-tu que je sois d'elle aimé?

LA MONTAGNE.

Quoi! vous doutez encor d'un amour confirmé?

ÉRASTE.

Ah! c'est malaisément qu'en pareille matière
Un cœur bien enflammé prend assurance entière;
Il craint de se flatter; et, dans ses divers soins,
Ce que plus il souhaite est ce qu'il croit le moins.
Mais songeons à trouver une beauté si rare.

LA MONTAGNE.

Monsieur, votre rabat par-devant se sépare.

ÉRASTE.

N'importe.

LA MONTAGNE.

        Laissez-moi l'ajuster, s'il vous plaît.

ÉRASTE.

Ouf! tu m'étrangles, fat; laisse-le comme il est.

LA. MONTAGNE.

Souffrez qu'on peigne un peu...

ÉRASTE.

                Sottise sans pareille!

Tu m'as, d'un coup de dent, presque emporté l'oreille.

LA MONTAGNE.

Vos canons...

ÉRASTE.

Laisse-les, tu prends trop de souci.

LA MONTAGNE.

Ils sont tout chiffonnés.

ÉRASTE.

Je veux qu'ils soient ainsi.

LA MONTAGNE.

Accordez-moi du moins, pour grâce singulière,
De frotter ce chapeau, qu'on voit plein de poussière.

ÉRASTE.

Frotte donc, puisqu'il faut que j'en passe par là.

LA MONTAGNE.

Le voulez-vous porter fait comme le voilà?

ÉRASTE.

Mon Dieu, dépêche-toi!

LA MONTAGNE.

Ce serait conscience.

ÉRASTE, après avoir attendu.

C'est assez.

LA MONTAGNE.

Donnez-vous un peu de patience.

ÉRASTE.

Il me tue.

LA MONTAGNE.

En quel lieu vous êtes-vous fourré?

ÉRASTE.

T'es-tu de ce chapeau pour toujours emparé?

LA MONTAGNE.

C'est fait.

ÉRASTE.

Donne-moi donc.

LA MONTAGNE, laissant tomber le chapeau.

Hai!

ÉRASTE.

Le voilà par terre :
Je suis fort avancé. Que la fièvre te serre!

LA MONTAGNE.

Permettez qu'en deux coups j'ôte...

ÉRASTE.

Il ne me plait pas.
Au diantre tout valet qui vous est sur les bras,
Qui fatigue son maître, et ne fait que déplaire,
A force de vouloir trancher du nécessaire!

SCÈNE II.

ORPHISE, ALCIDOR, ÉRASTE, LA MONTAGNE.

(Orphise traverse le fond du théâtre; Alcidor lui donne la main.

ÉRASTE.

Mais vois-je pas Orphise? Oui, c'est elle qui vient.
Où va-t-elle si vite, et quel homme la tient?

(Il la salue comme elle passe, et elle en passant détourne la tête.)

SCÈNE III.

ÉRASTE, LA MONTAGNE.

ÉRASTE.

Quoi! me voir en ces lieux devant elle paraître,
Et passer en feignant de ne me pas connaître!

Que croire? Qu'en dis-tu? Parle donc, si tu veux

LA MONTAGNE.

Monsieur, je ne dis rien de peur d'être fâcheux.

ÉRASTE.

Et c'est l'être en effet que de ne me rien dire
Dans les extrémités d'un si cruel martyre.
Fais donc quelque réponse à mon cœur abattu.
Que dois-je présumer? Parle, qu'en penses-tu?
Dis-moi ton sentiment.

LA MONTAGNE.

    Monsieur, je veux me taire,
Et ne désire point trancher du nécessaire.

ÉRASTE.

Peste l'impertinent ! Va-t'en suivre leurs pas,
Vois ce qu'ils deviendront et ne les quitte pas.

LA MONTAGNE, revenant sur ses pas.

Il faut suivre de loin?

ÉRASTE.

   Oui.

LA MONTAGNE, revenant sur ses pas.

      Sans que l'on me voie,
Ou faire aucun semblant qu'après eux on m'envoie?

ÉRASTE.

Non, tu feras bien mieux de leur donner avis
Que par mon ordre exprès ils sont de toi suivis.

LA MONTAGNE, revenant sur ses pas.

Vous trouverai-je ici?

ÉRASTE.

    Que le ciel te confonde,
Homme, à mon sentiment, le plus fâcheux du monde!

SCÈNE IV.

ÉRASTE, seul.

Ah! que je sens de trouble, et qu'il m'eût été doux
Qu'on me l'eût fait manquer, ce fatal rendez-vous!
Je pensais y trouver toutes choses propices,
Et mes yeux pour mon cœur y trouvent des supplices.

SCÈNE V.

LISANDRE, ÉRASTE.

LISANDRE.

Sous ces arbres, de loin, mes yeux t'ont reconnu,
Cher marquis; et d'abord je suis à toi venu.
Comme à de mes amis, il faut que je te chante
Certain air que j'ai fait de petite courante [1],
Qui de toute la cour contente les experts,
Et sur qui plus de vingt ont déjà fait des vers.
J'ai le bien, la naissance, et quelque emploi passable,
Et fais figure en France assez considérable;
Mais je ne voudrais pas, pour tout ce que je suis,
N'avoir point fait cet air qu'ici je te produis.
    (Il prélude.)
La, la, hem, hem : écoute avec soin, je te prie.
    (Il chante sa courante.)
N'est-elle pas belle?

---

[1] La *courante* était une danse française, qui eut la vogue avant le menuet.

ÉRASTE.

Ah !

LISANDRE.

Cette fin est jolie.

(Il rechante la fin quatre ou cinq fois de suite.)

Comment la trouves-tu?

ÉRASTE.

Fort belle assurément.

LISANDRE.

Les pas que j'en ai faits n'ont pas moins d'agrément,
Et surtout la figure a merveilleuse grâce.

*(Il chante, parle et danse tout ensemble, et fait faire à Éraste
les figures de la femme.)*

Tiens, l'homme passe ainsi; puis la femme repasse :
Ensemble : puis on quitte, et la femme vient là.
Vois-tu ce petit trait de feinte que voilà?
Ce fleuret? ces coupés courant après la belle [1]?
Dos à dos : face à face, en se pressant sur elle.

(Après avoir achevé.)

Que t'en semble, marquis?

ÉRASTE.

Tous ces pas-là sont fins.

LISANDRE.

Je me moque, pour moi, des maîtres baladins.

ÉRASTE.

On le voit.

LISANDRE.

Les pas donc?

ÉRASTE.

N'ont rien qui ne surprenne.

LISANDRE.

Veux-tu, par amitié, que je te les apprenne?

---

[1] Le *fleuret,* le *coupé,* sont des termes techniques qui désignaient certains pas de danse.

ÉRASTE.

Ma foi, pour le présent, j'ai certain embarras...

LISANDRE.

Hé bien donc, ce sera lorsque tu le voudras.
Si j'avais dessus moi ces paroles nouvelles,
Nous les lirions ensemble, et verrions les plus belles.

ÉRASTE.

Une autre fois.

LISANDRE.

    Adieu. Baptiste le très-cher [1]
N'a point vu ma courante, et je le vais chercher :
Nous avons pour les airs de grandes sympathies,
Et je veux le prier d'y faire des parties.

                (Il s'en va, en chantant toujours.)

SCÈNE VI.

ÉRASTE, seul.

Ciel ! faut-il que le rang, dont on veut tout couvrir,
De cent sots tous les jours nous oblige à souffrir ;
Et nous fasse abaisser jusques aux complaisances
D'applaudir bien souvent à leurs impertinences !

SCÈNE VII.

ÉRASTE, LA MONTAGNE.

LA MONTAGNE.

Monsieur, Orphise est seule, et vient de ce côté.

ÉRASTE.

Ah ! d'un trouble bien grand je me sens agité !

---

[1] Jean-Baptiste Lulli.

J'ai de l'amour encor pour la belle inhumaine,
Et ma raison voudrait que j'eusse de la haine.

LA MONTAGNE.

Monsieur, votre raison ne sait ce qu'elle veut,
Ni ce que sur un cœur une maîtresse peut.
Bien que de s'emporter on ait de justes causes,
Une belle, d'un mot, rajuste bien des choses.

ÉRASTE.

Hélas! je te l'avoue, et déjà cet aspect
A toute ma colère imprime le respect.

SCÈNE VIII.

ORPHISE, ÉRASTE, LA MONTAGNE.

ORPHISE.

Votre front à mes yeux montre peu d'allégresse :
Serait-ce ma présence, Éraste, qui vous blesse?
Qu'est-ce donc? qu'avez-vous? et sur quels déplaisirs,
Lorsque vous me voyez, poussez-vous des soupirs?

ÉRASTE.

Hélas! pouvez-vous bien me demander, cruelle,
Ce qui fait de mon cœur la tristesse mortelle?
Et d'un esprit méchant n'est-ce pas un effet,
Que feindre d'ignorer ce que vous m'avez fait?
Celui dont l'entretien vous a fait à ma vue
Passer...

ORPHISE, riant.

C'est de cela que votre âme est émue?

ÉRASTE.

Insultez, inhumaine, encore à mon malheur.
Allez, il vous sied mal de railler ma douleur,
Et d'abuser, ingrate, à maltraiter ma flamme,

Du faible que pour vous vous savez qu'a mon âme.

ORPHISE.

Certes il en faut rire, et confesser ici
Que vous êtes bien fou de vous troubler ainsi.
L'homme dont vous parlez, loin qu'il puisse me plaire,
Est un homme fâcheux dont j'ai su me défaire;
Un de ces importuns et sots officieux
Qui ne sauraient souffrir qu'on soit seule en des lieux,
Et viennent aussitôt, avec un doux langage,
Vous donner une main contre qui l'on enrage.
J'ai feint de m'en aller pour cacher mon dessein :
Et jusqu'à mon carrosse il m'a prêté la main.
Je m'en suis promptement défaite de la sorte;
Et j'ai, pour vous trouver, rentré par l'autre porte.

ÉRASTE.

A vos discours, Orphise, ajouterai-je foi?
Et votre cœur est-il tout sincère pour moi?

ORPHISE.

Je vous trouve fort bon de tenir ces paroles,
Quand je me justifie à vos plaintes frivoles.
Je suis bien simple encore, et ma sotte bonté...

ÉRASTE.

Ah! ne vous fâchez pas, trop sévère beauté!
Je veux croire en aveugle, étant sous votre empire,
Tout ce que vous aurez la bonté de me dire.
Trompez, si vous voulez, un malheureux amant;
J'aurai pour vous respect jusques au monument [1].
Maltraitez mon amour, refusez-moi le vôtre,
Exposez à mes yeux le triomphe d'un autre;
Oui, je souffrirai tout de vos divins appas.
J'en mourrai; mais enfin je ne m'en plaindrai pas.

[1] Jusqu'au tombeau.

ORPHISE.

Quand de tels sentiments régneront dans votre âme,
Je saurai de ma part...

SCÈNE IX.

ALCANDRE, ORPHISE, ÉRASTE, LA MONTAGNE.

ALCANDRE.

(A Orphise.)

Marquis, un mot. Madame,
De grâce, pardonnez si je suis indiscret,
En osant, devant vous, lui parler en secret.

(Orphise sort.)

SCÈNE X.

ALCANDRE, ÉRASTE, LA MONTAGNE.

ALCANDRE.

Avec peine, marquis, je te fais la prière;
Mais un homme vient là de me rompre en visière,
Et je souhaite fort, pour ne rien reculer,
Qu'à l'heure, de ma part, tu l'ailles appeler.
Tu sais qu'en pareil cas ce serait avec joie
Que je te le rendrais en la même monnoie.

ÉRASTE, après avoir un peu demeuré sans parler.

Je ne veux point ici faire le capitan;
Mais on m'a vu soldat avant que courtisan :
J'ai servi quatorze ans, et je crois être en passe
De pouvoir d'un tel pas me tirer avec grâce,

Et de ne craindre point qu'à quelque lâcheté
Le refus de mon bras ne puisse être imputé [1].
Un duel met les gens en mauvaise posture;
Et notre roi n'est pas un monarque en peinture :
Il sait faire obéir les plus grands de l'État,
Et je trouve qu'il fait en digne potentat.
Quand il faut le servir, j'ai du cœur pour le faire;
Mais je ne m'en sens point quand il faut lui déplaire.
Je me fais de son ordre une suprême loi :
Pour lui désobéir, cherche un autre que moi.
Je te parle, vicomte, avec franchise entière,
Et suis ton serviteur en toute autre matière.
Adieu.

SCÈNE XI.

ÉRASTE, LA MONTAGNE.

ÉRASTE.

Cinquante fois au diable les fâcheux!
Où donc s'est retiré cet objet de mes vœux?

LA MONTAGNE.

Je ne sais.

ÉRASTE.

Pour savoir où la belle est allée,
Va-t'en chercher partout : j'attends dans cette allée.

---

[1] Éraste fait allusion à l'usage où étaient les *seconds* de se battre entre
eux.

BALLET DU PREMIER ACTE.

PREMIÈRE ENTRÉE.

Des joueurs de mail, en criant gare, l'obligent à se retirer; et, comme il veut revenir lorsqu'ils ont fait,

SECONDE ENTRÉE.

Des curieux viennent, qui tournent autour de lui pour le connaître, et font qu'il se retire encore pour un moment.

FIN DU PREMIER ACTE.

ACTE DEUXIÈME.

SCÈNE I.

ÉRASTE, seul.

Les fâcheux à la fin se sont-ils écartés?
Je pense qu'il en pleut ici de tous côtés.
Je les fuis, et les trouve; et, pour second martyre,
Je ne saurais trouver celle que je désire.
Le tonnerre et la pluie ont promptement passé,
Et n'ont point de ces lieux le beau monde chassé.
Plût au ciel, dans les dons que ses soins y prodiguent,
Qu'ils en eussent chassé tous les gens qui fatiguent!
Le soleil baisse fort, et je suis étonné
Que mon valet encor ne soit point retourné.

SCÈNE II.

ALCIPPE, ÉRASTE.

ALCIPPE.

Bonjour.

ÉRASTE, à part.

Hé quoi! toujours ma flamme divertie [1]!

---

[1] *Divertie*, détournée, distraite.

ALCIPPE.

Console-moi, marquis, d'une étrange partie
Qu'au piquet je perdis hier contre un Saint-Bouvain,
A qui je donnerais quinze points et la main.
C'est un coup enragé, qui depuis hier m'accable,
Et qui ferait donner tous les joueurs au diable;
Un coup assurément à se pendre en public.
Il ne m'en faut que deux, l'autre a besoin d'un pic :
Je donne, il en prend six, et demande à refaire :
Moi, me voyant de tout, je n'en voulus rien faire.
Je porte l'as de trèfle (admire mon malheur!),
L'as, le roi, le valet, le huit et dix de cœur,
Et quitte, comme au point allait la politique,
Dame et roi de carreau, dix et dame de pique.
Sur mes cinq cœurs portés la dame arrive encor,
Qui me fait justement une quinte major;
Mais mon homme, avec l'as, non sans surprise extrême,
Des bas carreaux sur table étale une sixième.
J'en avais écarté la dame avec le roi;
Mais lui fallant un pic, je sortis hors d'effroi,
Et croyais bien du moins faire deux points uniques.
Avec les sept carreaux il avait quatre piques,
Et, jetant le dernier, m'a mis dans l'embarras
De ne savoir lequel garder de mes deux as.
J'ai jeté l'as de cœur, avec raison, me semble;
Mais il avait quitté quatre trèfles ensemble,
Et par un six de cœur je me suis vu capot,
Sans pouvoir, de dépit, proférer un seul mot.
Morbleu! fais-moi raison de ce coup effroyable!
A moins que l'avoir vu, peut-il être croyable?

ÉRASTE.

C'est dans le jeu qu'on voit les plus grands coups du sort.

ALCIPPE.

Parbleu! tu jugeras toi-même si j'ai tort,
Et si c'est sans raison que ce coup me transporte;

Car voici nos deux jeux, qu'exprès sur moi je porte.
Tiens, c'est ici mon port, comme je te l'ai dit,
Et voici...

ÉRASTE.

J'ai compris le tout par ton récit,
Et vois de la justice au transport qui t'agite.
Mais pour certaine affaire il faut que je te quitte.
Adieu. Console-toi pourtant de ton malheur.

ALCIPPE.

Qui, moi? J'aurai toujours ce coup-là sur le cœur;
Et c'est pour ma raison pis qu'un coup de tonnerre.
Je le veux faire, moi, voir à toute la terre!

(Il s'en va, et prêt à rentrer, il dit par réflexion.)

Un six de cœur! deux points!

ÉRASTE.

En quel lieu sommes-nous?
De quelque part qu'on tourne, on ne voit que des fous.

SCÈNE III.

ÉRASTE, LA MONTAGNE.

ÉRASTE.

Ah! que tu fais languir ma juste impatience!

LA MONTAGNE.

Monsieur, je n'ai pu faire une autre diligence.

ÉRASTE.

Mais me rapportes-tu quelque nouvelle, enfin?

LA MONTAGNE.

Sans doute; et de l'objet qui fait votre destin
J'ai, par un ordre exprès, quelque chose à vous dire.

ÉRASTE.

Et quoi! déjà mon cœur après ce mot soupire.
Parle.

LA MONTAGNE.

Souhaitez-vous de savoir ce que c'est?

ÉRASTE.

Oui, dis vite.

LA MONTAGNE.

Monsieur, attendez, s'il vous plaît.
Je me suis, à courir, presque mis hors d'haleine.

ÉRASTE.

Prends-tu quelque plaisir à me tenir en peine?

LA MONTAGNE.

Puisque vous désirez de savoir promptement
L'ordre que j'ai reçu de cet objet charmant,
Je vous dirai... Ma foi, sans vous vanter mon zèle,
J'ai bien fait du chemin pour trouver cette belle;
Et si...

ÉRASTE.

Peste soit fait de tes digressions!

LA MONTAGNE.

Ah! il faut modérer un peu ses passions;
Et Sénèque...

ÉRASTE.

Sénèque est un sot dans ta bouche,
Puisqu'il ne me dit rien de tout ce qui me touche.
Dis-moi ton ordre, tôt.

LA MONTAGNE.

Pour contenter vos vœux,
Votre Orphise... Une bête est là dans vos cheveux.

ÉRASTE.

Laisse.

LA MONTAGNE.

Cette beauté, de sa part, vous fait dire...

ÉRASTE.

Quoi?

LA MONTAGNE.

Devinez.

ÉRASTE.

Sais-tu que je ne veux pas rire?

LA MONTAGNE.

Son ordre est qu'en ce lieu vous devez vous tenir,
Assuré que dans peu vous l'y verrez venir.
Lorsqu'elle aura quitté quelques provinciales,
Aux personnes de cour fâcheuses animales.

ÉRASTE.

Tenons-nous donc au lieu qu'elle a voulu choisir.
Mais puisque l'ordre ici m'offre quelque loisir,
Laisse-moi méditer.

(La Montagne sort.)

J'ai dessein de lui faire
Quelques vers sur un air où je la vois se plaire.

(Il se promène en rêvant.)

SCÈNE IV.

ORANTE, CLIMÈNE; ÉRASTE, dans un coin du théâtre sans être pe

ORANTE.

Tout le monde sera de mon opinion.

CLIMÈNE.

Croyez-vous l'emporter par obstination?

ORANTE.

Je pense mes raisons meilleures que les vôtres.

CLIMÈNE.

Je voudrais qu'on ouît les unes et les autres.

ORANTE, apercevant Éraste.

J'avise un homme ici qui n'est pas ignorant;
Il pourra nous juger sur notre différend.
Marquis, de grâce, un mot. Souffrez qu'on vous appelle
Pour être entre nous deux juge d'une querelle,
D'un débat qu'ont ému nos divers sentiments

Sur ce qui peut marquer les plus parfaits amants.

ÉRASTE.

C'est une question à vider difficile,
Et vous devez chercher un juge plus habile.

ORANTE.

Non : vous nous dites là d'inutiles chansons.
Votre esprit fait du bruit, et nous vous connaissons ;
Nous savons que chacun vous donne à juste titre...

ÉRASTE.

Hé ! de grâce...

ORANTE.

En un mot, vous serez notre arbitre,
Et ce sont deux moments qu'il vous faut nous donner.

CLIMÈNE, à Orante.

Vous retenez ici qui vous doit condamner ;
Car enfin, s'il est vrai ce que j'en ose croire,
Monsieur à mes raisons donnera la victoire.

ÉRASTE, à part.

Que ne puis-je à mon traître inspirer le souci
D'inventer quelque chose à me tirer d'ici !

ORANTE, à Climène.

Pour moi, de son esprit j'ai trop bon témoignage
Pour craindre qu'il prononce à mon désavantage.

(A Éraste.)

Enfin, ce grand débat qui s'allume entre nous
Est de savoir s'il faut qu'un amant soit jaloux.

CLIMÈNE.

Ou, pour mieux expliquer ma pensée et la vôtre,
Lequel doit plaire plus d'un jaloux ou d'un autre.

ORANTE.

Pour moi, sans contredit, je suis pour le dernier.

CLIMÈNE.

Et, dans mon sentiment, je tiens pour le premier.

ORANTE.

Je crois que notre cœur doit donner son suffrage

A qui fait éclater du respect davantage.

CLIMÈNE.

Et moi, que si nos vœux doivent paraître au jour,
C'est pour celui qui fait éclater plus d'amour.

ORANTE.

Oui; mais on voit l'ardeur dont une âme est saisie,
Bien mieux dans le respect que dans la jalousie.

CLIMÈNE.

Et c'est mon sentiment que qui s'attache à nous
Nous aime d'autant plus qu'il se montre jaloux.

ORANTE.

Fi! ne me parlez point, pour être amants, Climène,
De ces gens dont l'amour est fait comme la haine,
Et qui, pour tous respects et toute offre de vœux,
Ne s'appliquent jamais qu'à se rendre fâcheux;
Dont l'âme, que sans cesse un noir transport anime,
Des moindres actions cherche à nous faire un crime,
En soumet l'innocence à son aveuglement,
Et veut sur un coup d'œil un éclaircissement;
Qui, de quelque chagrin nous voyant l'apparence,
Se plaignent aussitôt qu'il naît de leur présence;
Et, lorsque dans nos yeux brille un peu d'enjouement,
Veulent que leurs rivaux en soient le fondement;
Enfin qui, prenant droit des fureurs de leur zèle,
Ne nous parlent jamais que pour faire querelle,
Osent défendre à tous l'approche de nos cœurs,
Et se font les tyrans de leurs propres vainqueurs.
Moi, je veux des amants que le respect inspire,
Et leur soumission marque mieux notre empire

CLIMÈNE.

Fi! ne me parlez point, pour être vrais amants,
De ces gens qui pour nous n'ont nuls emportements;
De ces tièdes galants, de qui les cœurs paisibles
Tiennent déjà pour eux les choses infaillibles,
N'ont point peur de nous perdre, et laissent, chaque jour,

Sur trop de confiance endormir leur amour;
Sont avec leurs rivaux en bonne intelligence,
Et laissent un champ libre à leur persévérance.
Un amour si tranquille excite mon courroux :
C'est aimer froidement que n'être point jaloux;
Et je veux qu'un amant, pour me prouver sa flamme,
Sur d'éternels soupçons laisse flotter son âme,
Et, par de prompts transports, donne un signe éclatant
De l'estime qu'il fait de celle qu'il prétend.
On s'applaudit alors de son inquiétude;
Et, s'il nous fait parfois un traitement trop rude,
Le plaisir de le voir, soumis à nos genoux,
S'excuser de l'éclat qu'il a fait contre nous,
Ses pleurs, son désespoir d'avoir pu nous déplaire,
Est un charme à calmer toute notre colère.

ORANTE.

Si, pour vous plaire, il faut beaucoup d'emportement,
Je sais qui vous pourrait donner contentement;
Et je connais des gens dans Paris plus de quatre,
Qui, comme ils le font voir, aiment jusques à battre.

CLIMÈNE.

Si, pour vous plaire, il faut n'être jamais jaloux,
Je sais certaines gens fort commodes pour vous;
Des hommes en amour d'une humeur si souffrante,
Qu'ils vous verraient sans peine entre les bras de trente.

ORANTE.

Enfin, par votre arrêt, vous devez déclarer
Celui de qui l'amour vous semble à préférer.

(Orphise paraît dans le fond du théâtre, et voit Éraste entre Orante et Climène.)

ÉRASTE.

Puisqu'à moins d'un arrêt je ne m'en puis défaire,
Toutes deux à la fois je vous veux satisfaire;
Et, pour ne point blâmer ce qui plaît à vos yeux,
Le jaloux aime plus, et l'autre aime bien mieux.

CLIMÈNE.

L'arrêt est plein d'esprit; mais...

ÉRASTE.

Suffit. J'en suis quitte.

Après ce que j'ai dit, souffrez que je vous quitte.

SCÈNE V.

ORPHISE, ÉRASTE.

ÉRASTE, apercevant Orphise, et allant au-devant d'elle.

Que vous tardez, madame, et que j'éprouve bien...

ORPHISE.

Non, non, ne quittez pas un si doux entretien.
A tort vous m'accusez d'être trop tard venue,

(Montrant Orante et Climène qui viennent de sortir.)

Et vous avez de quoi vous passer de ma vue.

ÉRASTE.

Sans sujet contre moi voulez-vous vous aigrir,
Et me reprochez-vous ce qu'on me fait souffrir?
Ah! de grâce, attendez...

ORPHISE.

Laissez-moi, je vous prie,

Et courez vous rejoindre à votre compagnie.

SCÈNE VI.

ÉRASTE, seul.

Ciel! faut-il qu'aujourd'hui fâcheuses et fâcheux
Conspirent à troubler les plus chers de mes vœux!
Mais allons sur ses pas, malgré sa résistance,
Et faisons à ses yeux briller notre innocence

SCÈNE VII.

DORANTE, ÉRASTE.

DORANTE.

Ah! marquis, que l'on voit de fâcheux tous les jours
Venir de nos plaisirs interrompre le cours!
Tu me vois enragé d'une assez belle chasse
Qu'un fat... C'est un récit qu'il faut que je te fasse.

ÉRASTE.

Je cherche ici quelqu'un, et ne puis m'arrêter.

DORANTE, le retenant.

Parbleu! chemin faisant, je te le veux conter.
Nous étions une troupe assez bien assortie,
Qui pour courir un cerf avions hier fait partie;
Et nous fûmes coucher sur le pays exprès,
C'est-à-dire, mon cher, en fin fond de forêts.
Comme cet exercice est mon plaisir suprême,
Je voulus, pour bien faire, aller au bois moi-même,
Et nous conclûmes tous d'attacher nos efforts
Sur un cerf qu'un chacun nous disait cerf dix-cors;
Mais moi, mon jugement, sans qu'aux marques j'arrête,
Fut qu'il n'était que cerf à sa seconde tête.
Nous avions, comme il faut, séparé nos relais,
Et déjeunions en hâte avec quelques œufs frais,
Lorsqu'un franc campagnard, avec longue rapière,
Montant superbement sa jument poulinière,
Qu'il honorait du nom de sa bonne jument,
S'en est venu nous faire un mauvais compliment,
Nous présentant aussi, pour surcroît de colère,

Un grand benêt de fils aussi sot que son père.
Il s'est dit grand chasseur, et nous a prié tous
Qu'il pût avoir le bien de courir avec nous.
Dieu préserve, en chassant, toute sage personne
D'un porteur de huchet[1], qui mal à propos sonne ;
De ces gens qui, suivis de dix hourets[2] galeux,
Disent ma meute, et font les chasseurs merveilleux !
Sa demande reçue, et ses vertus prisées,
Nous avons été tous frapper à nos brisées[3].
A trois longueurs de trait[4], tayaut ! voilà d'abord
Le cerf donné aux chiens[5]. J'appuie, et sonne fort.
Mon cerf débuche[6], et passe une assez longue plaine,
Et mes chiens après lui, mais si bien en haleine,
Qu'on les aurait couverts tous d'un seul justaucorps.
Il vient à la forêt. Nous lui donnons alors
La vieille meute[7] ; et moi je prends en diligence
Mon cheval alezan. Tu l'as vu ?

ÉRASTE.

Non, je pense.

DORANTE.

Comment ! c'est un cheval aussi bon qu'il est beau,
Et que, ces jours passés, j'achetai de Gaveau[8].
Je te laisse à penser si, sur cette matière,
Il voudrait me tromper, lui qui me considère :

---

[1] *Huchet*, petit cor ou cornet qui sert aux chasseurs pour appeler les chiens.

[2] *Hourets*, mauvais chiens de chasse.

[3] *Brisées*. Ce sont les branches que les chasseurs rompent aux arbres pour marquer la voie de la bête.

[4] Le *trait* est la laisse qui sert à conduire les chiens de chasse.

[5] C'est-à-dire : voilà les chiens lancés sur la voie du cerf.

[6] *Débucher*, sortir du bois.

[7] La *vieille meute* est le second relais formé des chiens plus expérimentés.

[8] Marchand de chevaux célèbre à la cour.

Aussi je m'en contente; et jamais en effet
Il n'a vendu cheval, ni meilleur, ni mieux fait.
Une tête de barbe, avec l'étoile nette,
L'encolure d'un cygne, effilée et bien droite;
Point d'épaules non plus qu'un lièvre, court-jointé,
Et qui fait dans son port voir sa vivacité;
Des pieds, morbleu! des pieds! le rein double : à vrai dire,
J'ai trouvé le moyen, moi seul, de le réduire;
Et sur lui, quoique aux yeux il montrât beau semblant,
Petit-Jean de Gaveau ne montait qu'en tremblant.
Une croupe en largeur à nulle autre pareille,
Et des gigots, Dieu sait! Bref, c'est une merveille;
Et j'en ai refusé cent pistoles, crois-moi,
Au retour[1] d'un cheval amené pour le roi.
Je monte donc dessus, et ma joie était pleine
De voir filer de loin les coupeurs[2] dans la plaine;
Je pousse, et je me trouve en un fort à l'écart,
A la queue de nos chiens, moi seul avec Drécar[3].
Une heure là dedans notre cerf se fait battre.
J'appuie alors mes chiens et fais le diable à quatre :
Enfin, jamais chasseur ne se vit plus joyeux.
Je le relance seul; et tout allait des mieux,
Lorsque d'un jeune cerf s'accompagne le nôtre;
Une part de mes chiens se sépare de l'autre;
Et je les vois, marquis, comme tu peux penser,
Chasser tous avec crainte, et Finaut balancer :
Il se rabat soudain, dont j'eus l'âme ravie;
Il empaume la voie; et moi je sonne et crie :
A Finaut! à Finaut! J'en revois[4] à plaisir

---

[1] Pour : en retour.

[2] Les *coupeurs* sont les chiens qui, se séparant des autres, quittent la voie de la bête qu'ils chassent, et *coupent* pour gagner les devants sur elle.

[3] Piqueur renommé.

[4] *En revoir*, c'est retrouver les traces du passage de la bête.

Sur une taupinière, et resonne à loisir.
Quelques chiens revenaient à moi, quand, pour disgrâce,
Le jeune cerf, marquis, à mon campagnard passe.
Mon étourdi se met à sonner comme il faut,
Et crie à pleine voix : « Tayaut! tayaut! tayaut! »
Mes chiens me quittent tous, et vont à ma pécore;
J'y pousse, et j'en revois dans le chemin encore :
Mais à terre, mon cher, je n'eus pas jeté l'œil,
Que je connus le change[1] et sentis un grand deuil.
J'ai beau lui faire voir toutes les différences
Des pinces de mon cerf, et de ses connaissances,
Il me soutient toujours, en chasseur ignorant,
Que c'est le cerf de meute; et, par ce différend,
Il donne temps aux chiens d'aller loin. J'en enrage;
Et, pestant de bon cœur contre le personnage,
Je pousse mon cheval et par haut et par bas,
Qui pliait des gaulis[2] aussi gros que les bras :
Je ramène les chiens à ma première voie,
Qui vont, en me donnant une excessive joie,
Requérir notre cerf, comme s'ils l'eussent vu.
Ils le relancent; mais ce coup est-il prévu?
A te dire le vrai, cher marquis, il m'assomme;
Notre cerf relancé va passer à notre homme,
Qui, croyant faire un trait de chasseur fort vanté,
D'un pistolet d'arçon qu'il avait apporté,
Lui donne justement au milieu de la tête,
Et de fort loin me crie : « Ah! j'ai mis bas la bête! »
A-t-on jamais parlé de pistolets, bon Dieu!
Pour courre un cerf? Pour moi, venant dessus le lieu,
J'ai trouvé l'action tellement hors d'usage,
Que j'ai donné des deux à mon cheval, de rage,

---

[1] La bête *donne le change,* quand elle fait lever une autre bête à sa place; et les chiens *prennent le change,* quand ils quittent la première bête pour chasser l'autre.

[2] Les *gaulis* sont les branches d'un taillis qu'on a laissé croître.

Et m'en suis revenu chez moi toujours courant,
Sans vouloir dire un mot à ce sot ignorant.

ÉRASTE.

Tu ne pouvais mieux faire, et ta prudence est rare :
C'est ainsi des fâcheux qu'il faut qu'on se sépare.
Adieu.

DORANTE.

Quand tu voudras, nous irons quelque part,
Où nous ne craindrons point de chasseur campagnard.

ÉRASTE, seul.

Fort bien. Je crois qu'enfin je perdrai patience.
Cherchons à m'excuser avecque diligence.

BALLET DU DEUXIÈME ACTE.

PREMIÈRE ENTRÉE.

Des joueurs de boule l'arrêtent pour mesurer un coup dont ils sont en dispute
Il se défait d'eux avec peine, et leur laisse danser un pas, composé de toutes les
postures qui sont ordinaires à ce jeu.

DEUXIÈME ENTRÉE.

De petits frondeurs les viennent interrompre, qui sont chassés ensuite

TROISIÈME ENTRÉE

Par des savetiers et des savetières, leurs pères, et autres, qui sont aussi chassés à leur tour

QUATRIÈME ENTRÉE

Par un jardinier qui danse seul, et se retire pour faire place au troisième acte.

FIN DU DEUXIÈME ACTE.

ACTE TROISIÈME.

———

SCÈNE I.

ÉRASTE, LA MONTAGNE.

ÉRASTE.

Il est vrai, d'un côté mes soins ont réussi,
Cet adorable objet enfin s'est adouci;
Mais d'un autre on m'accable, et les astres sévères
Ont contre mon amour redoublé leurs colères.
Oui, Damis son tuteur, mon plus rude fâcheux,
Tout de nouveau s'oppose au plus doux de mes vœux,
A son aimable nièce a défendu ma vue,
Et veut d'un autre époux la voir demain pourvue.
Orphise toutefois, malgré son désaveu,
Daigne accorder ce soir une grâce à mon feu;
Et j'ai fait consentir l'esprit de cette belle
A souffrir qu'en secret je la visse chez elle.
L'amour aime surtout les secrètes faveurs :
Dans l'obstacle qu'on force il trouve des douceurs;
Et le moindre entretien de la beauté qu'on aime,
Lorsqu'il est défendu, devient grâce suprême.
Je vais au rendez-vous; c'en est l'heure à peu près,
Puis je veux m'y trouver plutôt avant qu'après.

LA MONTAGNE.

Suivrai-je vos pas?

ÉRASTE.

Non. Je craindrais que peut-être
A quelques yeux suspects tu me fisses connaître.

LA MONTAGNE.

Mais...

ÉRASTE.

Je ne le veux pas.

LA MONTAGNE.

Je dois suivre vos lois :
Mais au moins, si de loin...

ÉRASTE.

Te tairas-tu, vingt fois?
Et ne veux-tu jamais quitter cette méthode,
De te rendre à toute heure un valet incommode?

SCÈNE II.

CARITIDÈS, ÉRASTE.

CARITIDÈS.

Monsieur, le temps répugne à l'honneur de vous voir;
Le matin est plus propre à rendre un tel devoir :
Mais de vous rencontrer il n'est pas bien facile,
Car vous dormez toujours, ou vous êtes en ville :
Au moins messieurs vos gens me l'assurent ainsi;
Et j'ai, pour vous trouver, pris l'heure que voici.
Encore est-ce un grand heur dont le destin m'honore,
Car, deux moments plus tard, je vous manquais encore.

ÉRASTE.

Monsieur, souhaitez-vous quelque chose de moi?

CARITIDÈS.

Je m'acquitte, monsieur, de ce que je vous doi ;
Et vous viens... Excusez l'audace qui m'inspire,
Si...

ÉRASTE.

Sans tant de façons, qu'avez-vous à me dire?

CARITIDÈS.

Comme le rang, l'esprit, la générosité,
Que chacun vante en vous...

ÉRASTE.

Oui, je suis fort vanté.
Passons, monsieur.

CARITIDÈS.

Monsieur, c'est une peine extrême
Lorsqu'il faut à quelqu'un se produire soi-même ;
Et toujours près des grands on doit être introduit
Par des gens qui de nous fassent un peu de bruit,
Dont la bouche écoutée avecque poids débite
Ce qui peut faire voir notre petit mérite.
Enfin, j'aurais voulu que des gens bien instruits
Vous eussent pu, monsieur, dire ce que je suis.

ÉRASTE.

Je vois assez, monsieur, ce que vous pouvez être,
Et votre seul abord le peut faire connaître.

CARITIDÈS.

Oui, je suis un savant charmé de vos vertus,
Non pas de ces savants dont le nom n'est qu'en *us*,
Il n'est rien si commun qu'un nom à la latine :
Ceux qu'on habille en grec ont bien meilleure mine,
Et, pour en avoir un qui se termine en *ès*,
Je me fais appeler monsieur Caritidès.

ÉRASTE.

Monsieur Caritidès soit. Qu'avez-vous à dire?

CARITIDÈS.

C'est un placet, monsieur, que je voudrais vous lire,
Et que, dans la posture où vous met votre emploi,
J'ose vous conjurer de présenter au roi.

ÉRASTE.

Hé! monsieur, vous pouvez le présenter vous-même.

CARITIDÈS.

Il est vrai que le roi fait cette grâce extrême;
Mais, par ce même excès de ses rares bontés,
Tant de méchants placets, monsieur, sont présentés,
Qu'ils étouffent les bons; et l'espoir où je fonde
Est qu'on donne le mien quand le prince est sans monde.

ÉRASTE.

Hé bien! vous le pouvez, et prendre votre temps.

CARITIDÈS.

Ah! monsieur, les huissiers sont de terribles gens!
Ils traitent les savants de faquins à nasardes,
Et je n'en puis venir qu'à la salle des gardes.
Les mauvais traitements qu'il me faut endurer
Pour jamais de la cour me feraient retirer,
Si je n'avais conçu l'espérance certaine
Qu'auprès de notre roi vous serez mon Mécène.
Oui, votre crédit m'est un moyen assuré...

ÉRASTE.

Hé bien! donnez-moi donc, je le présenterai.

CARITIDÈS.

Le voici. Mais au moins oyez-en la lecture.

ÉRASTE.

Non.

CARITIDÈS.

C'est pour être instruit, monsieur, je vous conjure.

« AU ROI.

» SIRE,

» Votre très-humble, très-obéissant, très-fidèle, et très-
» savant sujet et serviteur, Caritidès, Français de nation,

» Grec de profession, ayant considéré les grands et notables
» abus qui se commettent aux inscriptions des enseignes des
» maisons, boutiques, cabarets, jeux de boule, et autres
» lieux de votre bonne ville de Paris; en ce que certains
» ignorants compositeurs desdites inscriptions renversent par
» une barbare, pernicieuse et détestable orthographe, toute
» sorte de sens et raison, sans aucun égard d'étymologie,
» analogie, énergie, ni allégorie quelconque, au grand scan-
» dale de la république des lettres et de la nation française,
» qui se décrie et déshonore, par lesdits abus et fautes
» grossières, envers les étrangers, et notamment envers les
» Allemands, curieux lecteurs et inspectateurs desdites in-
» scriptions...

ÉRASTE.

Ce placet est fort long, et pourrait bien fâcher.

CARITIDÈS.

Ah! monsieur, pas un mot ne s'en peut retrancher.

ÉRASTE.

Achevez promptement.

CARITIDÈS continue.

» Supplie humblement VOTRE MAJESTÉ de créer, pour le
» bien de son État et la gloire de son empire, une charge
» de contrôleur, intendant, correcteur, réviseur et restau-
» rateur général desdites inscriptions; et d'icelle honorer
» le suppliant, tant en considération de son rare et émi-
» nent savoir, que des grands et signalés services qu'il a
» rendus à l'État et à VOTRE MAJESTÉ, en faisant l'ana-
» gramme de VOTRE DITE MAJESTÉ en français, latin, grec,
» hébreu, syriaque, chaldéen, arabe... »

ÉRASTE, l'interrompant.

Fort bien. Donnez-le vite, et faites la retraite:
Il sera vu du roi; c'est une affaire faite.

CARITIDÈS.

Hélas! monsieur, c'est tout que montrer mon placet.
Si le roi le peut voir, je suis sûr de mon fait;

Car, comme sa justice en toute chose est grande,
Il ne pourra jamais refuser ma demande.
Au reste, pour porter au ciel votre renom,
Donnez-moi par écrit votre nom et surnom :
J'en veux faire un poëme en forme d'acrostiche
Dans les deux bouts du vers et dans chaque hémistiche.

ÉRASTE.

Oui, vous l'aurez demain, monsieur Caritidès.
(Seul.)
Ma foi, de tels savants sont des ânes bien faits.
J'aurais, dans d'autres temps, bien ri de sa sottise.

SCÈNE III.

ORMIN, ÉRASTE.

ORMIN.

Bien qu'une grande affaire en ces lieux me conduise,
J'ai voulu qu'il sortît avant que vous parler.

ÉRASTE.

Fort bien. Mais dépêchons ; car je veux m'en aller.

ORMIN.

Je me doute à peu près que l'homme qui vous quitte
Vous a fort ennuyé, monsieur, par sa visite.
C'est un vieux importun qui n'a pas l'esprit sain,
Et pour qui j'ai toujours quelque défaite en main.
Au Mail, à Luxembourg, et dans les Tuileries,
Il fatigue le monde avec ses rêveries ;
Et des gens comme vous doivent fuir l'entretien
De tous ces savants-là qui ne sont bons à rien.

Pour moi, je ne crains pas que je vous importune,
Puisque je viens, monsieur, faire votre fortune.

ÉRASTE, bas, à part.

Voici quelque souffleur [1], de ces gens qui n'ont rien,
Et vous viennent toujours promettre tant de bien.
(Haut.)
Vous avez fait, monsieur, cette bénite pierre
Qui peut seule enrichir tous les rois de la terre ?

ORMIN.

La plaisante pensée, hélas! où vous voilà!
Dieu me garde, monsieur, d'être de ces fous-là!
Je ne me repais point de visions frivoles,
Et je vous porte ici les solides paroles
D'un avis que par vous je veux donner au roi,
Et que tout cacheté je conserve sur moi :
Non de ces sots projets, de ces chimères vaines,
Dont les surintendants ont les oreilles pleines;
Non de ces gueux d'avis, dont les prétentions
Ne parlent que de vingt ou trente millions;
Mais un qui, tous les ans, à si peu qu'on le monte,
En peut donner au roi quatre cents de bon compte,
Avec facilité, sans risque ni soupçon,
Et sans fouler le peuple en aucune façon;
Enfin, c'est un avis d'un gain inconcevable,
Et que du premier mot on trouvera faisable.
Oui, pourvu que par vous je puisse être poussé...

ÉRASTE.

Soit, nous en parlerons. Je suis un peu pressé.

ORMIN.

Si vous me promettiez de garder le silence,
Je vous découvrirais cet avis d'importance.

---

[1] On appelait ainsi les alchimistes qui passaient leur vie à souffler leurs fourneaux pour trouver la pierre philosophale.

ÉRASTE.

Non, non, je ne veux point savoir votre secret.

ORMIN.

Monsieur, pour le trahir, je vous crois trop discret,
Et veux, avec franchise, en deux mots vous l'apprendre.
Il faut voir si quelqu'un ne peut point nous entendre.

(Après avoir regardé si personne ne l'écoute, il s'approche de l'oreille d'Éraste.)

Cet avis merveilleux, dont je suis l'inventeur,
Est que...

ÉRASTE.

D'un peu plus loin, et pour cause, monsieur.

ORMIN.

Vous voyez le grand gain, sans qu'il faille le dire,
Que de ses ports de mer le roi tous les ans tire;
Or, l'avis dont encor nul ne s'est avisé,
Est qu'il faut de la France, et c'est un coup aisé,
En fameux ports de mer mettre toutes les côtes.
Ce serait pour monter à des sommes très-hautes;
Et si...

ÉRASTE.

L'avis est bon, et plaira fort au roi.
Adieu. Nous nous verrons.

ORMIN.

Au moins, appuyez-moi
Pour en avoir ouvert les premières paroles.

ÉRASTE.

Oui, oui.

ORMIN.

Si vous vouliez me prêter deux pistoles,
Que vous reprendriez sur le droit de l'avis,
Monsieur...

ÉRASTE.

(Il donne de l'argent à Ormin.)   (Seul.)

Oui, volontiers. Plût à Dieu qu'à ce prix

De tous les importuns je pusse me voir quitte !
Voyez quel contre-temps prend ici leur visite !
Je pense qu'à la fin je pourrai bien sortir.
Viendra-t-il point quelqu'un encor me divertir ?

SCÈNE IV.

FILINTE, ÉRASTE.

FILINTE.

Marquis, je viens d'apprendre une étrange nouvelle,

ÉRASTE.

Quoi?

FILINTE.

Qu'un homme tantôt t'a fait une querelle.

ÉRASTE.

A moi?

FILINTE.

Que te sert-il de le dissimuler?
Je sais de bonne part qu'on t'a fait appeler;
Et, comme ton ami, quoi qu'il en réussisse,
Je te viens contre tous faire offre de service.

ÉRASTE.

Je te suis obligé; mais crois que tu me fais...

FILINTE.

Tu ne l'avoueras pas, mais tu sors sans valets.
Demeure dans la ville ou gagne la campagne,
Tu n'iras nulle part que je ne t'accompagne.

ÉRASTE, à part.

Ah! j'enrage!

FILINTE.

A quoi bon de te cacher de moi?

ÉRASTE.

Je te jure, marquis, qu'on s'est moqué de toi.

FILINTE.

En vain tu t'en défends.

ÉRASTE.

Que le ciel me foudroie,
Si d'aucun démêlé...

FILINTE.

Tu penses qu'on te croie?

ÉRASTE.

Hé, mon Dieu! je te dis, et ne déguise point,
Que...

FILINTE.

Ne me crois pas dupe et crédule à ce point.

ÉRASTE.

Veux-tu m'obliger?

FILINTE.

Non.

ÉRASTE.

Laisse-moi, je te prie.

FILINTE.

Point d'affaire, marquis.

ÉRASTE.

Une galanterie
En certain lieu ce soir...

FILINTE.

Je ne te quitte pas.
En quel lieu que ce soit, je veux suivre tes pas.

ÉRASTE.

Parbleu! puisque tu veux que j'aie une querelle,
Je consens à l'avoir pour contenter ton zèle,
Ce sera contre toi, qui me fais enrager,
Et dont je ne me puis par douceur dégager.

FILINTE.

C'est fort mal d'un ami recevoir le service;
Mais puisque je vous rends un si mauvais office,
Adieu. Videz sans moi tout ce que vous aurez.

ÉRASTE.

Vous serez mon ami quand vous me quitterez.
(Seul.)
Mais voyez quels malheurs suivent ma destinée!
Ils m'auront fait passer l'heure qu'on m'a donnée.

SCÈNE V.

DAMIS, L'ÉPINE, ÉRASTE, LA RIVIÈRE et ses compagnons.

DAMIS, à part.

Quoi! malgré moi le traître espère l'obtenir!
Ah! mon juste courroux le saura prévenir.

ÉRASTE, à part.

J'entrevois là quelqu'un sur la porte d'Orphise.
Quoi! toujours quelque obstacle aux feux qu'elle autorise!

DAMIS, à l'Épine.

Oui, j'ai su que ma nièce, en dépit de mes soins,
Doit voir ce soir chez elle Éraste sans témoins.

LA RIVIÈRE, à ses compagnons.

Qu'entends-je à ces gens-là dire de notre maître?
Approchons doucement, sans nous faire connaître.

DAMIS, à l'Épine.

Mais, avant qu'il ait lieu d'achever son dessein,
Il faut de mille coups percer son traître sein.
Va-t'en faire venir ceux que je viens de dire,
Pour les mettre en embûche aux lieux que je désire,
Afin qu'au nom d'Éraste on soit prêt à venger
Mon honneur que ses feux ont l'orgueil d'outrager,

A rompre un rendez-vous qui dans ce lieu l'appelle,
Et noyer dans son sang sa flamme criminelle.

LA RIVIÈRE, attaquant Damis avec ses compagnons.

Avant qu'à tes fureurs on puisse l'immoler,
Traître! tu trouveras en nous à qui parler.

ÉRASTE.

Bien qu'il m'ait voulu perdre, un point d'honneur me presse
De secourir ici l'oncle de ma maîtresse.

(A Damis.)

Je suis à vous, monsieur.

(Il met l'épée à la main contre la Rivière et ses compagnons, qu'il met en fuite.)

DAMIS.

O ciel! par quel secours,
D'un trépas assuré vois-je sauver mes jours?
A qui suis-je obligé d'un si rare service?

ÉRASTE, revenant.

Je n'ai fait, vous servant, qu'un acte de justice.

DAMIS.

Ciel! puis-je à mon oreille ajouter quelque foi?
Est-ce la main d'Eraste?...

ÉRASTE.

Oui, oui, monsieur, c'est moi.
Trop heureux que ma main vous ait tiré de peine,
Trop malheureux d'avoir mérité votre haine!

DAMIS.

Quoi! celui dont j'avais résolu le trépas
Est celui qui pour moi vient d'employer son bras?
Ah! c'en est trop, mon cœur est contraint de se rendre;
Et, quoi que votre amour ce soir ait pu prétendre,
Ce trait si surprenant de générosité
Doit étouffer en moi toute animosité.
Je rougis de ma faute, et blâme mon caprice.
Ma haine trop longtemps vous a fait injustice;

Et, pour la condamner par un éclat fameux,
Je vous joins dès ce soir à l'objet de vos vœux.

SCÈNE VI.

ORPHISE, DAMIS, ÉRASTE.

ORPHISE, venant avec un flambeau d'argent à la main.

Monsieur, quelle aventure a d'un trouble effroyable...?

DAMIS.

Ma nièce, elle n'a rien que de très-agréable,
Puisqu'après tant de vœux que j'ai blâmés en vous,
C'est elle qui vous donne Éraste pour époux.
Son bras a repoussé le trépas que j'évite,
Et je veux envers lui que votre main m'acquitte.

ORPHISE.

Si c'est pour lui payer ce que vous lui devez,
J'y consens, devant tout aux jours qu'il a sauvés.

ÉRASTE.

Mon cœur est si surpris d'une telle merveille,
Qu'en ce ravissement je doute si je veille.

DAMIS.

Célébrons l'heureux sort dont vous allez jouir,
Et que nos violons viennent nous réjouir !

(Comme les violons veulent jouer, on frappe fort à la porte.)

ÉRASTE.

Qui frappe là si fort?

SCÈNE VII.

DAMIS, ORPHISE, ÉRASTE, L'ÉPINE.

L'ÉPINE.

Monsieur, ce sont des masques,
Qui portent des crincrins, et des tambours de basques.

(Les masques entrent, qui occupent toute la place.

ÉRASTE.

Quoi! toujours des fâcheux! Holà! Suisses, ici;
Qu'on me fasse sortir ces gredins que voici.

———

BALLET DU TROISIÈME ACTE.

PREMIÈRE ENTRÉE.

Des Suisses, avec des hallebardes, chassent tous les masques fâcheux, et se
retirent ensuite pour laisser danser à leur aise

DERNIÈRE ENTRÉE

quatre bergers, et une bergère qui, au sentiment de tous ceux qui l'ont vue, ferme
le divertissement d'assez bonne grâce.

FIN DES FACHEUX.

L'ÉCOLE DES FEMMES.

COMÉDIE EN CINQ ACTES.

26 décembre 1662.

A MADAME[1].

MADAME,

Je suis le plus embarrassé homme du monde lorsqu'il me faut dédier un livre, et je me trouve si peu fait au style d'épître dédicatoire, que je ne sais par où sortir de celle-ci. Un autre auteur qui serait en ma place, trouverait d'abord cent belles choses à dire de Votre Altesse Royale sur le titre de *l'École des Femmes* et l'offre qu'il vous en ferait. Mais, pour moi, Madame, je vous avoue mon faible. Je ne sais point cet art de trouver des rapports entre des choses si peu proportionnées ; et, quelques belles lumières que mes confrères les auteurs me donnent tous les jours sur de pareils sujets, je ne vois point ce que Votre Altesse Royale pourrait avoir à démêler avec la comédie que je lui présente. On n'est pas en peine, sans doute, comment il faut faire pour vous louer. La matière, Madame, ne saute que trop aux yeux ; et, de quelque côté qu'on vous regarde, on rencontre gloire sur gloire et qualités sur qualités.

---

[1] Madame, première femme de Monsieur, frère de Louis XIV.

Vous en avez, Madame, du côté du rang et de la naissance, qui vous font respecter de toute la terre. Vous en avez du côté des grâces, et de l'esprit et du corps, qui vous font admirer de toutes les personnes qui vous voient. Vous en avez du côté de l'âme, qui, si l'on ose parler ainsi, vous font aimer de tous ceux qui ont l'honneur d'approcher de vous : je veux dire cette douceur pleine de charmes dont vous daignez tempérer la fierté des grands titres que vous portez; cette bonté tout obligeante, cette affabilité généreuse que vous faites paraître pour tout le monde. Et ce sont particulièrement ces dernières pour qui je suis, et dont je sens fort bien que je ne me pourrai taire quelque jour. Mais encore une fois, Madame, je ne sais point le biais de faire entrer ici des vérités si éclatantes; et ce sont choses, à mon avis, et d'une trop vaste étendue, et d'un mérite trop relevé, pour les vouloir renfermer dans une épître et les mêler avec des bagatelles. Tout bien considéré, Madame, je ne vois rien à faire ici pour moi que de vous dédier simplement ma comédie, et de vous assurer, avec tout le respect qu'il m'est possible, que je suis,

De Votre Altesse Royale,

Madame,

Le très-humble, très-obéissant et très-obligé serviteur,

MOLIÈRE.

PRÉFACE.

Bien des gens ont frondé d'abord cette comédie; mais les rieurs ont été pour elle, et tout le mal qu'on en a pu dire n'a pu faire qu'elle n'ait eu un succès dont je me contente.

Je sais qu'on attend de moi, dans cette impression, quelque préface qui réponde aux censeurs et rende raison de mon ouvrage; et, sans doute que je suis assez redevable à toutes les personnes qui lui ont donné leur approbation, pour me croire obligé de défendre leur jugement contre celui des autres; mais il se trouve qu'une grande partie des choses que j'aurais à dire sur ce sujet est déjà dans une dissertation que j'ai faite en dialogue, et dont je ne sais encore ce que je ferai.

L'idée de ce dialogue, ou, si l'on veut, de cette petite comédie[1], me vint après les deux ou trois premières représentations de ma pièce.

Je la dis, cette idée, dans une maison où je me

---

[1] Cette petite comédie est *la Critique de l'École des Femmes*, jouée le 1er juin 1663, cinq mois après *l'École des Femmes*.

trouvai un soir; et d'abord une personne de qualité,
dont l'esprit est assez connu dans le monde, et qui me
fait l'honneur de m'aimer, trouva le projet assez à son
gré non-seulement pour me solliciter d'y mettre la
main, mais encore pour l'y mettre lui-même; et je fus
étonné que deux jours après il me montra toute l'affaire
exécutée d'une manière à la vérité beaucoup plus galante et plus spirituelle que je ne puis faire, mais où
je trouvai des choses trop avantageuses pour moi; et
j'eus peur que, si je produisais cet ouvrage sur notre
théâtre, on ne m'accusât d'avoir mendié les louanges
qu'on m'y donnait. Cependant cela m'empêcha, par
quelque considération, d'achever ce que j'avais commencé. Mais tant de gens me pressent tous les jours
de le faire, que je ne sais ce qui en sera; et cette incertitude est cause que je ne mets point dans cette
préface ce qu'on verra dans la Critique, en cas que je
me résolve à la faire paraître. S'il faut que cela soit,
je le dis encore, ce sera seulement pour venger le
public du chagrin délicat de certaines gens; car, pour
moi, je m'en tiens assez vengé par la réussite de ma
comédie; et je souhaite que toutes celles que je pourrai
faire soient traitées par eux comme celle-ci, pourvu
que le reste suive de même.

L'ÉCOLE DES FEMMES.

COMÉDIE.

PERSONNAGES.

ARNOLPHE, autrement MONSIEUR DE LA SOUCHE.

AGNÈS, jeune fille innocente élevée par Arnolphe.

HORACE, amant d'Agnès.

ALAIN, paysan, valet d'Arnolphe.

GEORGETTE, paysanne, servante d'Arnolphe.

CHRYSALDE, ami d'Arnolphe.

ENRIQUE, beau-frère de Chrysalde.

ORONTE, père d'Horace et grand ami d'Arnolphe.

UN NOTAIRE.

Noms des acteurs qui ont joué d'original dans *l'École des Femmes* :

ARNOLPHE.	Molière.
AGNÈS.	Mᴵˡᵉ Debrie.
HORACE.	La Grange.
ALAIN.	Brécourt.
GEORGETTE.	Mᴵˡᵉ Marotte.
CHRYSALDE.	L'Épy.
UN NOTAIRE.	Debrie.

La scène est dans une place de ville.

L'ÉCOLE DES FEMMES.

ACTE PREMIER.

SCÈNE I.

CHRYSALDE, ARNOLPHE.

CHRYSALDE.

Vous venez, dites-vous, pour lui donner la main?

ARNOLPHE.

Oui. Je veux terminer la chose dans demain.

CHRYSALDE.

Nous sommes ici seuls, et l'on peut, ce me semble,
Sans craindre d'être ouïs, y discourir ensemble.
Voulez-vous qu'en ami je vous ouvre mon cœur?
Votre dessein, pour vous, me fait trembler de peur;
Et, de quelque façon que vous tourniez l'affaire,
Prendre femme est à vous un coup bien téméraire.

ARNOLPHE.

Il est vrai, notre ami. Peut-être que chez vous
Vous trouvez des sujets de craindre pour chez nous;
Et votre front, je crois, veut que du mariage
Les cornes soient partout l'infaillible apanage.

CHRYSALDE.

Ce sont coups du hasard dont on n'est point garant;

Et bien sot, ce me semble, est le soin qu'on en prend.
Mais quand je crains pour vous, c'est cette raillerie
Dont cent pauvres maris ont souffert la furie :
Car enfin vous savez qu'il n'est grands ni petits
Que de votre critique on ait vus garantis ;
Que vos plus grands plaisirs sont, partout où vous êtes,
De faire cent éclats des intrigues secrètes...

ARNOLPHE.

Fort bien. Est-il au monde une autre ville aussi
Où l'on ait des maris si patients qu'ici?
Est-ce qu'on n'en voit pas de toutes les espèces,
Qui sont accommodés chez eux de toutes pièces?
L'un amasse du bien, dont sa femme fait part
A ceux qui prennent soin de le faire cornard :
L'autre, un peu plus heureux, mais non pas moins infâme,
Voit faire tous les jours des présents à sa femme,
Et d'aucun soin jaloux n'a l'esprit combattu,
Parce qu'elle lui dit que c'est pour sa vertu.
L'un fait beaucoup de bruit qui ne lui sert de guères;
L'autre en toute douceur laisse aller les affaires,
Et, voyant arriver chez lui le damoiseau,
Prend fort honnêtement ses gants et son manteau.
L'une, de son galant, en adroite femelle,
Fait fausse confidence à son époux fidèle,
Qui dort en sûreté sur un pareil appas,
Et le plaint, ce galant, des soins qu'il ne perd pas :
L'autre, pour se purger de sa magnificence,
Dit qu'elle gagne au jeu l'argent qu'elle dépense;
Et le mari benêt, sans songer à quel jeu,
Sur les gains qu'elle fait rend des grâces à Dieu.
Enfin, ce sont partout des sujets de satire;
Et, comme spectateur, ne puis-je pas en rire?
Puis-je pas de nos sots?...

CHRYSALDE.

                    Oui; mais qui rit d'autrui

Doit craindre qu'en revanche on rie aussi de lui.
J'entends parler le monde, et des gens se délassent
A venir débiter les choses qui se passent;
Mais, quoi que l'on divulgue aux endroits où je suis,
Jamais on ne m'a vu triompher de ces bruits.
J'y suis assez modeste; et bien qu'aux occurrences
Je puisse condamner certaines tolérances,
Que mon dessein ne soit de souffrir nullement
Ce que quelques maris souffrent paisiblement,
Pourtant je n'ai jamais affecté de le dire;
Car enfin il faut craindre un revers de satire,
Et l'on ne doit jamais jurer sur de tels cas
De ce qu'on pourra faire, ou bien ne faire pas.
Ainsi, quand à mon front, par un sort qui tout mène,
Il serait arrivé quelque disgrâce humaine,
Après mon procédé, je suis presque certain
Qu'on se contentera de s'en rire sous main :
Et peut-être qu'encor j'aurai cet avantage,
Que quelques bonnes gens diront : Que c'est dommage!
Mais de vous, cher compère, il en est autrement;
Je vous le dis encor, vous risquez diablement.
Comme sur les maris accusés de souffrance[1]
De tout temps votre langue a daubé d'importance,
Qu'on vous a vu contre eux un diable déchaîné,
Vous devez marcher droit pour n'être point berné;
Et, s'il faut que sur vous on ait la moindre prise,
Gare qu'aux carrefours on ne vous tympanise,
Et...

ARNOLPHE.

Mon Dieu! notre ami, ne vous tourmentez point.
Bien huppé qui pourra m'attraper sur ce point.
Je sais les tours rusés et les subtiles trames
Dont pour nous en planter savent user les femmes,

---

[1] De tolérance excessive.

Et comme on est dupé par leurs dextérités ;
Contre cet accident j'ai pris mes sûretés ;
Et celle que j'épouse a toute l'innocence
Qui peut sauver mon front de maligne influence.

CHRYSALDE.

Et que prétendez-vous qu'une sotte, en un mot...

ARNOLPHE.

Épouser une sotte est pour n'être point sot.
Je crois, en bon chrétien, votre moitié fort sage ;
Mais une femme habile est un mauvais présage ;
Et je sais ce qu'il coûte à de certaines gens
Pour avoir pris les leurs avec trop de talents.
Moi, j'irais me charger d'une spirituelle
Qui ne parlerait rien que cercle et que ruelle ;
Qui de prose et de vers ferait de doux écrits,
Et que visiteraient marquis et beaux esprits,
Tandis que sous le nom du mari de madame,
Je serais comme un saint que pas un ne réclame !
Non, non, je ne veux point d'un esprit qui soit haut
Et femme qui compose en sait plus qu'il ne faut.
Je prétends que la mienne en clartés peu sublime,
Même ne sache pas ce que c'est qu'une rime ;
Et, s'il faut qu'avec elle on joue au corbillon,
Et qu'on vienne à lui dire à son tour : « Qu'y met-on ? »
Je veux qu'elle réponde : « Une tarte à la crème ; »
En un mot qu'elle soit d'une ignorance extrême :
Et c'est assez pour elle, à vous en bien parler,
De savoir prier Dieu, m'aimer, coudre et filer.

CHRYSALDE.

Une femme stupide est donc votre marotte ?

ARNOLPHE.

Tant, que j'aimerais mieux une laide bien sotte,
Qu'une femme fort belle avec beaucoup d'esprit.

CHRYSALDE.

L'esprit et la beauté...

ARNOLPHE.

L'honnêteté suffit.

CHRYSALDE.

Mais comment voulez-vous, après tout, qu'une bête
Puisse jamais savoir ce que c'est qu'être honnête?
Outre qu'il est assez ennuyeux, que je croi,
D'avoir toute sa vie une bête avec soi,
Pensez-vous le bien prendre, et que sur votre idée
La sûreté d'un front puisse être bien fondée?
Une femme d'esprit peut trahir son devoir;
Mais il faut, pour le moins, qu'elle ose le vouloir :
Et la stupide au sien peut manquer d'ordinaire,
Sans en avoir l'envie et sans penser le faire.

ARNOLPHE.

A ce bel argument, à ce discours profond,
Ce que Pantagruel à Panurge répond :
Pressez-moi de me joindre à femme autre que sotte,
Prêchez, patrocinez jusqu'à la Pentecôte;
Vous serez ébahi, quand vous serez au bout,
Que vous ne m'aurez rien persuadé du tout.

CHRYSALDE.

Je ne vous dis plus mot.

ARNOLPHE.

Chacun a sa méthode.

En femme, comme en tout, je veux suivre ma mode :
Je me vois riche assez pour pouvoir, que je croi,
Choisir une moitié qui tienne tout de moi,
Et de qui la soumise et pleine dépendance
N'ait à me reprocher aucun bien ni naissance.
Un air doux et posé, parmi d'autres enfants,
M'inspira de l'amour pour elle dès quatre ans:
Sa mère se trouvant de pauvreté pressée,
De la lui demander il me vint la pensée;
Et la bonne paysanne, apprenant mon désir,
A s'ôter cette charge eut beaucoup de plaisir.

Dans un petit couvent, loin de toute pratique,
Je la fis élever selon ma politique;
C'est-à-dire ordonnant quels soins on emploierait
Pour la rendre idiote autant qu'il se pourrait.
Dieu merci, le succès a suivi mon attente;
Et grande, je l'ai vue à tel point innocente,
Que j'ai béni le ciel d'avoir trouvé mon fait,
Pour me faire une femme au gré de mon souhait.
Je l'ai donc retirée; et comme ma demeure
A cent sortes de monde est ouverte à toute heure,
Je l'ai mise à l'écart, comme il faut tout prévoir,
Dans cette autre maison où nul ne me vient voir;
Et, pour ne point gâter sa bonté naturelle,
Je n'y tiens que des gens tout aussi simples qu'elle.
Vous me direz: Pourquoi cette narration?
C'est pour vous rendre instruit de ma précaution.
Le résultat de tout est qu'en ami fidèle
Ce soir je vous invite à souper avec elle;
Je veux que vous puissiez un peu l'examiner,
Et voir si de mon choix on me doit condamner.

CHRYSALDE.

J'y consens.

ARNOLPHE.

            Vous pourrez, dans cette conférence,
Juger de sa personne et de son innocence.

CHRYSALDE.

Pour cet article-là, ce que vous m'avez dit
Ne peut...

ARNOLPHE.

            La vérité passe encor mon récit.
Dans ses simplicités à tous coups je l'admire,
Et parfois elle en dit dont je pâme de rire.
L'autre jour (pourrait-on se le persuader?),
Elle était fort en peine, et me vint demander,
Avec une innocence à nulle autre pareille,

Si les enfants qu'on fait se faisaient par l'oreille[1].

CHRYSALDE.

Je me réjouis fort, seigneur Arnolphe...

ARNOLPHE.

Bon!

Me voulez-vous toujours appeler de ce nom?

CHRYSALDE.

Ah! malgré que j'en aie, il me vient à la bouche,
Et jamais je ne songe à monsieur de la Souche.
Qui diable vous a fait aussi vous aviser,
A quarante-deux ans de vous débaptiser,
Et d'un vieux tronc pourri de votre métairie
Vous faire dans le monde un nom de seigneurie.

ARNOLPHE.

Outre que la maison par ce nom se connaît,
La Souche plus qu'Arnolphe à mes oreilles plaît.

CHRYSALDE.

Quel abus de quitter le vrai nom de ses pères,
Pour en vouloir prendre un bâti sur des chimères!
De la plupart des gens c'est la démangeaison:
Et, sans vous embrasser dans la comparaison,
Je sais un paysan qu'on appelait Gros-Pierre,
Qui, n'ayant pour tout bien qu'un seul quartier de terre,
Y fit tout alentour faire un fossé bourbeux,
Et de monsieur de l'Isle en prit le nom pompeux.

ARNOLPHE.

Vous pourriez vous passer d'exemples de la sorte.
Mais enfin de la Souche est le nom que je porte:
J'y vois de la raison, j'y trouve des appas;
Et m'appeler de l'autre est ne m'obliger pas.

CHRYSALDE.

Cependant la plupart ont peine à s'y soumettre;
Et je vois même encor des adresses de lettre...

---

[1] Voyez *la Critique de l'École des femmes*, scène VII.

ARNOLPHE.

Je le souffre aisément de qui n'est pas instruit,
Mais vous...

CHRYSALDE.

Soit; là-dessus nous n'aurons point de bruit;
Et je prendrai le soin d'accoutumer ma bouche
A ne plus vous nommer que monsieur de la Souche.

ARNOLPHE.

Adieu. Je frappe ici pour donner le bonjour,
Et dire seulement que je suis de retour.

CHRYSALDE, à part, en s'en allant.

Ma foi, je le tiens fou de toutes les manières.

ARNOLPHE, seul.

Il est un peu blessé sur certaines matières.
Chose étrange, de voir comme avec passion
Un chacun est chaussé de son opinion!

(Il frappe à sa porte.)

Holà!

SCÈNE II.

ARNOLPHE, ALAIN, GEORGETTE, dans la maison.

ALAIN.

Qui heurte?

ARNOLPHE.

(A part.)

Ouvrez. On aura, que je pense,
Grande joie à me voir après dix jours d'absence.

ALAIN.

Qui va là?

ARNOLPHE.

Moi.

ALAIN.

Georgette!

GEORGETTE.

Hé bien?

ALAIN.

Ouvre là-bas.

GEORGETTE.

Vas-y, toi.

ALAIN.

Vas-y, toi.

GEORGETTE.

Ma foi, je n'irai pas.

ALAIN.

Je n'irai pas aussi.

ARNOLPHE.

Belle cérémonie
Pour me laisser dehors! Holà! ho! je vous prie.

GEORGETTE.

Qui frappe?

ARNOLPHE.

Votre maître.

GEORGETTE.

Alain!

ALAIN.

Quoi?

GEORGETTE.

C'est monsieur.
Ouvre vite.

ALAIN.

Ouvre, toi.

GEORGETTE.

Je souffle notre feu.

ALAIN.

J'empêche, peur du chat, que mon moineau ne sorte.

ARNOLPHE.

Quiconque de vous deux n'ouvrira pas la porte,

N'aura point à manger de plus de quatre jours.
Ha!

GEORGETTE.

Par quelle raison y venir, quand j'y cours?

ALAIN.

Pourquoi plutôt que moi? Le plaisant strodagème!

GEORGETTE.

Ote-toi donc de là.

ALAIN.

Non, ôte-toi toi-même.

GEORGETTE.

Je veux ouvrir la porte.

ALAIN.

Et je veux l'ouvrir, moi.

GEORGETTE.

Tu ne l'ouvriras pas.

ALAIN.

Ni toi non plus.

GEORGETTE.

Ni toi.

ARNOLPHE.

Il faut que j'aie ici l'âme bien patiente!

ALAIN, en entrant.

Au moins c'est moi, monsieur.

GEORGETTE, en entrant.

Je suis votre servante,
C'est moi.

ALAIN.

Sans le respect de monsieur que voilà,
Je te...

ARNOLPHE, recevant un coup d'Alain.

Peste!

ALAIN.

Pardon.

ARNOLPHE.

Voyez ce lourdaud-là!

ALAIN.

C'est elle aussi, monsieur...

ARNOLPHE.

Que tous deux on se taise.
Songez à me répondre, et laissons la fadaise.
Hé bien! Alain, comment se porte-t-on ici?

ALAIN.

Monsieur, nous nous...

(Arnolphe ôte le chapeau de dessus la tête d'Alain.)

Monsieur, nous nous por...

(Arnolphe l'ôte encore.)

Dieu merci,

Nous nous...

ARNOLPHE, ôtant le chapeau d'Alain pour la troisième fois, et le jetant par terre.

Qui vous apprend, impertinente bête,
A parler devant moi le chapeau sur la tête?

ALAIN.

Vous faites bien, j'ai tort[1].

ARNOLPHE, à Alain.

Faites descendre Agnès.

SCÈNE III.

ARNOLPHE, GEORGETTE.

ARNOLPHE.

Lorsque je m'en allai, fut-elle triste après?

GEORGETTE.

Triste? Non.

---

[1] Voyez *la Critique de l'École des Femmes*, scène VII.

ARNOLPHE.

Non?

GEORGETTE.

Si fait.

ARNOLPHE.

Pourquoi donc?

GEORGETTE.

Oui, je meure.

Elle vous croyait voir de retour à toute heure;
Et nous n'oyions jamais passer devant chez nous
Cheval, âne ou mulet, qu'elle ne prît pour vous.

SCÈNE IV.

ARNOLPHE, AGNÈS, ALAIN, GEORGETTE.

ARNOLPHE.

La besogne à la main? c'est un bon témoignage.
Hé bien! Agnès, je suis de retour du voyage :
En êtes-vous bien aise?

AGNÈS.

Oui, monsieur, Dieu merci.

ARNOLPHE.

Et moi, de vous revoir je suis bien aise aussi.
Vous vous êtes toujours, comme on voit, bien portée?

AGNÈS.

Hors les puces, qui m'ont la nuit inquiétée.

ARNOLPHE.

Ah! vous aurez dans peu quelqu'un pour les chasser.

AGNÈS.

Vous me ferez plaisir.

ARNOLPHE.

Je le puis bien penser.

Que faites-vous donc là? ·

AGNÈS.

Je me fais des cornettes.
Vos chemises de nuit et vos coiffes sont faites.

ARNOLPHE.

Ah! voilà qui va bien. Allez, montez là-haut :
Ne vous ennuyez point, je reviendrai tantôt,
Et je vous parlerai d'affaires importantes.

SCÈNE V.

ARNOLPHE, seul.

Héroïnes du temps, mesdames les savantes,
Pousseuses de tendresse et de beaux sentiments,
Je défie à la fois tous vos vers, vos romans,
Vos lettres, billets doux, toute votre science,
De valoir cette honnête et pudique ignorance.
Ce n'est point par le bien qu'il faut être ébloui;
Et pourvu que l'honneur soit...

SCÈNE VI.

HORACE, ARNOLPHE.

ARNOLPHE.

Que vois-je? Est-ce?... Oui.
Je me trompe. Nenni. Si fait. Non, c'est lui-même,
Hor...

HORACE.

Seigneur Ar...

ARNOLPHE.

Horace.

HORACE.

Arnolphe.

ARNOLPHE.

Ah! joie extrême!

Et depuis quand ici?

HORACE.

Depuis neuf jours.

ARNOLPHE.

Vraiment?

HORACE.

Je fus d'abord chez vous, mais inutilement.

ARNOLPHE.

J'étais à la campagne.

HORACE.

Oui, depuis dix journées.

ARNOLPHE.

Oh! comme les enfants croissent en peu d'années!
J'admire de le voir au point où le voilà,
Après que je l'ai vu pas plus grand que cela.

HORACE.

Vous voyez.

ARNOLPHE.

Mais, de grâce, Oronte votre père,
Mon bon et cher ami que j'estime et révère,
Que fait-il? que dit-il? Est-il toujours gaillard?
A tout ce qui le touche il sait que je prends part :
Nous ne nous sommes vus depuis quatre ans ensemble.

HORACE.

Ni, qui plus est, écrit l'un à l'autre, me semble.
Il est, seigneur Arnolphe, encor plus gai que nous,
Et j'avais de sa part une lettre pour vous;
Mais depuis, par une autre, il m'apprend sa venue,
Et la raison encor ne m'en est pas connue.

Savez-vous qui peut être un de vos citoyens
Qui retourne en ces lieux avec beaucoup de biens
Qu'il s'est en quatorze ans acquis dans l'Amérique?

ARNOLPHE.

Non. Vous a-t-on point dit comme on le nomme?

HORACE.

Enrique.

ARNOLPHE.

Non.

HORACE.

Mon père m'en parle, et qu'il est revenu,
Comme s'il devait m'être entièrement connu;
Et m'écrit qu'en chemin ensemble ils se vont mettre,
Pour un fait important que ne dit point sa lettre.

(Horace remet la lettre d'Oronte à Arnolphe.)

ARNOLPHE.

J'aurai certainement grande joie à le voir,
Et pour le régaler je ferai mon pouvoir.

(Après avoir lu la lettre.)

Il faut, pour des amis, des lettres moins civiles,
Et tous ces compliments sont choses inutiles.
Sans qu'il prît le souci de m'en écrire rien,
Vous pouvez librement disposer de mon bien.

HORACE.

Je suis homme à saisir les gens par leurs paroles,
Et j'ai présentement besoin de cent pistoles.

ARNOLPHE.

Ma foi, c'est m'obliger que d'en user ainsi;
Et je me réjouis de les avoir ici.
Gardez aussi la bourse.

HORACE.

Il faut...

ARNOLPHE.

Laissons ce style.
Hé bien! comment encor trouvez-vous cette ville?

HORACE.

Nombreuse en citoyens, superbe en bâtiments;
Et j'en crois merveilleux les divertissements.

ARNOLPHE.

Chacun a ses plaisirs, qu'il se fait à sa guise :
Mais pour ceux que du nom de galants on baptise,
Ils ont en ce pays de quoi se contenter,
Car les femmes y sont faites à coqueter :
On trouve d'humeur douce et la brune et la blonde,
Et les maris aussi les plus bénins du monde;
C'est un plaisir de prince, et des tours que je voi
Je me donne souvent la comédie à moi.
Peut-être en avez-vous déjà féru quelqu'une.
Vous est-il point encore arrivé de fortune?
Les gens faits comme vous font plus que les écus,
Et vous êtes de taille à faire des cocus.

HORACE.

A ne vous rien cacher de la vérité pure,
J'ai d'amour en ces lieux eu certaine aventure;
Et l'amitié m'oblige à vous en faire part.

ARNOLPHE, à part.

Bon! voici de nouveau quelque conte gaillard ;
Et ce sera de quoi mettre sur mes tablettes.

HORACE.

Mais, de grâce, qu'au moins ces choses soient secrètes.

ARNOLPHE.

Oh !

HORACE.

  Vous n'ignorez pas qu'en ces occasions
Un secret éventé rompt nos prétentions.
Je vous avouerai donc avec pleine franchise
Qu'ici d'une beauté mon âme s'est éprise.
Mes petits soins d'abord ont eu tant de succès,
Que je me suis chez elle ouvert un doux accès ;

Et, sans trop me vanter, ni lui faire une injure,
Mes affaires y sont en fort bonne posture.

ARNOLPHE, riant.

Et c'est?...

HORACE, lui montrant le logis d'Agnès.

Un jeune objet qui loge en ce logis,
Dont vous voyez d'ici que les murs sont rougis :
Simple, à la vérité, par l'erreur sans seconde
D'un homme qui la cache au commerce du monde ;
Mais qui, dans l'ignorance où l'on veut l'asservir,
Fait briller des attraits capables de ravir ;
Un air tout engageant, je ne sais quoi de tendre
Dont il n'est point de cœur qui se puisse défendre.
Mais, peut-être, il n'est pas que vous n'ayez bien vu
Ce jeune astre d'amour, de tant d'attraits pourvu :
C'est Agnès qu'on l'appelle.

ARNOLPHE, à part.

Ah! je crève!

HORACE.

Pour l'homme,

C'est, je crois, de la Zousse, ou Souche, qu'on le nomme ;
Je ne me suis pas fort arrêté sur le nom :
Riche, à ce qu'on m'a dit, mais des plus sensés, non ;
Et l'on m'en a parlé comme d'un ridicule.
Le connaissez-vous point?

ARNOLPHE, à part.

La fâcheuse pilule!

HORACE.

Hé! vous ne dites mot?

ARNOLPHE.

Eh! oui, je le connoi.

HORACE.

C'est un fou, n'est-ce pas?

ARNOLPHE.

Hé...

HORACE.

Qu'en dites-vous? Quoi?

Hé! c'est-à-dire oui? Jaloux? à faire rire.
Sot? Je vois qu'il en est ce que l'on m'a pu dire.
Enfin l'aimable Agnès a su m'assujettir.
C'est un joli bijou, pour ne vous point mentir :
Et ce serait péché qu'une beauté si rare
Fût laissée au pouvoir de cet homme bizarre.
Pour moi, tous mes efforts, tous mes vœux les plus doux
Vont à m'en rendre maître en dépit du jaloux;
Et l'argent que de vous j'emprunte avec franchise
N'est que pour mettre à bout cette juste entreprise.
Vous savez mieux que moi, quels que soient nos efforts,
Que l'argent est la clef de tous les grands ressorts,
Et que ce doux métal, qui frappe tant de têtes,
En amour, comme en guerre, avance les conquêtes.
Vous me semblez chagrin! Serait-ce qu'en effet
Vous désapprouveriez le dessein que j'ai fait?

ARNOLPHE.

Non; c'est que je songeais...

HORACE.

Cet entretien vous lasse.

Adieu. J'irai chez vous tantôt vous rendre grâce.

ARNOLPHE, se croyant seul.

Ah! faut-il...

HORACE, revenant.

Derechef, veuillez être discret;
Et n'allez pas, de grâce, éventer mon secret.

ARNOLPHE, se croyant seul.

Que je sens dans mon âme...

HORACE, revenant.

Et surtout à mon père,

Qui s'en ferait peut-être un sujet de colère.

ARNOLPHE, croyant qu'Horace revient encore.

Oh!...

SCÈNE VII.

ARNOLPHE, seul.

Oh! que j'ai souffert durant cet entretien!
Jamais trouble d'esprit ne fut égal au mien.
Avec quelle imprudence et quelle hâte extrême
Il m'est venu conter cette affaire à moi-même!
Bien que mon autre nom le tienne dans l'erreur,
Étourdi montra-t-il jamais tant de fureur?
Mais, ayant tant souffert, je devais me contraindre
Jusques à m'éclaircir de ce que je dois craindre,
A pousser jusqu'au bout son caquet indiscret,
Et savoir pleinement leur commerce secret.
Tâchons à le rejoindre; il n'est pas loin, je pense :
Tirons-en de ce fait l'entière confidence.
Je tremble du malheur qui m'en peut arriver,
Et l'on cherche souvent plus qu'on ne veut trouver.

FIN DU PREMIER ACTE.

ACTE DEUXIÈME.

—

SCÈNE I.

ARNOLPHE, seul.

Il m'est, lorsque j'y pense, avantageux sans doute
D'avoir perdu mes pas, et pu manquer sa route :
Car enfin de mon cœur le trouble impérieux
N'eût pu se renfermer tout entier à ses yeux;
Il eût fait éclater l'ennui qui me dévore,
Et je ne voudrais pas qu'il sût ce qu'il ignore.
Mais je ne suis pas homme à gober le morceau
Et laisser un champ libre aux vœux du damoiseau.
J'en veux rompre le cours, et, sans tarder, apprendre
Jusqu'où l'intelligence entre eux a pu s'étendre :
J'y prends pour mon honneur un notable intérêt;
Je la regarde en femme, aux termes qu'elle en est;
Elle n'a pu faillir sans me couvrir de honte,
Et tout ce qu'elle a fait enfin est sur mon compte.
Éloignement fatal! voyage malheureux!

(Il frappe à sa porte.)

SCÈNE II.

ARNOLPHE, ALAIN, GEORGETTE.

ALAIN.

Ah! monsieur, cette fois...

ARNOLPHE.

Paix. Venez çà tous deux.

Passez là, passez là. Venez là, venez, dis-je.

GEORGETTE.

Ah! vous me faites peur, et tout mon sang se fige.

ARNOLPHE.

C'est donc ainsi qu'absent vous m'avez obéi?

Et tous deux de concert vous m'avez donc trahi?

GEORGETTE, tombant aux genoux d'Arnolphe.

Hé! ne me mangez pas, monsieur, je vous conjure.

ALAIN, à part.

Quelque chien enragé l'a mordu, je m'assure.

ARNOLPHE, à part.

Ouf! je ne puis parler, tant je suis prévenu ;

Je suffoque, et voudrais me pouvoir mettre nu.

(A Alain et à Georgette.)

Vous avez donc souffert, ô canaille maudite,

(A Alain qui veut s'enfuir.)

Qu'un homme soit venu...? Tu veux prendre la fuite !

(A Georgette.)

Il faut que sur-le-champ... Si tu bouges... Je veux

(A Alain.)

Que vous me disiez... Euh! oui, je veux que tous deux...

(Alain et Georgette se lèvent, et veulent encore s'enfuir.)

Quiconque remuera, par la mort! je l'assomme.

Comme est-ce que chez moi s'est introduit cet homme?

Hé! parlez. Dépêchez, vite, promptement, tôt,

Sans rêver. Veut-on dire?

ALAIN ET GEORGETTE.

Ah! ah!

GEORGETTE, retombant aux genoux d'Arnolphe.

Le cœur me faut[1]!

ALAIN, retombant aux genoux d'Arnolphe.

Je meurs.

ARNOLPHE, à part.

Je suis en eau : prenons un peu d'haleine;
Il faut que je m'évente et que je me promène.
Aurais-je deviné, quand je l'ai vu petit,
Qu'il croîtrait pour cela? Ciel! que mon cœur pâtit!
Je pense qu'il vaut mieux que de sa propre bouche
Je tire avec douceur l'affaire qui me touche.
Tâchons à modérer notre ressentiment.
Patience, mon cœur, doucement, doucement.

(A Alain et à Georgette.)

Levez-vous, et, rentrant, faites qu'Agnès descende.

(A part.)

Arrêtez. Sa surprise en deviendrait moins grande :
Du chagrin qui me trouble ils iraient l'avertir,
Et moi-même je veux l'aller faire sortir.

(A Alain et à Georgette.)

Que l'on m'attende ici.

SCÈNE III.

ALAIN, GEORGETTE.

GEORGETTE.

Mon Dieu! qu'il est terrible!
Ses regards m'ont fait peur, mais une peur horrible;
Et jamais je ne vis un plus hideux chrétien.

----

[1] Le cœur me manque.

ALAIN.

Ce monsieur l'a fâché; je te le disais bien.

GEORGETTE.

Mais que diantre est-ce là, qu'avec tant de rudesse
Il nous fait au logis garder notre maîtresse?
D'où vient qu'à tout le monde il veut tant la cacher,
Et qu'il ne saurait voir personne en approcher?

ALAIN.

C'est que cette action le met en jalousie.

GEORGETTE.

Mais d'où vient qu'il est pris de cette fantaisie?

ALAIN.

Cela vient... Cela vient de ce qu'il est jaloux.

GEORGETTE.

Oui; mais pourquoi l'est-il? et pourquoi ce courroux?

ALAIN.

C'est que la jalousie... entends-tu bien, Georgette,
Est une chose... là... qui fait qu'on s'inquiète...
Et qui chasse les gens d'autour d'une maison.
Je m'en vais te bailler une comparaison,
Afin de concevoir la chose davantage.
Dis-moi, n'est-il pas vrai, quand tu tiens ton potage,
Que si quelque affamé venait pour en manger,
Tu serais en colère, et voudrais le charger?

GEORGETTE.

Oui, je comprends cela.

ALAIN.

C'est justement tout comme.
La femme est en effet le potage de l'homme;
Et quand un homme voit d'autres hommes parfois
Qui veulent dans sa soupe aller tremper leurs doigts,
Il en montre aussitôt une colère extrême.

GEORGETTE.

Oui; mais pourquoi chacun n'en fait-il pas de même,

Et que nous en voyons qui paraissent joyeux
Lorsque leurs femmes sont avec les biaux monsieux ?

ALAIN.

C'est que chacun n'a pas cette amitié goulue
Qui n'en veut que pour soi.

GEORGETTE.

> Si je n'ai la berlue,

Je le vois qui revient.

ALAIN.

> Tes yeux sont bons, c'est lui.

GEORGETTE.

Vois comme il est chagrin.

ALAIN.

> C'est qu'il a de l'ennui.

SCÈNE IV.

ARNOLPHE, ALAIN, GEORGETTE.

ARNOLPHE, à part.

Un certain Grec disait à l'empereur Auguste,
Comme une instruction utile autant que juste,
Que lorsqu'une aventure en colère nous met,
Nous devons, avant tout, dire notre alphabet,
Afin que dans ce temps la bile se tempère,
Et qu'on ne fasse rien que l'on ne doive faire.
J'ai suivi sa leçon sur le sujet d'Agnès;
Et je la fais venir dans ce lieu tout exprès,
Sous prétexte d'y faire un tour de promenade,
Afin que les soupçons de mon esprit malade
Puissent sur le discours la mettre adroitement,
Et, lui sondant le cœur, s'éclaircir doucement.

SCÈNE V.

ARNOLPHE, AGNÈS, ALAIN, GEORGETTE.

ARNOLPHE.

Venez, Agnès.

(A Alain et à Georgette.)

Rentrez.

SCÈNE VI.

ARNOLPHE, AGNÈS.

ARNOLPHE.

La promenade est belle.

AGNÈS.

Fort belle.

ARNOLPHE.

Le beau jour!

AGNÈS.

Fort beau.

ARNOLPHE.

Quelle nouvelle?

AGNÈS.

Le petit chat est mort.

ARNOLPHE.

C'est dommage; mais quoi!
Nous sommes tous mortels, et chacun est pour soi.
Lorsque j'étais aux champs n'a-t-il point fait de pluie?

AGNÈS.

Non.

ARNOLPHE.

Vous ennuyait-il?

AGNÈS.

Jamais je ne m'ennuie.

ARNOLPHE.

Qu'avez-vous fait encor ces neuf ou dix jours-ci?

AGNÈS.

Six chemises, je pense, et six coiffes aussi.

ARNOLPHE, ayant un peu rêvé.

Le monde, chère Agnès, est une étrange chose.
Voyez la médisance, et comme chacun cause!
Quelques voisins m'ont dit qu'un jeune homme inconnu
Était, en mon absence, à la maison venu;
Que vous aviez souffert sa vue et ses harangues.
Mais je n'ai point pris foi sur ces méchantes langues,
Et j'ai voulu gager que c'était faussement...

AGNÈS.

Mon Dieu! ne gagez pas, vous perdriez vraiment.

ARNOLPHE.

Quoi! c'est la vérité qu'un homme?...

AGNÈS.

Chose sûre.

Il n'a presque bougé de chez nous, je vous jure.

ARNOLPHE, bas, à part.

Cet aveu qu'elle fait avec sincérité
Me marque pour le moins son ingénuité.

(Haut.)

Mais il me semble, Agnès, si ma mémoire est bonne,
Que j'avais défendu que vous vissiez personne.

AGNÈS.

Oui; mais, quand je l'ai vu, vous ignorez pourquoi;
Et vous en auriez fait, sans doute, autant que moi.

ARNOLPHE.

Peut-être ; mais enfin contez-moi cette histoire.

AGNÈS.

Elle est fort étonnante et difficile à croire.
J'étais sur le balcon à travailler au frais,
Lorsque je vis passer sous les arbres d'auprès
Un jeune homme bien fait, qui, rencontrant ma vue,
D'une humble révérence aussitôt me salue.
Moi, pour ne point manquer à la civilité,
Je fis la révérence aussi de mon côté.
Soudain il me refait une autre révérence ;
Moi, j'en refais de même une autre en diligence ;
Et lui d'une troisième aussitôt repartant,
D'une troisième aussi j'y repars à l'instant.
Il passe, vient, repasse, et, toujours de plus belle,
Me fait à chaque fois révérence nouvelle.
Et moi, qui tous ces tours fixement regardais,
Nouvelle révérence aussi je lui rendais :
Tant que, si sur ce point la nuit ne fût venue,
Toujours comme cela je me serais tenue,
Ne voulant point céder et recevoir l'ennui
Qu'il me pût estimer moins civile que lui.

ARNOLPHE.

Fort bien.

AGNÈS.

    . Le lendemain, étant sur notre porte,
Une vieille m'aborde, en parlant de la sorte :
« Mon enfant, le bon Dieu puisse-t-il vous bénir,
Et dans tous vos attraits longtemps vous maintenir !
Il ne vous a pas faite une belle personne,
Afin de mal user des choses qu'il vous donne ;
Et vous devez savoir que vous avez blessé
Un cœur qui de s'en plaindre est aujourd'hui forcé. »

ARNOLPHE, à part.

Ah ! suppôt de Satan ! exécrable damnée !

AGNÈS.

Moi, j'ai blessé quelqu'un? fis-je tout étonnée.
« Oui, dit-elle, blessé, mais blessé tout de bon :
Et c'est l'homme qu'hier vous vîtes du balcon. »
Hélas! qui pourrait, dis-je, en avoir été cause?
Sur lui, sans y penser, fis-je choir quelque chose?
« Non, dit-elle; vos yeux ont fait ce coup fatal,
Et c'est de leurs regards qu'est venu tout son mal. »
Hé! mon Dieu! ma surprise est, fis-je, sans seconde;
Mes yeux ont-ils du mal pour en donner au monde?
« Oui, fit-elle, vos yeux, pour causer le trépas,
Ma fille, ont un venin que vous ne savez pas.
En un mot, il languit, le pauvre misérable;
Et s'il faut, poursuivit la vieille charitable,
Que votre cruauté lui refuse un secours,
C'est un homme à porter en terre dans deux jours. »
Mon Dieu! j'en aurais, dis-je, une douleur bien grande.
Mais pour le secourir qu'est-ce qu'il me demande?
« Mon enfant, me dit-elle, il ne veut obtenir
Que le bien de vous voir et vous entretenir;
Vos yeux peuvent eux seuls empêcher sa ruine,
Et du mal qu'ils ont fait être la médecine. »
Hélas! volontiers, dis-je: et, puisqu'il est ainsi,
Il peut, tant qu'il voudra, me venir voir ici.

ARNOLPHE, à part.

Ah! sorcière maudite, empoisonneuse d'âmes,
Puisse l'enfer payer tes charitables trames!

AGNÈS.

Voilà comme il me vit, et reçut guérison.
Vous-même, à votre avis, n'ai-je pas eu raison?
Et pouvais-je, après tout, avoir la conscience
De le laisser mourir faute d'une assistance?
Moi qui compatis tant aux gens qu'on fait souffrir,
Et ne puis, sans pleurer, voir un poulet mourir!

ARNOLPHE, bas, à part.

Tout cela n'est parti que d'une âme innocente ;
Et j'en dois accuser mon absence imprudente,
Qui sans guide a laissé cette bonté de mœurs
Exposée aux aguets des rusés séducteurs.
Je crains que le pendard, dans ses vœux téméraires,
Un peu plus fort que jeu n'ait poussé les affaires.

AGNÈS.

Qu'avez-vous? Vous grondez, ce me semble, un petit.
Est-ce que c'est mal fait ce que je vous ai dit?

ARNOLPHE.

Non. Mais de cette vue apprenez-moi les suites,
Et comme le jeune homme a passé ses visites.

AGNÈS.

Hélas! si vous saviez comme il était ravi,
Comme il perdit son mal sitôt que je le vi,
Le présent qu'il m'a fait d'une belle cassette,
Et l'argent qu'en ont eu notre Alain et Georgette,
Vous l'aimeriez sans doute, et diriez comme nous...

ARNOLPHE.

Oui; mais que faisait-il étant seul avec vous?

AGNÈS.

Il jurait qu'il m'aimait d'une amour sans seconde
Et me disait des mots les plus gentils du monde,
Des choses que jamais rien ne peut égaler,
Et dont, toutes les fois que je l'entends parler,
La douceur me chatouille, et là dedans remue
Certain je ne sais quoi dont je suis tout émue.

ARNOLPHE, bas, à part.

O fâcheux examen d'un mystère fatal,
Où l'examinateur souffre seul tout le mal!

(Haut.)

Outre tous ces discours, toutes ces gentillesses,
Ne vous faisait-il point aussi quelques caresses?

AGNÈS.

Oh tant! il me prenait et les mains et les bras,
Et de me les baiser il n'était jamais las.

ARNOLPHE.

Ne vous a-t-il point pris, Agnès, quelque autre chose?

(La voyant interdite.)

Ouf!

AGNÈS.

Hé! il m'a...

ARNOLPHE.

Quoi?

AGNÈS.

Pris...

ARNOLPHE.

Euh!

AGNÈS.

Le...

ARNOLPHE.

Plaît-il?

AGNÈS.

Je n'ose,
Et vous vous fâcherez peut-être contre moi.

ARNOLPHE.

Non.

AGNÈS.

Si fait.

ARNOLPHE.

Mon Dieu! non.

AGNÈS.

Jurez donc votre foi.

ARNOLPHE.

Ma foi, soit.

AGNÈS.

Il m'a pris... Vous serez en colère.

ARNOLPHE.

Non.

AGNÈS.

Si.

ARNOLPHE.

Non, non, non, non. Diantre ! que de mystère !
Qu'est-ce qu'il vous a pris ?

AGNÈS.

Il...

ARNOLPHE, à part.

Je souffre en damné.

AGNÈS.

Il m'a pris le ruban que vous m'aviez donné.
A vous dire le vrai, je n'ai pu m'en défendre.

ARNOLPHE, reprenant haleine.

Passe pour le ruban. Mais je voulais apprendre
S'il ne vous a rien fait que vous baiser les bras.

AGNÈS.

Comment ! est-ce qu'on fait d'autres choses ?

ARNOLPHE.

Non pas.
Mais, pour guérir du mal qu'il dit qui le possède,
N'a-t-il point exigé de vous d'autre remède ?

AGNÈS.

Non. Vous pouvez juger, s'il en eût demandé,
Que pour le secourir j'aurais tout accordé.

ARNOLPHE, bas, à part.

Grâce aux bontés du ciel, j'en suis quitte à bon compte :
Si j'y retombe plus, je veux bien qu'on m'affronte [1].
(Haut.)
Chut. De votre innocence, Agnès, c'est un effet ;

---

[1] *Affronter*, se jouer effrontément de quelqu'un.

Je ne vous en dis mot. Ce qui s'est fait est fait.
Je sais qu'en vous flattant le galant ne désire
Que de vous abuser, et puis après s'en rire.

AGNÈS.

Oh! point. Il me l'a dit plus de vingt fois à moi.

ARNOLPHE.

Ah! vous ne savez pas ce que c'est que sa foi.
Mais enfin apprenez qu'accepter des cassettes,
Et de ces beaux blondins écouter les sornettes;
Que se laisser par eux, à force de langueur,
Baiser ainsi les mains et chatouiller le cœur,
Est un péché mortel des plus gros qu'il se fasse.

AGNÈS.

Un péché, dites-vous? Et la raison, de grâce?

ARNOLPHE.

La raison? La raison est l'arrêt prononcé
Que par ces actions le ciel est courroucé.

AGNÈS.

Courroucé! Mais pourquoi faut-il qu'il s'en courrouce?
C'est une chose, hélas! si plaisante et si douce!
J'admire quelle joie on goûte à tout cela;
Et je ne savais point encor ces choses-là.

ARNOLPHE.

Oui, c'est un grand plaisir que toutes ces tendresses,
Ces propos si gentils, et ces douces caresses;
Mais il faut le goûter en toute honnêteté,
Et qu'en se mariant le crime en soit ôté.

AGNÈS.

N'est-ce plus un péché lorsque l'on se marie?

ARNOLPHE.

Non.

AGNÈS.

Mariez-moi donc promptement, je vous prie.

ARNOLPHE.

Si vous le souhaitez, je le souhaite aussi;
Et pour vous marier on me revoit ici.

AGNÈS.

Est-il possible?

ARNOLPHE.

Oui.

AGNÈS.

Que vous me ferez aise!

ARNOLPHE.

Oui, je ne doute point que l'hymen ne vous plaise.

AGNÈS.

Vous nous voulez, nous deux...

ARNOLPHE.

Rien de plus assuré.

AGNÈS.

Que, si cela se fait, je vous caresserai!

ARNOLPHE.

Hé! la chose sera de ma part réciproque.

AGNÈS.

Je ne reconnais point, pour moi, quand on se moque.
Parlez-vous tout de bon?

ARNOLPHE.

Oui, vous le pourrez voir.

AGNÈS.

Nous serons mariés?

ARNOLPHE.

Oui.

AGNÈS.

Mais quand?

ARNOLPHE.

Dès ce soir.

AGNÈS, riant.

Dès ce soir?

ARNOLPHE.

Dès ce soir. Cela vous fait donc rire?

AGNÈS.

Oui.

ARNOLPHE.

Vous voir bien contente est ce que je désire.

AGNÈS.

Hélas! que je vous ai grande obligation,
Et qu'avec lui j'aurai de satisfaction!

ARNOLPHE.

Avec qui?

AGNÈS.

Avec... Là...

ARNOLPHE.

Là... Là n'est pas mon compte.
A choisir un mari vous êtes un peu prompte.
C'est un autre, en un mot, que je vous tiens tout prêt.
Et quant au monsieur là, je prétends, s'il vous plaît,
Dût le mettre au tombeau le mal dont il vous berce,
Qu'avec lui désormais vous rompiez tout commerce;
Que, venant au logis, pour votre compliment,
Vous lui fermiez au nez la porte honnêtement;
Et lui jetant, s'il heurte, un grès par la fenêtre,
L'obligiez tout de bon à ne plus y paraître.
M'entendez-vous, Agnès? Moi, caché dans un coin,
De votre procédé je serai le témoin.

AGNÈS.

Las! il est si bien fait! C'est...

ARNOLPHE.

Ah! que de langage!

AGNÈS.

Je n'aurai pas le cœur...

ARNOLPHE.

Point de bruit davantage.

Montez là-haut.

AGNÈS.

Mais quoi ! voulez-vous...

ARNOLPHE.

C'est assez.

Je suis maître, je parle ; allez, obéissez.

FIN DU DEUXIÈME ACTE.

ACTE TROISIÈME.

SCÈNE I.

ARNOLPHE, AGNÈS, ALAIN, GEORGETTE.

ARNOLPHE.

Oui, tout a bien été, ma joie est sans pareille :
Vous avez là suivi mes ordres à merveille,
Confondu de tout point le blondin séducteur ;
Et voilà de quoi sert un sage directeur.
Votre innocence, Agnès, avait été surprise :
Voyez, sans y penser, où vous vous étiez mise.
Vous enfiliez tout droit, sans mon instruction,
Le grand chemin d'enfer et de perdition.
De tous ces damoiseaux on sait trop les coutumes :
Ils ont de beaux canons, force rubans et plumes,
Grands cheveux, belles dents, et des propos fort doux ;
Mais, comme je vous dis, la griffe est là-dessous ;
Et ce sont vrais satans, dont la gueule altérée
De l'honneur féminin cherche à faire curée :
Mais, encore une fois, grâce au soin apporté,
Vous en êtes sortie avec honnêteté.
L'air dont je vous ai vu lui jeter cette pierre,

Qui de tous ses desseins a mis l'espoir par terre,
Me confirme encor mieux à ne point différer
Les noces où je dis qu'il vous faut préparer.
Mais, avant toute chose, il est bon de vous faire
Quelque petit discours qui vous soit salutaire.

(A Georgette et à Alain.)

Un siége au frais ici. Vous, si jamais en rien...

GEORGETTE.

De toutes vos leçons nous nous souviendrons bien.
Cet autre monsieur-là nous en faisait accroire;
Mais...

ALAIN.

S'il entre jamais, je veux jamais ne boire.
Aussi bien est-ce un sot : il nous a l'autre fois
Donné deux écus d'or qui n'étaient pas de poids.

ARNOLPHE.

Ayez donc pour souper tout ce que je désire;
Et pour notre contrat, comme je viens de dire,
Faites venir ici, l'un ou l'autre, au retour,
Le notaire qui loge au coin de ce carfour.

SCÈNE II.

ARNOLPHE, AGNÈS.

ARNOLPHE, assis.

Agnès, pour m'écouter, laissez là votre ouvrage;
Levez un peu la tête, et tournez le visage :

(Mettant le doigt sur son front.)

Là, regardez-moi là, durant cet entretien;
Et, jusqu'au moindre mot, imprimez-le-vous bien.

Je vous épouse, Agnès; et, cent fois la journée,
Vous devez bénir l'heur de votre destinée,
Contempler la bassesse où vous avez été,
Et dans le même temps admirer ma bonté,
Qui, de ce vil état de pauvre villageoise,
Vous fait monter au rang d'honorable bourgeoise,
Et jouir de la couche et des embrassements
D'un homme qui fuyait tous ces engagements,
Et dont à vingt partis, fort capables de plaire,
Le cœur a refusé l'honneur qu'il veut vous faire.
Vous devez toujours, dis-je, avoir devant les yeux
Le peu que vous étiez sans ce nœud glorieux,
Afin que cet objet d'autant mieux vous instruise
A mériter l'état où je vous aurai mise,
A toujours vous connaître, et faire qu'à jamais
Je puisse me louer de l'acte que je fais.
Le mariage, Agnès, n'est pas un badinage :
A d'austères devoirs le rang de femme engage;
Et vous n'y montez pas, à ce que je prétends,
Pour être libertine et prendre du bon temps.
Votre sexe n'est là que pour la dépendance :
Du côté de la barbe est la toute-puissance.
Bien qu'on soit deux moitiés de la société,
Ces deux moitiés pourtant n'ont point d'égalité :
L'une est moitié suprême, et l'autre subalterne;
L'une en tout est soumise à l'autre qui gouverne;
Et ce que le soldat, dans son devoir instruit,
Montre d'obéissance au chef qui le conduit,
Le valet à son maître, un enfant à son père,
A son supérieur le moindre petit frère,
N'approche point encor de la docilité,
Et de l'obéissance, et de l'humilité,
Et du profond respect où la femme doit être
Pour son mari, son chef, son seigneur et son maître.
Lorsqu'il jette sur elle un regard sérieux,

Son devoir aussitôt est de baisser les yeux,
Et de n'oser jamais le regarder en face,
Que quand d'un doux regard il lui veut faire grâce.
C'est ce qu'entendent mal les femmes d'aujourd'hui;
Mais ne vous gâtez pas sur l'exemple d'autrui.
Gardez-vous d'imiter ces coquettes vilaines
Dont par toute la ville on chante les fredaines,
Et de vous laisser prendre aux assauts du malin,
C'est-à-dire d'ouïr aucun jeune blondin.
Songez qu'en vous faisant moitié de ma personne,
C'est mon honneur, Agnès, que je vous abandonne,
Que cet honneur est tendre, et se blesse de peu,
Que sur un tel sujet il ne faut point de jeu;
Et qu'il est aux enfers des chaudières bouillantes
Où l'on plonge à jamais les femmes mal vivantes.
Ce que je vous dis là ne sont point des chansons;
Et vous devez du cœur dévorer ces leçons.
Si votre âme les suit, et fuit d'être coquette,
Elle sera toujours, comme un lis, blanche et nette;
Mais s'il faut qu'à l'honneur elle fasse un faux bond,
Elle deviendra lors noire comme un charbon;
Vous paraîtrez à tous un objet effroyable,
Et vous irez un jour, vrai partage du diable,
Bouillir dans les enfers à toute éternité :
Dont veuille vous garder la céleste bonté!
Faites la révérence. Ainsi qu'une novice
Par cœur dans le couvent doit savoir son office,
Entrant au mariage il en faut faire autant;
Et voici dans ma poche un écrit important,
Qui vous enseignera l'office de la femme.
J'en ignore l'auteur : mais c'est quelque bonne âme;
Et je veux que ce soit votre unique entretien.
(Il se lève.)
Tenez. Voyons un peu si vous le lirez bien.

AGNÈS lit.

LES MAXIMES DU MARIAGE,

OU LES DEVOIRS DE LA FEMME MARIÉE,

avec son exercice journalier.

PREMIÈRE MAXIME.

Celle qu'un lien honnête
Fait entrer au lit d'autrui
Doit se mettre dans la tête,
Malgré le train d'aujourd'hui,
Que l'homme qui la prend ne la prend que pour lui.

ARNOLPHE.

Je vous expliquerai ce que cela veut dire ;
Mais pour l'heure présente il ne faut rien que lire.

AGNÈS poursuit.

DEUXIÈME MAXIME.

Elle ne se doit parer
Qu'autant que peut désirer
Le mari qui la possède :
C'est lui que touche seul le soin de sa beauté ;
Et pour rien doit être compté
Que les autres la trouvent laide.

TROISIÈME MAXIME.

Loin ces études d'œillades,
Ces eaux, ces blancs, ces pommades,
Et mille ingrédients qui font des teints fleuris :
A l'honneur, tous les jours, ce sont drogues mortelles ;
Et les soins de paraître belles
Se prennent peu pour les maris.

QUATRIÈME MAXIME.

Sous sa coiffe, en sortant, comme l'honneur l'ordonne,
Il faut que de ses yeux elle étouffe les coups;
    Car, pour bien plaire à son époux,
    Elle ne doit plaire à personne.

CINQUIÈME MAXIME.

Hors ceux dont au mari la visite se rend,
    La bonne règle défend
    De recevoir aucune âme :
    Ceux qui de galante humeur
    N'ont affaire qu'à madame
    N'accommodent pas monsieur.

SIXIÈME MAXIME.

    Il faut des présents des hommes
    Qu'elle se défende bien;
    Car, dans le siècle où nous sommes,
    On ne donne rien pour rien.

SEPTIÈME MAXIME.

Dans ses meubles, dût-elle en avoir de l'ennui,
Il ne faut écritoire, encre, papier, ni plumes :
    Le mari doit, dans les bonnes coutumes,
    Écrire tout ce qui s'écrit chez lui.

HUITIÈME MAXIME.

    Ces sociétés déréglées,
    Qu'on nomme belles assemblées,
Des femmes tous les jours corrompent les esprits :
En bonne politique on doit les interdire,
    Car c'est là que l'on conspire
    Contre les pauvres maris.

NEUVIÈME MAXIME.

Toute femme qui veut à l'honneur se vouer
 Doit se défendre de jouer,
 Comme d'une chose funeste ;
 .Car le jeu, fort décevant.
 Pousse une femme souvent
 A jouer de tout son reste.

DIXIÈME MAXIME.

 Des promenades du temps,
 .Ou repas qu'on donne aux champs,
 Il ne faut point qu'elle essaie.
 Selon les prudents cerveaux,
 Le mari, dans ces cadeaux,
 Est toujours celui qui paie.

ONZIÈME MAXIME...

ARNOLPHE.

Vous achèverez seule ; et, pas à pas, tantôt
Je vous expliquerai ces choses comme il faut.
Je me suis souvenu d'une petite affaire :
Je n'ai qu'un mot à dire, et ne tarderai guère.
Rentrez, et conservez ce livre chèrement.
Si le notaire vient, qu'il m'attende un moment.

SCÈNE III.

ARNOLPHE, seul.

Je ne puis faire mieux que d'en faire ma femme.
Ainsi que je voudrai je tournerai cette âme ;
Comme un morceau de cire entre mes mains elle est,

Et je lui puis donner la forme qui me plaît.
Il s'en est peu fallu que, durant mon absence,
On ne m'ait attrapé par son trop d'innocence;
Mais il vaut beaucoup mieux, à dire vérité,
Que la femme qu'on a pêche de ce côté.
De ces sortes d'erreurs le remède est facile.
Toute personne simple aux leçons est docile;
Et, si du bon chemin on l'a fait écarter,
Deux mots incontinent l'y peuvent rejeter.
Mais une femme habile est bien une autre bête :
Notre sort ne dépend que de sa seule tête;
De ce qu'elle s'y met rien ne la fait gauchir[1],
Et nos enseignements ne font là que blanchir;
Son bel esprit lui sert à railler nos maximes,
A se faire souvent des vertus de ses crimes,
Et trouver, pour venir à ses coupables fins,
Des détours à duper l'adresse des plus fins.
Pour se parer du coup en vain on se fatigue :
Une femme d'esprit est un diable en intrigue;
Et, dès que son caprice a prononcé tout bas
L'arrêt de notre honneur, il faut passer le pas :
Beaucoup d'honnêtes gens en pourraient bien que dire.
Enfin mon étourdi n'aura pas lieu d'en rire;
Par son trop de caquet il a ce qu'il lui faut.
Voilà de nos Français l'ordinaire défaut :
Dans la possession d'une bonne fortune,
Le secret est toujours ce qui les importune;
Et la vanité sotte a pour eux tant d'appas,
Qu'ils se pendraient plutôt que de ne causer pas.
Oh! que les femmes sont du diable bien tentées,
Lorsqu'elles vont choisir ces têtes éventées!
Et que... Mais le voici... Cachons-nous toujours bien,
Et découvrons un peu quel chagrin est le sien.

---

[1] *Gauchir*, s'écarter; dans le sens de démordre.

SCÈNE IV.

HORACE, ARNOLPHE

HORACE.

Je reviens de chez vous, et le destin me montre
Qu'il n'a pas résolu que je vous y rencontre.
Mais j'irai tant de fois, qu'enfin quelque moment...

ARNOLPHE.

Hé! mon Dieu, n'entrons point dans ce vain compliment :
Rien ne me fâche tant que ces cérémonies ;
Et, si l'on m'en croyait, elles seraient bannies.
C'est un maudit usage, et la plupart des gens
Y perdent sottement les deux tiers de leur temps.

(Il se couvre.)

Mettons donc[1] sans façon. Hé bien! vos amourettes?
Puis-je, seigneur Horace, apprendre où vous en êtes?
J'étais tantôt distrait par quelque vision ;
Mais depuis là-dessus j'ai fait réflexion.
De vos premiers progrès j'admire la vitesse,
Et dans l'événement mon âme s'intéresse.

HORACE.

Ma foi, depuis qu'à vous s'est découvert mon cœur,
Il est à mon amour arrivé du malheur.

ARNOLPHE.

Oh! oh! comment cela?

HORACE.

La fortune cruelle
A ramené des champs le patron de la belle.

---

[1] *Mettons donc*, pour : mettons donc notre chapeau.

ARNOLPHE.

Quel malheur!

HORACE.

Et de plus, à mon très-grand regret,
Il a su de nous deux le commerce secret.

ARNOLPHE.

D'où diantre a-t-il sitôt appris cette aventure?

HORACE.

Je ne sais; mais enfin c'est une chose sûre.
Je pensais aller rendre, à mon heure à peu près,
Ma petite visite à ses jeunes attraits,
Lorsque, changeant pour moi de ton et de visage,
Et servante et valet m'ont bouché le passage,
Et d'un « Retirez-vous, vous nous importunez, »
M'ont assez rudement fermé la porte au nez.

ARNOLPHE.

La porte au nez!

HORACE.

Au nez.

ARNOLPHE.

La chose est un peu forte.

HORACE.

J'ai voulu leur parler au travers de la porte;
Mais à tous mes propos ce qu'ils ont répondu,
C'est : « Vous n'entrerez point, monsieur l'a défendu. »

ARNOLPHE.

Ils n'ont donc point ouvert?

HORACE.

Non. Et de la fenêtre
Agnès m'a confirmé le retour de ce maître,
En me chassant de là d'un ton plein de fierté,
Accompagné d'un grès que sa main a jeté.

ARNOLPHE.

Comment! d'un grès?

HORACE.

D'un grès de taille non petite,
Dont on a par ses mains régalé ma visite.

ARNOLPHE.

Diantre! ce ne sont pas des prunes que cela!
Et je trouve fâcheux l'état où vous voilà.

HORACE.

Il est vrai, je suis mal par ce retour funeste.

ARNOLPHE.

Certes, j'en suis fâché pour vous, je vous proteste.

HORACE.

Cet homme me rompt tout.

ARNOLPHE.

                    Oui; mais cela n'est rien,
Et de vous raccrocher vous trouverez moyen.

HORACE.

Il faut bien essayer, par quelque intelligence,
De vaincre du jaloux l'exacte vigilance.

ARNOLPHE.

Cela vous est facile; et la fille, après tout,
Vous aime?

HORACE.

          Assurément.

ARNOLPHE.

                    Vous en viendrez à bout.

HORACE.

Je l'espère.

ARNOLPHE.

          Le grès vous a mis en déroute :
Mais cela ne doit pas vous étonner.

HORACE.

                              Sans doute:
Et j'ai compris d'abord que mon homme était là,

Qui, sans se faire voir, conduisait tout cela.
Mais ce qui m'a surpris, et qui va vous surprendre,
C'est un autre incident que vous allez entendre;
Un trait hardi qu'a fait cette jeune beauté,
Et qu'on n'attendrait point de sa simplicité.
Il le faut avouer, l'amour est un grand maître :
Ce qu'on ne fut jamais, il nous enseigne à l'être;
Et souvent de nos mœurs l'absolu changement
Devient par ses leçons l'ouvrage d'un moment.
De la nature en nous il force les obstacles,
Et ses effets soudains ont de l'air des miracles.
D'un avare à l'instant il fait un libéral,
Un vaillant d'un poltron, un civil d'un brutal :
Il rend agile à tout l'âme la plus pesante,
Et donne de l'esprit à la plus innocente.
Oui, ce dernier miracle éclate dans Agnès;
Car, tranchant avec moi par ces termes exprès,
« Retirez-vous, mon âme aux visites renonce;
Je sais tous vos discours, et voilà ma réponse, »
Cette pierre ou ce grès dont vous vous étonniez
Avec un mot de lettre est tombée à mes pieds;
Et j'admire de voir cette lettre ajustée
Avec le sens des mots, et la pierre jetée.
D'une telle action n'êtes-vous pas surpris?
L'amour sait-il pas l'art d'aiguiser les esprits?
Et peut-on me nier que ses flammes puissantes
Ne fassent dans un cœur des choses étonnantes?
Que dites-vous du tour et de ce mot d'écrit?
Euh! n'admirez-vous point cette adresse d'esprit?
Trouvez-vous pas plaisant de voir quel personnage
A joué mon jaloux dans tout ce badinage?
Dites.

ARNOLPHE.

Oui, fort plaisant.

HORACE.

Riez-en donc un peu.

(Arnolphe rit d'un air forcé.)

Cet homme, gendarmé d'abord contre mon feu,
Qui chez lui se retranche, et de grès fait parade,
Comme si j'y voulais entrer par escalade ;
Qui, pour me repousser, dans son bizarre effroi,
Anime du dedans tous ses gens contre moi ;
Et qu'abuse à ses yeux, par sa machine même,
Celle qu'il veut tenir dans l'ignorance extrême !
Pour moi, je vous l'avoue, encor que son retour
En un grand embarras jette ici mon amour,
Je tiens cela plaisant autant qu'on saurait dire :
Je ne puis y songer sans de bon cœur en rire ;
Et vous n'en riez pas assez, à mon avis.

ARNOLPHE, avec un ris forcé.

Pardonnez-moi, j'en ris tout autant que je puis.

HORACE.

Mais il faut qu'en ami je vous montre la lettre.
Tout ce que son cœur sent, sa main a su l'y mettre,
Mais en termes touchants et tout pleins de bonté,
De tendresse innocente et d'ingénuité ;
De la manière enfin que la pure nature
Exprime de l'amour la première blessure.

ARNOLPHE, bas, à part.

Voilà, friponne, à quoi l'écriture te sert ;
Et, contre mon dessein, l'art t'en fut découvert.

HORACE lit.

« Je veux vous écrire, et je suis bien en peine par où je
» m'y prendrai. J'ai des pensées que je désirerais que vous
» sussiez ; mais je ne sais comment faire pour vous les
» dire, et je me défie de mes paroles. Comme je commence
» à connaître qu'on m'a toujours tenue dans l'ignorance,
» j'ai peur de mettre quelque chose qui ne soit pas bien, et
» d'en dire plus que je ne devrais. En vérité, je ne sais ce

» que vous m'avez fait; mais je sens que je suis fâchée à
» mourir de ce qu'on me fait faire contre vous, que j'aurai
» toutes les peines du monde à me passer de vous, et que je
» serais bien aise d'être à vous. Peut-être qu'il y a du mal
» à dire cela; mais enfin je ne puis m'empêcher de le dire,
» et je voudrais que cela se pût faire sans qu'il y en eût. On
» me dit fort que tous les jeunes hommes sont des trom-
» peurs, qu'il ne les faut point écouter, et que tout ce que
» vous me dites n'est que pour m'abuser; mais je vous
» assure que je n'ai pu encore me figurer cela de vous, et
» je suis si touchée de vos paroles, que je ne saurais croire
» qu'elles soient menteuses. Dites-moi franchement ce qui en
» est : car enfin, comme je suis sans malice, vous auriez
» le plus grand tort du monde si vous me trompiez ; et je
» pense que j'en mourrais de déplaisir. »

ARNOLPHE, à part.

Hon ! chienne !

HORACE.

Qu'avez-vous?

ARNOLPHE.

Moi? rien. C'est que je tousse.

HORACE.

Avez-vous jamais vu d'expression plus douce?
Malgré les soins maudits d'un injuste pouvoir,
Un plus beau naturel se peut-il faire voir?
Et n'est-ce pas sans doute un crime punissable,
De gâter méchamment ce fond d'âme admirable;
D'avoir, dans l'ignorance et la stupidité,
Voulu de cet esprit étouffer la clarté?
L'amour a commencé d'en déchirer le voile;
Et si, par la faveur de quelque bonne étoile,
Je puis, comme j'espère, à ce franc animal,
Ce traître, ce bourreau, ce faquin, ce brutal...

ARNOLPHE.

Adieu.

HORACE.

Comment! si vite!

ARNOLPHE.

Il m'est dans la pensée
Venu tout maintenant une affaire pressée.

HORACE.

Mais ne sauriez-vous point, comme on la tient de près,
Qui dans cette maison pourrait avoir accès?
J'en use sans scrupule; et ce n'est pas merveille
Qu'on se puisse, entre amis, servir à la pareille.
Je n'ai plus là dedans que gens pour m'observer;
Et servante et valet que je viens de trouver,
N'ont jamais, de quelque air que je m'y sois pu prendre,
Adouci leur rudesse à me vouloir entendre.
J'avais pour de tels coups certaine vieille en main,
D'un génie, à vrai dire, au-dessus de l'humain :
Elle m'a dans l'abord servi de bonne sorte;
Mais, depuis quatre jours, la pauvre femme est morte.
Ne me pourriez-vous point ouvrir quelque moyen?

ARNOLPHE.

Non vraiment; et sans moi vous en trouverez bien.

HORACE.

Adieu donc. Vous voyez ce que je vous confie.

SCÈNE V.

ARNOLPHE, seul.

Comme il faut devant lui que je me mortifie!
Quelle peine à cacher mon déplaisir cuisant!
Quoi! pour une innocente un esprit si présent!

Elle a feint d'être telle à mes yeux, la traîtresse,
Ou le diable à son âme a soufflé cette adresse.
Enfin, me voilà mort par ce funeste écrit.
Je vois qu'il a, le traître, empaumé son esprit,
Qu'à ma suppression il s'est ancré chez elle;
Et c'est mon désespoir et ma peine mortelle.
Je souffre doublement dans le vol de son cœur;
Et l'amour y pâtit aussi bien que l'honneur.
J'enrage de trouver cette place usurpée,
Et j'enrage de voir ma prudence trompée.
Je sais que, pour punir son amour libertin,
Je n'ai qu'à laisser faire à son mauvais destin,
Que je serai vengé d'elle par elle-même :
Mais il est bien fâcheux de perdre ce qu'on aime.
Ciel! puisque pour un choix j'ai tant philosophé,
Faut-il de ses appas m'être si fort coiffé!
Elle n'a ni parents, ni support, ni richesse;
Elle trahit mes soins, mes bontés, ma tendresse :
Et cependant je l'aime, après ce lâche tour,
Jusqu'à ne me pouvoir passer de cet amour.
Sot, n'as-tu point de honte? Ah! je crève, j'enrage,
Et je souffletterais mille fois mon visage.
Je veux entrer un peu, mais seulement pour voir
Quelle est sa contenance après un trait si noir.
Ciel! faites que mon front soit exempt de disgrâce;
Ou bien s'il est écrit qu'il faille que j'y passe,
Donnez-moi tout au moins, pour de tels accidents,
La constance qu'on voit à de certaines gens!

FIN DU TROISIÈME ACTE.

ACTE QUATRIÈME.

___

SCÈNE I.

ARNOLPHE, seul.

J'ai peine, je l'avoue, à demeurer en place,
Et de mille soucis mon esprit s'embarrasse,
Pour pouvoir mettre un ordre et dedans et dehors,
Qui du godelureau rompe tous les efforts.
De quel œil la traîtresse a soutenu ma vue!
De tout ce qu'elle a fait elle n'est point émue;
Et, bien qu'elle me mette à deux doigts du trépas,
On dirait, à la voir, qu'elle n'y touche pas.
Plus, en la regardant, je la voyais tranquille,
Plus je sentais en moi s'échauffer une bile!
Et ces bouillants transports dont s'enflammait mon cœur
Y semblaient redoubler mon amoureuse ardeur.
J'étais aigri, fâché, désespéré contre elle;
Et cependant jamais je ne la vis si belle,
Jamais ses yeux aux miens n'ont paru si perçants,
Jamais je n'eus pour eux des désirs si pressants;
Et je sens là dedans qu'il faudra que je crève,
Si de mon triste sort la disgrâce s'achève.
Quoi! j'aurai dirigé son éducation
Avec tant de tendresse et de précaution;

Je l'aurai fait passer chez moi dès son enfance,
Et j'en aurai chéri la plus tendre espérance;
Mon cœur aura bâti sur ses attraits naissants,
Et cru la mitonner pour moi durant treize ans,
Afin qu'un jeune fou dont elle s'amourache
Me la vienne enlever jusque sur la moustache,
Lorsqu'elle est avec moi mariée à demi!
Non, parbleu! non, parbleu! Petit sot, mon ami,
Vous aurez beau tourner, ou j'y perdrai mes peines,
Ou je rendrai, ma foi, vos espérances vaines,
Et de moi tout à fait vous ne vous rirez point.

SCÈNE II.

UN NOTAIRE, ARNOLPHE.

LE NOTAIRE.

Ah! le voilà! Bonjour. Me voici tout à point
Pour dresser le contrat que vous souhaitez faire.

ARNOLPHE, se croyant seul, et sans voir ni entendre le notaire.

Comment faire?

LE NOTAIRE.

Il le faut dans la forme ordinaire.

ARNOLPHE, se croyant seul.

A mes précautions je veux songer de près.

LE NOTAIRE.

Je ne passerai rien contre vos intérêts.

ARNOLPHE, se croyant seul.

Il se faut garantir de toutes les surprises.

LE NOTAIRE.

Suffit qu'entre mes mains vos affaires soient mises.
Il ne vous faudra point, de peur d'être déçu,

Quittancer le contrat que vous n'ayez reçu.

ARNOLPHE, *se croyant seul.*

J'ai peur, si je vais faire éclater quelque chose,
Que de cet incident par la ville on ne cause.

LE NOTAIRE.

Hé bien ! il est aisé d'empêcher cet éclat,
Et l'on peut en secret faire votre contrat.

ARNOLPHE, *se croyant seul.*

Mais comment faudra-t-il qu'avec elle j'en sorte ?

LE NOTAIRE.

Le douaire se règle au bien qu'on vous apporte.

ARNOLPHE, *se croyant seul.*

Je l'aime, et cet amour est mon grand embarras.

LE NOTAIRE.

On peut avantager une femme en ce cas.

ARNOLPHE, *se croyant seul.*

Quel traitement lui faire en pareille aventure ?

LE NOTAIRE.

L'ordre est que le futur doit douer la future
Du tiers du dot[1] qu'elle a ; mais cet ordre n'est rien,
Et l'on va plus avant lorsque l'on le veut bien.

ARNOLPHE, *se croyant seul.*

Si...

(Il aperçoit le notaire.)

LE NOTAIRE.

 Pour le préciput, il les regarde ensemble.
Je dis que le futur peut, comme bon lui semble,
Douer la future.

ARNOLPHE.

  Hé ?

---

[1] Le genre du mot *dot* n'était pas encore fixé.

LE NOTAIRE.

                Il peut l'avantager
Lorsqu'il l'aime beaucoup et qu'il veut l'obliger;
Et cela par douaire, ou préfix qu'on appelle,
Qui demeure perdu par le trépas d'icelle;
Ou sans retour, qui va de ladite à ses hoirs;
Ou coutumier, selon les différents vouloirs;
Ou par donation dans le contrat formelle,
Qu'on fait ou pure et simple, ou qu'on fait mutuelle.
Pourquoi hausser le dos? Est-ce qu'on parle en fat,
Et que l'on ne sait pas les formes d'un contrat?
Qui me les apprendra? Personne, je présume.
Sais-je pas qu'étant joints on est par la coutume
Communs en meubles, biens immeubles et conquêts,
A moins que par un acte on n'y renonce exprès?
Sais-je pas que le tiers du bien de la future
Entre en communauté pour...

ARNOLPHE.

                Oui, c'est chose sûre,
Vous savez tout cela; mais qui vous en dit mot?

LE NOTAIRE.

Vous, qui me prétendez faire passer pour sot,
En me haussant l'épaule et faisant la grimace.

ARNOLPHE.

La peste soit fait l'homme et sa chienne de face!
Adieu. C'est le moyen de vous faire finir.

LE NOTAIRE.

Pour dresser un contrat m'a-t-on pas fait venir?

ARNOLPHE.

Oui, je vous ai mandé; mais la chose est remise,
Et l'on vous mandera quand l'heure sera prise.
Voyez quel diable d'homme avec son entretien!

LE NOTAIRE, seul.

Je pense qu'il en tient; et je crois penser bien.

SCÈNE III.

LE NOTAIRE, ALAIN, GEORGETTE.

LE NOTAIRE, allant au-devant d'Alain et de Georgette.

M'êtes-vous pas venu quérir pour votre maître?

ALAIN.

Oui.

LE NOTAIRE.

J'ignore pour qui vous le pouvez connaître;
Mais allez de ma part lui dire de ce pas
Que c'est un fou fieffé.

GEORGETTE.

Nous n'y manquerons pas.

SCÈNE IV.

ARNOLPHE, ALAIN, GEORGETTE.

ALAIN.

Monsieur...

ARNOLPHE.

Approchez-vous; vous êtes mes fidèles,
Mes bons, mes vrais amis; et j'en sais des nouvelles.

ALAIN.

Le notaire...

ARNOLPHE.

Laissons, c'est pour quelque autre jour

On veut à mon honneur jouer d'un mauvais tour ;
Et quel affront pour vous, mes enfants, pourrait-ce être,
Si l'on avait ôté l'honneur à votre maître !
Vous n'oseriez après paraître en nul endroit ;
Et chacun, vous voyant, vous montrerait au doigt.
Donc, puisque autant que moi l'affaire vous regarde,
Il faut de votre part faire une telle garde,
Que ce galant ne puisse en aucune façon...

GEORGETTE.

Vous nous avez tantôt montré notre leçon.

ARNOLPHE.

Mais à ses beaux discours gardez bien de vous rendre.

ALAIN.

Oh vraiment !

GEORGETTE.

  Nous savons comme il faut s'en défendre.

ARNOLPHE.

S'il venait doucement : Alain, mon pauvre cœur,
Par un peu de secours soulage ma langueur !

ALAIN.

Vous êtes un sot.

ARNOLPHE.
(A Georgette.)

  Bon. Georgette, ma mignonne,
Tu me parais si douce et si bonne personne...

GEORGETTE.

Vous êtes un nigaud.

ARNOLPHE.
(A Alain.)

  Bon. Quel mal trouves-tu
Dans un dessein honnête et tout plein de vertu ?

ALAIN.

Vous êtes un fripon.

ARNOLPHE.

(A Georgette.)

Fort bien. Ma mort est sûre,
Si tu ne prends pitié des peines que j'endure.

GEORGETTE.

Vous êtes un benêt, un impudent.

ARNOLPHE.

Fort bien.

(A Alain.)

Je ne suis pas un homme à vouloir rien pour rien ;
Je sais, quand on me sert, en garder la mémoire :
Cependant, par avance, Alain, voilà pour boire ;
Et voilà pour t'avoir, Georgette, un cotillon.

(Ils tendent tous deux la main, et prennent l'argent.)

Ce n'est de mes bienfaits qu'un simple échantillon.
Toute la courtoisie enfin dont je vous presse,
C'est que je puisse voir votre belle maîtresse.

GEORGETTE, le poussant.

A d'autres.

ARNOLPHE.

Bon cela.

ALAIN, le poussant.

Hors d'ici.

ARNOLPHE.

Bon.

GEORGETTE, le poussant.

Mais tôt.

ARNOLPHE.

Bon. Holà ! c'est assez.

GEORGETTE,

Fais-je pas comme il faut?

ALAIN.

Est-ce de la façon que vous voulez l'entendre?

ARNOLPHE.

Oui, fort bien, hors l'argent qu'il ne fallait pas prendre.

GEORGETTE.

Nous ne nous sommes pas souvenus de ce point.

ALAIN.

Voulez-vous qu'à l'instant nous recommencions ?

ARNOLPHE.

Point.

Suffit. Rentrez tous deux.

ALAIN.

Vous n'avez rien qu'à dire.

ARNOLPHE.

Non, vous dis-je ; rentrez, puisque je le désire.
Je vous laisse l'argent. Allez : je vous rejoins.
Ayez bien l'œil à tout, et secondez mes soins.

SCÈNE V.

ARNOLPHE, seul.

Je veux, pour espion qui soit d'exacte vue,
Prendre le savetier du coin de notre rue.
Dans la maison toujours je prétends la tenir,
Y faire bonne garde, et surtout en bannir
Vendeuses de rubans, perruquières, coiffeuses,
Faiseuses de mouchoirs, gantières, revendeuses,
Tous ces gens qui sous main travaillent chaque jour
A faire réussir les mystères d'amour.
Enfin j'ai vu le monde, et j'en sais les finesses.
Il faudra que mon homme ait de grandes adresses,
Si message ou poulet de sa part peut entrer.

SCÈNE VI.

HORACE, ARNOLPHE.

HORACE.

La place m'est heureuse à vous y rencontrer.
Je viens de l'échapper bien belle, je vous jure.
Au sortir d'avec nous, sans prévoir l'aventure,
Seule dans son balcon j'ai vu paraître Agnès,
Qui des arbres prochains prenait un peu le frais.
Après m'avoir fait signe, elle a su faire en sorte,
Descendant au jardin, de m'en ouvrir la porte;
Mais à peine tous deux dans sa chambre étions-nous
Qu'elle a sur les degrés entendu son jaloux;
Et tout ce qu'elle a pu, dans un tel accessoire [1],
C'est de me renfermer dans une grande armoire.
Il est entré d'abord : je ne le voyais pas,
Mais je l'oyais marcher, sans rien dire, à grands pas,
Poussant de temps en temps des soupirs pitoyables,
Et donnant quelquefois de grands coups sur les tables,
Frappant un petit chien qui pour lui s'émouvait,
Et jetant brusquement les hardes qu'il trouvait.
Il a même cassé, d'une main mutinée,
Des vases dont la belle ornait sa cheminée;
Et sans doute il faut bien qu'à ce becque [2] cornu
Du trait qu'elle a joué quelque jour soit venu.
Enfin, après cent tours, ayant de la manière
Sur ce qui n'en peut mais déchargé sa colère,
Mon jaloux inquiet, sans dire son ennui,

---

[1] *Accessoire*, dans le sens d'accident, crise, danger.
[2] *Becque*, de l'italien *becco*, bouc.

Est sorti de la chambre, et moi, de mon étui.
Nous n'avons point voulu, de peur du personnage,
Risquer à nous tenir ensemble davantage;
C'était trop hasarder : mais je dois, cette nuit,
Dans sa chambre un peu tard m'introduire sans bruit.
En toussant par trois fois je me ferai connaître;
Et je dois au signal voir ouvrir la fenêtre,
Dont, avec une échelle, et secondé d'Agnès,
Mon amour tâchera de me gagner l'accès.
Comme à mon seul ami je veux bien vous l'apprendre.
L'allégresse du cœur s'augmente à la répandre;
Et goûtât-on cent fois un bonheur tout parfait,
On n'en est pas content si quelqu'un ne le sait.
Vous prendrez part, je pense, à l'heur de mes affaires.
Adieu. Je vais songer aux choses nécessaires.

SCÈNE VII.

ARNOLPHE, seul.

Quoi! l'astre qui s'obstine à me désespérer
Ne me donnera pas le temps de respirer!
Coup sur coup je verrai, par leur intelligence,
De mes soins vigilants confondre la prudence!
Et je serai la dupe, en ma maturité,
D'une jeune innocente et d'un jeune éventé!
En sage philosophe on m'a vu, vingt années,
Contempler des maris les tristes destinées,
Et m'instruire avec soin de tous les accidents
Qui font dans le malheur tomber les plus prudents;
Des disgrâces d'autrui profitant dans mon âme,
J'ai cherché les moyens, voulant prendre une femme,

De pouvoir garantir mon front de tous affronts,
Et le tirer de pair d'avec les autres fronts;
Pour ce noble dessein, j'ai cru mettre en pratique
Tout ce que peut trouver l'humaine politique;
Et, comme si du sort il était arrêté
Que nul homme ici-bas n'en serait exempté,
Après l'expérience et toutes les lumières
Que j'ai pu m'acquérir sur de telles matières,
Après vingt ans et plus de méditation
Pour me conduire en tout avec précaution,
De tant d'autres maris j'aurais quitté la trace,
Pour me trouver après dans la même disgrâce!
Ah! bourreau de destin, vous en aurez menti.
De l'objet qu'on poursuit je suis encor nanti;
Si son cœur m'est volé par ce blondin funeste,
J'empêcherai du moins qu'on s'empare du reste;
Et cette nuit, qu'on prend pour ce galant exploit,
Ne se passera pas si doucement qu'on croit.
Ce m'est quelque plaisir, parmi tant de tristesse,
Que l'on me donne avis du piége qu'on me dresse,
Et que cet étourdi, qui veut m'être fatal,
Fasse son confident de son propre rival.

SCÈNE VIII.

CHRYSALDE, ARNOLPHE.

CHRYSALDE.

Hé bien! souperons-nous avant la promenade?

ARNOLPHE.

Non, je jeûne ce soir.

CHRYSALDE.

D'où vient cette boutade?

ARNOLPHE.

De grâce, excusez-moi, j'ai quelque autre embarras.

CHRYSALDE.

Votre hymen résolu ne se fera-t-il pas?

ARNOLPHE.

C'est trop s'inquiéter des affaires des autres.

CHRYSALDE.

Oh! oh! si brusquement! Quels chagrins sont les vôtres?
Serait-il point, compère, à votre passion
Arrivé quelque peu de tribulation?
Je le jurerais presque, à voir votre visage.

ARNOLPHE.

Quoi qu'il m'arrive, au moins aurai-je l'avantage
De ne pas ressembler à de certaines gens
Qui souffrent doucement l'approche des galants.

CHRYSALDE.

C'est un étrange fait, qu'avec tant de lumières
Vous vous effarouchiez toujours sur ces matières,
Qu'en cela vous mettiez le souverain bonheur,
Et ne conceviez point au monde d'autre honneur.
Être avare, brutal, fourbe, méchant et lâche,
N'est rien, à votre avis, auprès de cette tache;
Et, de quelque façon qu'on puisse avoir vécu,
On est homme d'honneur quand on n'est point cocu.
A le bien prendre au fond, pourquoi voulez-vous croire
Que de ce cas fortuit dépende notre gloire,
Et qu'une âme bien née ait à se reprocher
L'injustice d'un mal qu'on ne peut empêcher?
Pourquoi voulez-vous, dis-je, en prenant une femme,
Qu'on soit digne, à son choix, de louange ou de blâme,
Et qu'on s'aille former un monstre plein d'effroi
De l'affront que nous fait son manquement de foi?
Mettez-vous dans l'esprit qu'on peut du cocuage

Se faire en galant homme une plus douce image;
Que, des coups du hasard aucun n'étant garant,
Cet accident de soi doit être indifférent,
Et qu'enfin tout le mal, quoi que le monde glose,
N'est que dans la façon de recevoir la chose :
Et, pour se bien conduire en ces difficultés,
Il y faut, comme en tout, fuir les extrémités,
N'imiter pas ces gens un peu trop débonnaires
Qui tirent vanité de ces sortes d'affaires,
De leurs femmes toujours vont citant les galants,
En font partout l'éloge, et prônent leurs talents,
Témoignent avec eux d'étroites sympathies,
Sont de tous leurs cadeaux, de toutes leurs parties,
Et font qu'avec raison les gens sont étonnés
De voir leur hardiesse à montrer là leur nez.
Ce procédé, sans doute, est tout à fait blâmable ;
Mais l'autre extrémité n'est pas moins condamnable.
Si je n'approuve pas ces amis des galants,
Je ne suis pas aussi pour ces gens turbulents
Dont l'imprudent chagrin, qui tempête et qui gronde,
Attire au bruit qu'il fait les yeux de tout le monde,
Et qui, par cet éclat, semblent ne pas vouloir
Qu'aucun puisse ignorer ce qu'ils peuvent avoir.
Entre ces deux partis il en est un honnête,
Où, dans l'occasion, l'homme prudent s'arrête;
Et, quand on le sait prendre, on n'a point à rougir
Du pis dont une femme avec nous puisse agir.
Quoi qu'on en puisse dire enfin, le cocuage
Sous des traits moins affreux aisément s'envisage :
Et, comme je vous dis, toute l'habileté
Ne va qu'à le savoir tourner du bon côté.

ARNOLPHE.

Après ce beau discours, toute la confrérie
Doit un remercîment à votre seigneurie;
Et quiconque voudra vous entendre parler

Montrera de la joie à s'y voir enrôler.

CHRYSALDE.

Je ne dis pas cela ; car c'est ce que je blâme :
Mais comme c'est le sort qui nous donne une femme,
Je dis que l'on doit faire ainsi qu'au jeu de dés,
Où, s'il ne vous vient pas ce que vous demandez,
Il faut jouer d'adresse, et d'une âme réduite,
Corriger le hasard par la bonne conduite.

ARNOLPHE.

C'est-à-dire dormir et manger toujours bien,
Et se persuader que tout cela n'est rien.

CHRYSALDE.

Vous pensez vous moquer ; mais, à ne vous rien feindre,
Dans le monde je vois cent choses plus à craindre,
Et dont je me ferais un bien plus grand malheur
Que de cet accident qui vous fait tant de peur.
Pensez-vous qu'à choisir de deux choses prescrites,
Je n'aimasse pas mieux être ce que vous dites,
Que de me voir mari de ces femmes de bien
Dont la mauvaise humeur fait un procès sur rien,
Ces dragons de vertu, ces honnêtes diablesses,
Se retranchant toujours sur leurs sages prouesses,
Qui, pour un petit tort qu'elles ne nous font pas,
Prennent droit de traiter les gens de haut en bas,
Et veulent, sur le pied de nous être fidèles,
Que nous soyons tenus à tout endurer d'elles?
Encore un coup, compère, apprenez qu'en effet
Le cocuage n'est que ce que l'on le fait ;
Qu'on peut le souhaiter pour de certaines causes,
Et qu'il a ses plaisirs comme les autres choses.

ARNOLPHE.

Si vous êtes d'humeur à vous en contenter,
Quant à moi, ce n'est pas là mienne d'en tâter;
Et plutôt que subir une telle aventure...

CHRYSALDE.

Mon Dieu! ne jurez point, de peur d'être parjure.
Si le sort l'a réglé, vos soins sont superflus,
Et l'on ne prendra pas votre avis là-dessus.

ARNOLPHE.

Moi, je serais cocu?

CHRYSALDE.

Vous voilà bien malade!
Mille gens le sont bien, sans vous faire bravade,
Qui de mine, de cœur, de biens et de maison,
Ne feraient avec vous nulle comparaison.

ARNOLPHE.

Et moi, je n'en voudrais avec eux faire aucune.
Mais cette raillerie, en un mot, m'importune;
Brisons là, s'il vous plaît.

CHRYSALDE.

Vous êtes en courroux!
Nous en saurons la cause. Adieu. Souvenez-vous,
Quoi que sur ce sujet votre honneur vous inspire,
Que c'est être à demi ce que l'on vient de dire,
Que de vouloir jurer qu'on ne le sera pas.

ARNOLPHE.

Moi, je le jure encore, et je vais de ce pas
Contre cet accident trouver un bon remède.

(Il court heurter à sa porte.)

SCÈNE IX.

ARNOLPHE, ALAIN, GEORGETTE.

ARNOLPHE.

Mes amis, c'est ici que j'implore votre aide.
Je suis édifié de votre affection

Mais il faut qu'elle éclate en cette occasion;
Et, si vous m'y servez selon ma confiance,
Vous êtes assurés de votre récompense.
L'homme que vous savez, n'en faites point de bruit,
Veut, comme je l'ai su, m'attraper cette nuit,
Dans la chambre d'Agnès entrer par escalade :
Mais il lui faut, nous trois, dresser une embuscade.
Je veux que vous preniez chacun un bon bâton,
Et, quand il sera près du dernier échelon
(Car dans le temps qu'il faut j'ouvrirai la fenêtre),
Que tous deux à l'envi vous me chargiez ce traître,
Mais d'un air dont son dos garde le souvenir,
Et qui lui puisse apprendre à n'y plus revenir;
Sans me nommer pourtant en aucune manière,
Ni faire aucun semblant que je serai derrière.
Aurez-vous bien l'esprit de servir mon courroux?

ALAIN.

S'il ne tient qu'à frapper, monsieur, tout est à nous.
Vous verrez, quand je bats, si j'y vais de main morte.

GEORGETTE.

La mienne, quoique aux yeux elle n'est pas si forte,
N'en quitte pas sa part à le bien étriller.

ARNOLPHE.

Rentrez donc; et surtout gardez de babiller.
(Seul.)
Voilà pour le prochain une leçon utile;
Et si tous les maris qui sont en cette ville
De leurs femmes ainsi recevaient le galant,
Le nombre des cocus ne serait pas si grand.

FIN DU QUATRIÈME ACTE.

ACTE CINQUIÈME.

SCÈNE 1.

ARNOLPHE, ALAIN, GEORGETTE.

ARNOLPHE.

Traîtres, qu'avez-vous fait par cette violence?

ALAIN.

Nous vous avons rendu, monsieur, obéissance.

ARNOLPHE.

De cette excuse en vain vous voulez vous armer;
L'ordre était de le battre, et non de l'assommer;
Et c'était sur le dos, et non pas sur la tête,
Que j'avais commandé qu'on fît choir la tempête.
Ciel! dans quel accident me jette ici le sort!
Et que puis-je résoudre à voir cet homme mort?
Rentrez dans la maison, et gardez de rien dire
De cet ordre innocent que j'ai pu vous prescrire.
(Seul.)
Le jour s'en va paraître, et je vais consulter
Comment dans ce malheur je me dois comporter.
Hélas! que deviendrai-je? et que dira le père,
Lorsque inopinément il saura cette affaire?

SCÈNE II.

HORACE, ARNOLPHE.

HORACE, à part.

Il faut que j'aille un peu reconnaître qui c'est.

ARNOLPHE, se croyant seul.

Eût-on jamais prévu...

(Heurté par Horace, qu'il ne reconnaît pas.)

Qui va là, s'il vous plaît?

HORACE.

C'est vous, seigneur Arnolphe?

ARNOLPHE.

Oui. Mais vous?...

HORACE.

C'est Horace.

Je m'en allais chez vous vous prier d'une grâce.
Vous sortez bien matin!

ARNOLPHE.

Quelle confusion!

Est-ce un enchantement, est-ce une illusion?

HORACE.

J'étais, à dire vrai, dans une grande peine;
Et je bénis du ciel la bonté souveraine
Qui fait qu'à point nommé je vous rencontre ainsi.
Je viens vous avertir que tout a réussi,
Et même beaucoup plus que je n'eusse osé dire,
Et par un incident qui devait tout détruire.
Je ne sais point par où l'on a pu soupçonner
Cette assignation qu'on m'avait su donner;
Mais, étant sur le point d'atteindre à la fenêtre,
J'ai, contre mon espoir, vu quelques gens paraître,

Qui, sur moi brusquement levant chacun le bras,
M'ont fait manquer le pied et tomber jusqu'en bas,
Et ma chute, aux dépens de quelque meurtrissure,
De vingt coups de bâton m'a sauvé l'aventure.
Ces gens-là, dont était, je pense, mon jaloux,
Ont imputé ma chute à l'effort de leurs coups ;
Et comme la douleur, un assez long espace,
M'a fait sans remuer demeurer sur la place,
Ils ont cru tout de bon qu'ils m'avaient assommé,
Et chacun d'eux s'en est aussitôt alarmé.
J'entendais tout leur bruit dans le profond silence :
L'un l'autre ils s'accusaient de cette violence ;
Et, sans lumière aucune, en querellant le sort,
Sont venus doucement tâter si j'étais mort.
Je vous laisse à penser si, dans la nuit obscure,
J'ai d'un vrai trépassé su tenir la figure.
Ils se sont retirés avec beaucoup d'effroi ;
Et, comme je songeais à me retirer, moi,
De cette feinte mort la jeune Agnès émue
Avec empressement est devers moi venue :
Car les discours qu'entre eux ces gens avaient tenus
Jusques à son oreille étaient d'abord venus ;
Et, pendant tout ce trouble étant moins observée,
Du logis aisément elle s'était sauvée ;
Mais, me trouvant sans mal, elle a fait éclater
Un transport difficile à bien représenter.
Que vous dirai-je enfin ? Cette aimable personne
A suivi les conseils que son amour lui donne,
N'a plus voulu songer à retourner chez soi,
Et de tout son destin s'est commise à ma foi.
Considérez un peu, par ce trait d'innocence,
Où l'expose d'un fou la haute impertinence ;
Et quels fâcheux périls elle pourrait courir,
Si j'étais maintenant homme à la moins chérir.
Mais d'un trop pur amour mon âme est embrasée ;

J'aimerais mieux mourir que l'avoir abusée :
Je lui vois des appas dignes d'un autre sort,
Et rien ne m'en saurait séparer que la mort.
Je prévois là-dessus l'emportement d'un père;
Mais nous prendrons le temps d'apaiser sa colère.
A des charmes si doux je me laisse emporter,
Et dans la vie enfin il se faut contenter.
Ce que je veux de vous, sous un secret fidèle,
C'est que je puisse mettre en vos mains cette belle;
Que dans votre maison, en faveur de mes feux,
Vous lui donniez retraite au moins un jour ou deux.
Outre qu'aux yeux du monde il faut cacher sa fuite,
Et qu'on en pourra faire une exacte poursuite,
Vous savez qu'une fille aussi de sa façon
Donne avec un jeune homme un étrange soupçon;
Et comme c'est à vous, sûr de votre prudence,
Que j'ai fait de mes feux entière confidence,
C'est à vous seul aussi, comme ami généreux,
Que je puis confier ce dépôt amoureux.

ARNOLPHE.

Je suis, n'en doutez point, tout à votre service.

HORACE.

Vous voulez bien me rendre un si charmant office?

ARNOLPHE.

Très-volontiers, vous dis-je; et je me sens ravir
De cette occasion que j'ai de vous servir.
Je rends grâces au ciel de ce qu'il me l'envoie,
Et n'ai jamais rien fait avec si grande joie.

HORACE.

Que je suis redevable à toutes vos bontés!
J'avais de votre part craint des difficultés :
Mais vous êtes du monde; et, dans votre sagesse,
Vous savez excuser le feu de la jeunesse.
Un de mes gens la garde au coin de ce détour.

ARNOLPHE.

Mais comment ferons-nous? car il fait un peu jour.
Si je la prends ici, l'on me verra peut-être;
Et, s'il faut que chez moi vous veniez à paraître,
Des valets causeront. Pour jouer au plus sûr,
Il faut me l'amener dans un lieu plus obscur.
Mon allée est commode, et je l'y vais attendre.

HORACE.

Ce sont précautions qu'il est fort bon de prendre.
Pour moi, je ne ferai que vous la mettre en main,
Et chez moi sans éclat je retourne soudain.

ARNOLPHE, seul.

Ah! fortune, ce trait d'aventure propice
Répare tous les maux que m'a faits ton caprice!

(Il s'enveloppe le nez dans son manteau.)

SCÈNE III.

AGNÈS, ARNOLPHE, HORACE.

HORACE, à Agnès.

Ne soyez point en peine où je vais vous mener;
C'est un logement sûr que je vous fais donner.
Vous loger avec moi, ce serait tout détruire :
Entrez dans cette porte, et laissez-vous conduire.

(Arnolphe lui prend la main sans qu'elle le reconnaisse.

AGNÈS, à Horace.

Pourquoi me quittez-vous?

HORACE.

Chère Agnès, il le faut.

AGNÈS.

Songez donc, je vous prie, à revenir bientôt.

HORACE.

J'en suis assez pressé par ma flamme amoureuse.

AGNÈS.

Quand je ne vous vois point, je ne suis point joyeuse.

HORACE.

Hors de votre présence, on me voit triste aussi.

AGNÈS.

Hélas! s'il était vrai, vous resteriez ici.

HORACE.

Quoi! vous pourriez douter de mon amour extrême!

AGNÈS.

Non, vous ne m'aimez pas autant que je vous aime.

(Arnolphe la tire.)

Ah! l'on me tire trop...

HORACE.

C'est qu'il est dangereux,
Chère Agnès, qu'en ce lieu nous soyons vus tous deux;
Et le parfait ami de qui la main vous presse
Suit le zèle prudent qui pour nous l'intéresse.

AGNÈS.

Mais suivre un inconnu que...

HORACE.

N'appréhendez rien :
Entre de telles mains vous ne serez que bien.

AGNÈS.

Je me trouverais mieux entre celles d'Horace,
Et j'aurais...

(A Arnolphe qui la tire encore.)

Attendez.

HORACE.

Adieu. Le jour me chasse.

AGNÈS.

Quand vous verrai-je donc?

HORACE.

Bientôt, assurément.

AGNÈS.

Que je vais m'ennuyer jusques à ce moment!

HORACE, en s'en allant.

Grâce au ciel, mon bonheur n'est plus en concurrence ;
Et je puis maintenant dormir en assurance.

SCÈNE IV.

ARNOLPHE, AGNÈS.

ARNOLPHE, caché dans son manteau, et déguisant sa voix.

Venez, ce n'est pas là que je vous logerai,
Et votre gîte ailleurs est par moi préparé.
Je prétends en lieu sûr mettre votre personne.

(Se faisant connaître.)

Me connaissez-vous ?

AGNÈS.

Hai !.

ARNOLPHE.

Mon visage, friponne,
Dans cette occasion rend vos sens effrayés,
Et c'est à contre-cœur qu'ici vous me voyez ;
Je trouble en ses projets l'amour qui vous possède.

(Agnès regarde si elle ne verra point Horace.)

N'appelez point des yeux le galant à votre aide ;
Il est trop éloigné pour vous donner secours.
Ah ! ah ! si jeune encor, vous jouez de ces tours !
Votre simplicité, qui semble sans pareille,
Demande si l'on fait les enfants par l'oreille ;
Et vous savez donner des rendez-vous la nuit,
Et pour suivre un galant vous évader sans bruit !
Tudieu ! comme avec lui votre langue cajole !
Il faut qu'on vous ait mise à quelque bonne école !
Qui diantre tout d'un coup vous en a tant appris ?
Vous ne craignez donc plus de trouver des esprits ?

Et ce galant, la nuit, vous a donc enhardie ?
Ah ! coquine, en venir à cette perfidie !
Malgré tous mes bienfaits former un tel dessein !
Petit serpent que j'ai réchauffé dans mon sein,
Et qui, dès qu'il se sent, par une humeur ingrate
Cherche à faire du mal à celui qui le flatte !

AGNÈS.

Pourquoi me criez-vous ?

ARNOLPHE.

J'ai grand tort en effet !

AGNÈS.

Je n'entends point de mal dans tout ce que j'ai fait.

ARNOLPHE.

Suivre un galant n'est pas une action infâme ?

AGNÈS.

C'est un homme qui dit qu'il me veut pour sa femme :
J'ai suivi vos leçons, et vous m'avez prêché
Qu'il se faut marier pour ôter le péché !

ARNOLPHE.

Oui. Mais pour femme, moi, je prétendais vous prendre ;
Et je vous l'avais fait, me semble, assez entendre.

AGNÈS.

Oui. Mais à vous parler franchement entre nous,
Il est plus pour cela selon mon goût que vous.
Chez vous le mariage est fâcheux et pénible,
Et vos discours en font une image terrible ;
Mais, las ! il le fait, lui, si rempli de plaisirs,
Que de se marier il donne des désirs.

ARNOLPHE.

Ah ! c'est que vous l'aimez, traîtresse !

AGNÈS.

Oui, je l'aime.

ARNOLPHE.

Et vous avez le front de le dire à moi-même !

AGNÈS.

Et pourquoi, s'il est vrai, ne le dirais-je pas?

ARNOLPHE.

Le deviez-vous aimer, impertinente?

AGNÈS.

Hélas!

Est-ce que j'en puis mais? Lui seul en est la cause :
Et je n'y songeais pas lorsque se fit la chose.

ARNOLPHE.

Mais il fallait chasser cet amoureux désir.

AGNÈS.

Le moyen de chasser ce qui fait du plaisir?

ARNOLPHE.

Et ne saviez-vous pas que c'était me déplaire?

AGNÈS.

Moi? Point du tout. Quel mal cela vous peut-il faire?

ARNOLPHE.

Il est vrai, j'ai sujet d'en être réjoui!
Vous ne m'aimez donc pas, à ce compte?

AGNÈS.

Vous?

ARNOLPHE.

Oui.

AGNÈS.

Hélas! non.

ARNOLPHE.

Comment, non!

AGNÈS.

Voulez-vous que je mente?

ARNOLPHE.

Pourquoi ne m'aimer pas, madame l'impudente?

AGNÈS.

Mon Dieu! ce n'est pas moi que vous devez blâmer .
Que ne vous êtes-vous, comme lui, fait aimer!
Je ne vous en ai pas empêché, que je pense.

ARNOLPHE.

Je m'y suis efforcé de toute ma puissance;
Mais les soins que j'ai pris, je les ai perdus tous.

AGNÈS.

Vraiment, il en sait donc là-dessus plus que vous;
Car à se faire aimer il n'a point eu de peine.

ARNOLPHE, à part.

Voyez comme raisonne et répond la vilaine!
Peste! une précieuse en dirait-elle plus?
Ah! je l'ai mal connue; ou, ma foi, là-dessus
Une sotte en sait plus que le plus habile homme.

(A Agnès.)

Puisqu'en raisonnements votre esprit se consomme,
La belle raisonneuse, est-ce qu'un si long temps
Je vous aurai pour lui nourrie à mes dépens?

AGNÈS.

Non. Il vous rendra tout jusques au dernier double [1].

ARNOLPHE, bas, à part.

Elle a de certains mots où mon dépit redouble.

(Haut.)

Me rendra-t-il, coquine, avec tout son pouvoir,
Les obligations que vous pouvez m'avoir?

AGNÈS.

Je ne vous en ai pas de si grandes qu'on pense.

ARNOLPHE.

N'est-ce rien que les soins d'élever votre enfance?

AGNÈS.

Vous avez là dedans bien opéré vraiment,
Et m'avez fait en tout instruire joliment!
Croit-on que je me flatte, et qu'enfin, dans ma tête,
Je ne juge pas bien que je suis une bête?
Moi-même j'en ai honte; et, dans l'âge où je suis,
Je ne veux plus passer pour sotte, si je puis.

---

[1] Pièce de monnaie qui valait deux deniers.

ARNOLPHE.

Vous fuyez l'ignorance, et voulez, quoi qu'il coûte,
Apprendre du blondin quelque chose?

AGNÈS.

Sans doute.

C'est de lui que je sais ce que je puis savoir;
Et beaucoup plus qu'à vous je pense lui devoir.

ARNOLPHE.

Je ne sais qui me tient qu'avec une gourmade
Ma main de ce discours ne venge la bravade.
J'enrage quand je vois sa piquante froideur;
Et quelques coups de poing satisferaient mon cœur.

AGNÈS.

Hélas! vous le pouvez, si cela peut vous plaire.

ARNOLPHE , à part.

Ce mot et ce regard désarme ma colère,
Et produit un retour de tendresse de cœur,
Qui de son action m'efface la noirceur.
Chose étrange d'aimer, et que, pour ces traîtresses,
Les hommes soient sujets à de telles faiblesses!
Tout le monde connaît leur imperfection;
Ce n'est qu'extravagance et qu'indiscrétion;
Leur esprit est méchant, et leur âme fragile;
Il n'est rien de plus faible et de plus imbécile,
Rien de plus infidèle : et, malgré tout cela,
Dans le monde on fait tout pour ces animaux-là.

(A Agnès.)

Hé bien! faisons la paix. Va, petite traîtresse,
Je te pardonne tout et te rends ma tendresse;
Considère par là l'amour que j'ai pour toi,
Et, me voyant si bon, en revanche aime-moi.

AGNÈS.

Du meilleur de mon cœur je voudrais vous complaire :
Que me coûterait-il, si je le pouvais faire?

ARNOLPHE.

Mon pauvre petit bec, tu le peux si tu veux.
Écoute seulement ce soupir amoureux,
Vois ce regard mourant, contemple ma personne,
Et quitte ce morveux et l'amour qu'il te donne.
C'est quelque sort qu'il faut qu'il ait jeté sur toi,
Et tu seras cent fois plus heureuse avec moi.
Ta forte passion est d'être brave et leste,
Tu le seras toujours, va, je te le proteste;
Sans cesse, nuit et jour, je te caresserai,
Je te bouchonnerai, baiserai, mangerai;
Tout comme tu voudras tu pourras te conduire :
Je ne m'explique point, et cela c'est tout dire.
      (Bas, à part.)
Jusqu'où la passion peut-elle faire aller!
      (Haut.)
Enfin, à mon amour rien ne peut s'égaler :
Quelle preuve veux-tu que je t'en donne, ingrate?
Me veux-tu voir pleurer? veux-tu que je me batte?
Veux-tu que je m'arrache un côté de cheveux?
Veux-tu que je me tue? Oui, dis si tu le veux,
Je suis tout prêt, cruelle, à te prouver ma flamme.

AGNÈS.

Tenez, tous vos discours ne me touchent point l'âme :
Horace avec deux mots en ferait plus que vous.

ARNOLPHE.

Ah! c'est trop me braver, trop pousser mon courroux.
Je suivrai mon dessein, bête trop indocile;
Et vous dénicherez à l'instant de la ville.
Vous rebutez mes vœux, et me mettez à bout,
Mais un cul de couvent me vengera de tout.

SCÈNE V.

ARNOLPHE, AGNÈS, ALAIN.

ALAIN.

Je ne sais ce que c'est, monsieur ; mais il me semble
Qu'Agnès et le corps mort s'en sont allés ensemble.

ARNOLPHE.

La voici. Dans ma chambre allez me la nicher.

(A part.)

Ce ne sera pas là qu'il la viendra chercher ;
Et puis, c'est seulement pour une demi-heure.
Je vais, pour lui donner une sûre demeure,

(A Alain.)

Trouver une voiture. Enfermez-vous des mieux,
Et surtout gardez-vous de la quitter des yeux.

(Seul.)

Peut-être que son âme, étant dépaysée,
Pourra de cet amour être désabusée.

SCÈNE VI.

ARNOLPHE, HORACE.

HORACE.

Ah ! je viens vous trouver, accablé de douleur,
Le ciel, seigneur Arnolphe, a conclu mon malheur ;
Et, par un trait fatal d'une injustice extrême,
On me veut arracher de la beauté que j'aime.
Pour arriver ici mon père a pris le frais[1] ;

---

[1] A profité de la fraîcheur de la nuit.

J'ai trouvé qu'il mettait pied à terre ici près :
Et la cause, en un mot, d'une telle venue,
Qui, comme je disais, ne m'était pas connue,
C'est qu'il m'a marié sans m'en écrire rien,
Et qu'il vient en ces lieux célébrer ce lien.
Jugez, en prenant part à mon inquiétude,
S'il pouvait m'arriver un contre-temps plus rude.
Cet Enrique dont hier je m'informais à vous,
Cause tout le malheur dont je ressens les coups :
Il vient avec mon père achever ma ruine,
Et c'est sa fille unique à qui l'on me destine.
J'ai dès leurs premiers mots, pensé m'évanouir :
Et d'abord sans vouloir plus longtemps les ouïr,
Mon père ayant parlé de vous rendre visite,
L'esprit plein de frayeur, je l'ai devancé vite.
De grâce, gardez-vous de lui rien découvrir
De mon engagement qui le pourrait aigrir :
Et tâchez, comme en vous il prend grande créance,
De le dissuader de cette autre alliance.

ARNOLPHE.

Oui-da.

HORACE.

Conseillez-lui de différer un peu,
Et rendez, en ami, ce service à mon feu.

ARNOLPHE.

Je n'y manquerai pas.

HORACE.

C'est en vous que j'espère.

ARNOLPHE.

Fort bien.

HORACE.

Et je vous tiens mon véritable père.
Dites-lui que mon âge... Ah ! je le vois venir !
Écoutez les raisons que je vous puis fournir.

SCÈNE VII.

ENRIQUE, ORONTE, CHRYSALDE, HORACE,
ARNOLPHE.

(Horace et Arnolphe se retirent dans un coin du théâtre et parlent bas ensemble.)

ENRIQUE, à Chrysalde.

Aussitôt qu'à mes yeux je vous ai vu paraître,
Quand on ne m'eût rien dit, j'aurais su vous connaître.
Je vous vois tous les traits de cette aimable sœur
Dont l'hymen autrefois m'avait fait possesseur;
Et je serais heureux, si la Parque cruelle
M'eût laissé ramener cette épouse fidèle,
Pour jouir avec moi des sensibles douceurs
De revoir tous les siens après nos longs malheurs.
Mais, puisque du destin la fatale puissance
Nous prive pour jamais de sa chère présence,
Tâchons de nous résoudre, et de nous contenter
Du seul fruit amoureux qui m'en est pu rester.
Il vous touche de près; et, sans votre suffrage
J'aurais tort de vouloir disposer de ce gage.
Le choix du fils d'Oronte est glorieux de soi;
Mais il faut que ce choix vous plaise comme à moi.

CHRYSALDE.

C'est de mon jugement avoir mauvaise estime,
Que douter si j'approuve un choix si légitime.

ARNOLPHE, à part, à Horace.

Oui, je vais vous servir de la bonne façon.

HORACE, à part, à Arnolphe.

Gardez, encore un coup...

ARNOLPHE , à Horace.

N'ayez aucun soupçon.

(Arnolphe quitte Horace pour aller embrasser Oronte.)

ORONTE , à Arnolphe.

Ah! que cette embrassade est pleine de tendresse!

ARNOLPHE.

Que je sens à vous voir une grande allégresse!

ORONTE.

Je suis ici venu...

ARNOLPHE.

Sans m'en faire récit,
Je sais ce qui vous mène.

ORONTE.

On vous l'a déjà dit?

ARNOLPHE.

Oui.

ORONTE.

Tant mieux.

ARNOLPHE.

Votre fils à cet hymen résiste,
Et son cœur prévenu n'y voit rien que de triste :
Il m'a même prié de vous en détourner ;
Et moi, tout le conseil que je vous puis donner,
C'est de ne pas souffrir que ce nœud se diffère,
Et de faire valoir l'autorité de père.
Il faut avec vigueur ranger les jeunes gens,
Et nous faisons contre eux à leur être indulgents.

HORACE , à part.

Ah! traître!

CHRYSALDE.

Si son cœur a quelque répugnance,
Je tiens qu'on ne doit pas lui faire violence.
Mon frère, que je crois, sera de mon avis.

ARNOLPHE.

Quoi! se laissera-t-il gouverner par son fils?
Est-ce que vous voulez qu'un père ait la mollesse
De ne savoir pas faire obéir la jeunesse?
Il serait beau, vraiment, qu'on le vit aujourd'hui
Prendre loi de qui doit la recevoir de lui!
Non, non : c'est mon intime et sa gloire est la mienne,
Sa parole est donnée, il faut qu'il la maintienne.
Qu'il fasse voir ici de fermes sentiments,
Et force de son fils tous les attachements.

ORONTE.

C'est parler comme il faut; et, dans cette alliance,
C'est moi qui vous réponds de son obéissance.

CHRYSALDE, à Arnolphe.

Je suis surpris, pour moi, du grand empressement
Que vous me faites voir pour cet engagement,
Et ne puis deviner quel motif vous inspire...

ARNOLPHE.

Je sais ce que je fais, et dis ce qu'il faut dire.

ORONTE.

Oui, oui, seigneur Arnolphe, il est...

CHRYSALDE.

      Ce nom l'aigrit;
C'est monsieur de la Souche, on vous l'a déjà dit.

ARNOLPHE.

Il n'importe.

HORACE, à part.

  Qu'entends-je?

ARNOLPHE, se retournant vers Horace.

      Oui, c'est là le mystère;
Et vous pouvez juger ce que je devais faire.

HORACE, à part.

En quel trouble...

SCÈNE VIII.

ENRIQUE, ORONTE, CHRYSALDE, HORACE, ARNOLPHE,
GEORGETTE.

GEORGETTE.

Monsieur, si vous n'êtes auprès,
Nous aurons de la peine à retenir Agnès;
Elle veut à tous coups s'échapper, et peut-être
Qu'elle se pourrait bien jeter par la fenêtre.

ARNOLPHE.

Faites-la-moi venir; aussi bien de ce pas
(A Horace.)
Prétends-je l'emmener. Ne vous en fâchez pas;
Un bonheur continu rendrait l'homme superbe;
Et chacun a son tour, comme dit le proverbe.

HORACE, à part.

Quels maux peuvent, ô ciel! égaler mes ennuis!
Et s'est-on jamais vu dans l'abîme où je suis?

ARNOLPHE, à Oronte.

Pressez vite le jour de la cérémonie;
J'y prends part, et déjà moi-même je m'en prie.

ORONTE.

C'est bien notre dessein.

SCÈNE IX.

AGNÈS, ORONTE, ENRIQUE, ARNOLPHE, HORACE,
CHRYSALDE, ALAIN, GEORGETTE.

ARNOLPHE, à Agnès.

Venez, belle, venez,
Qu'on ne saurait tenir, et qui vous mutinez.
Voici votre galant, à qui, pour récompense.
Vous pouvez faire une humble et douce révérence.
(A Horace.)
Adieu. L'événement trompe un peu vos souhaits,
Mais tous les amoureux ne sont pas satisfaits.

AGNÈS.

Me laissez-vous, Horace, emmener de la sorte?

HORACE.

Je ne sais où j'en suis, tant ma douleur est forte.

ARNOLPHE.

Allons, causeuse, allons.

AGNÈS.

Je veux rester ici.

ORONTE.

Dites-nous ce que c'est que ce mystère-ci,
Nous nous regardons tous, sans le pouvoir comprendre.

ARNOLPHE.

Avec plus de loisir je pourrai vous l'apprendre.
Jusqu'au revoir.

ORONTE.

Où donc prétendez-vous aller?
Vous ne nous parlez point comme il nous faut parler.

ARNOLPHE.

Je vous ai conseillé, malgré tout son murmure,
D'achever l'hyménée.

ORONTE.

Oui. Mais pour le conclure,
Si l'on vous a dit tout, ne vous a-t-on pas dit
Que vous avez chez vous celle dont il s'agit,
La fille qu'autrefois, de l'aimable Angélique,
Sous des liens secrets eut le seigneur Enrique?
Sur quoi votre discours était-il donc fondé?

CHRYSALDE.

Je m'étonnais aussi de voir son procédé.

ARNOLPHE.

Quoi!

CHRYSALDE.

D'un hymen secret ma sœur eut une fille,
Dont on cacha le sort à toute la famille.

ORONTE.

Et qui, sous de feints noms, pour ne rien découvrir,
Par son époux, aux champs fut donnée à nourrir.

CHRYSALDE.

Et dans ce temps, le sort, lui déclarant la guerre,
L'obligea de sortir de sa natale terre.

ORONTE.

Et d'aller essuyer mille périls divers,
Dans ces lieux séparés de nous par tant de mers.

CHRYSALDE.

Où ses soins ont gagné ce que dans sa patrie
Avaient pu lui ravir l'imposture et l'envie.

ORONTE.

Et, de retour en France, il a cherché d'abord
Celle à qui de sa fille il confia le sort.

CHRYSALDE.

Et cette paysanne a dit avec franchise
Qu'en vos mains à quatre ans elle l'avait remise.

ORONTE.

Et qu'elle l'avait fait sur votre charité[1]
Par un accablement d'extrême pauvreté.

CHRYSALDE.

Et lui, plein de transport, et l'allégresse en l'âme,
A fait jusqu'en ces lieux conduire cette femme.

ORONTE.

Et vous allez enfin la voir venir ici,
Pour rendre aux yeux de tous ce mystère éclairci.

CHRYSALDE, à Arnolphe.

Je devine à peu près quel est votre supplice;
Mais le sort en cela ne vous est que propice.
Si n'être point cocu vous semble un si grand bien,
Ne vous point marier en est le vrai moyen.

ARNOLPHE, s'en allant tout transporté, et ne pouvant parler.

Ouf!

SCÈNE X.

ENRIQUE, ORONTE, CHRYSALDE, AGNÈS, HORACE.

ORONTE.

D'où vient qu'il s'enfuit sans rien dire?

HORACE.

Ah! mon père,
Vous saurez pleinement ce surprenant mystère.
Le hasard en ces lieux avait exécuté
Ce que votre sagesse avait prémédité.
J'étais, par les doux nœuds d'une ardeur mutuelle,
Engagé de parole avecque cette belle;
Et c'est elle, en un mot, que vous venez chercher,
Et pour qui mon refus a pensé vous fâcher.

[1] Sur votre réputation de charité.

ENRIQUE.

Je n'en ai point douté d'abord que je l'ai vue,
Et mon âme depuis n'a cessé d'être émue.
Ah ! ma fille je cède à des transports si doux.

CHRYSALDE.

J'en ferais de bon cœur, mon frère, autant que vous ;
Mais ces lieux et cela ne s'accommodent guères.
Allons dans la maison débrouiller ces mystères,
Payer à notre ami ses soins officieux,
Et rendre grâce au ciel, qui fait tout pour le mieux.

FIN DE L'ÉCOLE DES FEMMES.

LA CRITIQUE

DE

L'ÉCOLE DES FEMMES.

COMÉDIE EN UN ACTE.

1er juin 1663.

A LA REINE MÈRE [1].

MADAME,

Je sais bien que Votre Majesté n'a que faire de toutes nos dédicaces, et que ces prétendus devoirs, dont on lui dit élégamment qu'on s'acquitte envers Elle, sont des hommages, à dire vrai, dont Elle nous dispenserait très-volontiers. Mais je ne laisse pas d'avoir l'audace de lui dédier *la Critique de l'École des Femmes;* et je n'ai pu refuser cette petite occasion de pouvoir témoigner ma joie à Votre Majesté sur cette heureuse convalescence qui redonne à nos vœux la plus grande et la meilleure princesse du monde, et nous promet en Elle de longues années d'une santé vigoureuse. Comme chacun regarde les choses du côté de ce qui le touche, je me réjouis, dans cette allégresse générale, de pouvoir encore obtenir l'honneur de divertir Votre Majesté; Elle, Madame, qui prouve si bien que la véritable dé-

---

[1] Anne d'Autriche, mère de Louis XIV, ne survécut pas beaucoup à la maladie dont Molière la félicite d'être rétablie : elle mourut le 20 janvier 1666.

votion n'est point contraire aux honnêtes divertissements; qui, de ses hautes pensées et de ses importantes
occupations, descend si humainement dans le plaisir de
nos spectacles, et ne dédaigne pas de rire de cette même
bouche dont Elle prie si bien Dieu. Je flatte, dis-je
mon esprit de l'espérance de cette gloire; j'en attends
le moment avec toutes les impatiences du monde; et
quand je jouirai de ce bonheur, ce sera la plus grande
joie que puisse recevoir,

Madame,

De Votre Majesté,

Le très-humble, très-obéissant et très-fidèle
serviteur et sujet,

J. B. P. MOLIÈRE.

LA CRITIQUE

DE

L'ÉCOLE DES FEMMES.

COMÉDIE.

PERSONNAGES.

URANIE.

ÉLISE.

CLIMÈNE.

LE MARQUIS.

DORANTE, ou le Chevalier.

LYSIDAS, poëte.

GALOPIN, laquais.

Noms des acteurs qui ont joué d'original dans *la Critique de l'École des Femmes* :

URANIE.	Mlle Debrie.
ÉLISE.	Mlle Molière.
CLIMÈNE.	Mlle Duparc.
LE MARQUIS.	La Grange.
DORANTE.	Brécourt.
LYSIDAS.	Du Croisy.

LA CRITIQUE

DE

L'ÉCOLE DES FEMMES.

SCÈNE I.

URANIE, ÉLISE.

URANIE.

Quoi! cousine, personne ne t'est venu rendre visite?

ÉLISE.

Personne, du monde[1].

URANIE.

Vraiment, voilà qui m'étonne, que nous ayons été seules l'une et l'autre tout aujourd'hui.

ÉLISE.

Cela m'étonne aussi, car ce n'est guère notre coutume; et votre maison, Dieu merci, est le refuge ordinaire de tous les fainéants de la cour.

URANIE.

L'après-dînée, à dire vrai, m'a semblé fort longue.

---

[1] Pour personne au monde

ÉLISE.

Et moi, je l'ai trouvée fort courte.

URANIE.

C'est que les beaux esprits, cousine, aiment la solitude.

ÉLISE.

Ah! très-humble servante au bel esprit; vous savez que ce n'est pas là que je vise.

URANIE.

Pour moi, j'aime la compagnie, je l'avoue.

ÉLISE.

Je l'aime aussi, mais je l'aime choisie; et la quantité des sottes visites qu'il vous faut essuyer parmi les autres, est cause bien souvent que je prends plaisir d'être seule.

URANIE.

La délicatesse est trop grande de ne pouvoir souffrir que des gens triés.

ÉLISE.

Et la complaisance est trop générale, de souffrir indifféremment toutes sortes de personnes.

URANIE.

Je goûte ceux qui sont raisonnables, et me divertis des extravagants.

ÉLISE.

Ma foi, les extravagants ne vont guère loin sans vous ennuyer, et la plupart de ces gens-là ne sont plus plaisants dès la seconde visite. Mais, à propos d'extravagants, ne voulez-vous pas me défaire de votre marquis incommode? Pensez-vous me le laisser toujours sur les bras, et que je puisse durer à ses turlupinades perpétuelles?

URANIE.

Ce langage est à la mode, et l'on le tourne en plaisanterie à la cour.

ÉLISE.

Tant pis pour ceux qui le font, et qui se tuent tout le jour à parler ce jargon obscur. La belle chose de faire entrer aux conversations du Louvre de vieilles équivoques ramassées parmi les boues des Halles et de la place Maubert! La jolie façon de plaisanter pour des courtisans, et qu'un homme montre d'esprit lorsqu'il vient vous dire : Madame, vous êtes dans la place Royale, et tout le monde vous voit de trois lieues de Paris, car chacun vous voit de bon œil; à cause que Bonneuil est un village à trois lieues d'ici! Cela n'est-il pas bien galant et bien spirituel? Et ceux qui trouvent ces belles rencontres n'ont-ils pas lieu de s'en glorifier?

URANIE.

On ne dit pas cela aussi comme une chose spirituelle; et la plupart de ceux qui affectent ce langage savent bien eux-mêmes qu'il est ridicule.

ÉLISE.

Tant pis encore de prendre peine à dire des sottises, et d'être mauvais plaisants de dessein formé. Je les en tiens moins excusables, et si j'en étais juge, je sais bien à quoi je condamnerais tous ces messieurs les turlupins.

URANIE.

Laissons cette matière qui t'échauffe un peu trop, et disons que Dorante vient bien tard, à mon avis, pour le souper que nous devons faire ensemble.

ÉLISE.

Peut-être l'a-t-il oublié, et que...

SCÈNE II.

URANIE, ÉLISE, GALOPIN.

GALOPIN.

Voilà Climène, madame, qui vient ici pour vous voir.

URANIE.

Hé! mon Dieu, quelle visite!

ÉLISE.

Vous vous plaigniez d'être seule, aussi; le ciel vous en punit.

URANIE.

Vite, qu'on aille dire que je n'y suis pas.

GALOPIN.

On a déjà dit que vous y étiez.

URANIE.

Et qui est le sot qui l'a dit?

GALOPIN.

Moi, madame.

URANIE.

Diantre soit le petit vilain! Je vous apprendrai bien à faire vos réponses de vous-même.

GALOPIN.

Je vais lui dire, madame, que vous voulez être sortie.

URANIE.

Arrêtez, animal, et la laissez monter, puisque la sottise est faite.

GALOPIN.

Elle parle encore à un homme dans la rue.

URANIE.

Ah! cousine, que cette visite m'embarrasse à l'heure qu'il est!

ÉLISE.

Il est vrai que la dame est un peu embarrassante de son naturel; j'ai toujours eu pour elle une furieuse aversion; et, n'en déplaise à sa qualité, c'est la plus sotte bête qui se soit jamais mêlée de raisonner.

URANIE.

L'épithète est un peu forte.

ÉLISE.

Allez, allez, elle mérite bien cela, et quelque chose de plus, si on lui faisait justice. Est-ce qu'il y a une personne qui soit plus véritablement qu'elle ce qu'on appelle pré-cieuse, à prendre le mot dans sa plus mauvaise significa-tion?

URANIE.

Elle se défend bien de ce nom, pourtant.

ÉLISE.

Il est vrai. Elle se défend du nom, mais non pas de la chose : car enfin elle l'est depuis les pieds jusqu'à la tête, et la plus grande façonnière du monde. Il semble que tout son corps soit démonté, et que les mouvements de ses hanches, de ses épaules et de sa tête n'aillent que par res-sorts. Elle affecte toujours un ton de voix languissant et niais, fait la moue pour montrer une petite bouche, et roule les yeux pour les faire paraître grands.

URANIE.

Doucement donc. Si elle venait à entendre...

ÉLISE.

Point, point, elle ne monte pas encore. Je me souviens toujours du soir qu'elle eut envie de voir Damon, sur la réputation qu'on lui donne, et les choses que le public a vues de lui. Vous connaissez l'homme et sa naturelle paresse à soutenir la conversation. Elle l'avait invité à souper comme bel esprit, et jamais il ne parut si sot parmi une demi-douzaine de gens à qui elle avait fait fête de lui, et qui le regardaient avec de grands yeux, comme une personne qui ne devait pas être faite comme les autres. Ils pensaient tous qu'il était là pour défrayer la compagnie de bons mots; que chaque parole qui sortait de sa bouche devait être extraordinaire; qu'il devait faire des impromptus sur tout ce qu'on disait, et ne demander à boire qu'avec une pointe. Mais il les trompa fort par son silence; et la dame fut aussi mal satisfaite de lui que je le fus d'elle.

URANIE.

Tais-toi, je vais la recevoir à la porte de la chambre.

ÉLISE.

Encore un mot. Je voudrais bien la voir mariée avec le marquis dont nous avons parlé. Le bel assemblage que ce serait d'une précieuse et d'un turlupin!

URANIE.

Veux-tu te taire; la voici.

SCÈNE III.

CLIMÈNE, URANIE, ÉLISE, GALOPIN.

URANIE.

Vraiment, c'est bien tard que...

CLIMÈNE.

Eh! de grâce, ma chère, faites-moi vite donner un siége.

URANIE, à Galopin.

Un fauteuil promptement.

CLIMÈNE.

Ah! mon Dieu!

URANIE.

Qu'est-ce donc?

CLIMÈNE.

Je n'en puis plus.

URANIE.

Qu'avez-vous?

CLIMÈNE.

Le cœur me manque.

URANIE.

Sont-ce vapeurs qui vous ont prise?

CLIMÈNE.

Non.

URANIE.

Voulez-vous que l'on vous délace?

CLIMÈNE.

Mon Dieu, non. Ah!

URANIE.

Quel est donc votre mal, et depuis quand vous a-t-il pris?

CLIMÈNE.

Il y a plus de trois heures, et je l'ai rapporté du Palais-Royal.

URANIE.

Comment?

CLIMÈNE.

Je viens de voir, pour mes péchés, cette méchante rapsodie de *l'École des Femmes*. Je suis encore en défaillance du mal de cœur que cela m'a donné, et je pense que je n'en reviendrai de plus de quinze jours.

ÉLISE.

Voyez un peu comme les maladies arrivent sans qu'on y songe!

URANIE.

Je ne sais pas de quel tempérament nous sommes, ma cousine et moi; mais nous fûmes avant-hier à la même pièce, et nous en revînmes toutes deux saines et gaillardes.

CLIMÈNE.

Quoi! vous l'avez vue?

URANIE.

Oui, et écoutée. d'un bout à l'autre.

CLIMÈNE.

Et vous n'en avez pas été jusques aux convulsions, ma chère?

URANIE.

Je ne suis pas si délicate, Dieu merci; et je trouve, pour moi, que cette comédie serait plutôt capable de guérir les gens que de les rendre malades.

CLIMÈNE.

Ah! mon Dieu, que dites-vous là? Cette proposition peut-elle être avancée par une personne qui ait du revenu en sens commun? Peut-on impunément, comme vous faites, rompre en visière à la raison? Et, dans le vrai de la chose, est-il un esprit si affamé de plaisanterie, qu'il puisse tâter des fadaises dont cette comédie est assaisonnée? Pour moi, je vous avoue que je n'ai pas trouvé le moindre grain de sel dans tout cela. *Les enfants par l'oreille* m'ont paru d'un goût détestable; *la tarte à la crème* m'a affadi le cœur; et j'ai pensé vomir *au potage.*

ÉLISE.

Mon Dieu! que tout cela est dit élégamment. J'aurais cru que cette pièce était bonne; mais madame a une éloquence si persuasive, elle tourne les choses d'une manière si agréable, qu'il faut être de son sentiment, malgré qu'on en ait.

URANIE.

Pour moi, je n'ai pas tant de complaisance; et pour dire ma pensée, je tiens cette comédie une des plus plaisantes que l'auteur ait produites.

CLIMÈNE.

Ah! vous me faites pitié de parler ainsi, et je ne saurais vous souffrir cette obscurité de discernement. Peut-on, ayant de la vertu, trouver de l'agrément dans une pièce qui tient sans cesse la pudeur en alarme, et salit à tout moment l'imagination?

ÉLISE.

Les jolies façons de parler que voilà! Que vous êtes, madame, une rude joueuse en critique, et que je plains le pauvre Molière de vous avoir pour ennemie!

CLIMÈNE.

Croyez-moi, ma chère, corrigez de bonne foi votre jugement: et, pour votre honneur, n'allez point dire par le monde que cette comédie vous ait plu.

URANIE.

Moi, je ne sais pas ce que vous y avez trouvé qui blesse la pudeur.

CLIMÈNE.

Hélas! tout; et je mets en fait qu'une honnête femme ne la saurait voir sans confusion, tant j'y ai découvert d'ordures et de saletés.

URANIE.

Il faut donc que pour les ordures vous ayez des lumières que les autres n'ont pas; car, pour moi, je n'y en ai point vu.

CLIMÈNE.

C'est que vous ne voulez pas y en avoir vu, assurément; car enfin, toutes ces ordures, Dieu merci, y sont à visage découvert. Elles n'ont pas la moindre enveloppe qui les couvre, et les yeux les plus hardis sont effrayés de leur nudité.

ÉLISE.

Ah!

CLIMÈNE.

Hai, hai, hai.

URANIE.

Mais encore, s'il vous plaît, marquez-moi une de ces ordures que vous dites.

CLIMÈNE.

Hélas ! est-il nécessaire de vous les marquer ?

URANIE.

Oui. Je vous demande seulement un endroit qui vous ait fort choquée.

CLIMÈNE.

En faut-il d'autre que la scène de cette Agnès, lorsqu'elle dit ce que l'on lui a pris ?

URANIE.

Eh bien ! que trouvez-vous là de sale ?

CLIMÈNE.

Ah !

URANIE.

De grâce ?

CLIMÈNE.

Fi !

URANIE.

Mais encore !

CLIMÈNE.

Je n'ai rien à vous dire.

URANIE.

Pour moi, je n'y entends point de mal.

CLIMÈNE.

Tant pis pour vous.

URANIE.

Tant mieux plutôt, ce me semble. Je regarde les choses du côté qu'on me les montre, et ne les tourne point pour y chercher ce qu'il ne faut pas voir.

CLIMÈNE.

L'honnêteté d'une femme...

URANIE.

L'honnêteté d'une femme n'est pas dans les grimaces. Il sied mal de vouloir être plus sage que celles qui sont sages. L'affectation en cette matière est pire qu'en toute autre; et je ne vois rien de si ridicule que cette délicatesse d'honneur qui prend tout en mauvaise part, donne un sens criminel aux plus innocentes paroles, et s'offense de l'ombre des choses. Croyez-moi, celles qui font tant de façons n'en sont pas estimées plus femmes de bien. Au contraire, leur sévérité mystérieuse et leurs grimaces affectées irritent la censure de tout le monde contre les actions de leur vie. On est ravi de découvrir ce qu'il peut y avoir à redire; et, pour tomber dans l'exemple, il y avait l'autre jour des femmes à cette comédie, vis-à-vis de la loge où nous étions, qui, par les mines qu'elles affectèrent durant toute la pièce, leurs détournements de tête et leurs cachements de visage, firent dire de tous côtés cent sottises de leur conduite que l'on n'aurait pas dites sans cela; et quelqu'un même des laquais cria tout haut qu'elles étaient plus chastes des oreilles que de tout le reste du corps.

CLIMÈNE.

Enfin il faut être aveugle dans cette pièce, et ne pas faire semblant d'y voir les choses.

URANIE.

Il ne faut pas y vouloir voir ce qui n'y est pas.

CLIMÈNE.

Ah! je soutiens, encore un coup, que les saletés y crèvent les yeux.

URANIE.

Et moi, je ne demeure pas d'accord de cela.

CLIMÈNE.

Quoi! la pudeur n'est pas visiblement blessée par ce que dit Agnès dans l'endroit dont nous parlons?

URANIE.

Non vraiment. Elle ne dit pas un mot qui ne soit fort honnête; et si vous voulez entendre dessous quelque autre chose, c'est vous qui faites l'ordure et non pas elle, puisqu'elle parle seulement d'un ruban qu'on lui a pris.

CLIMÈNE.

Ah! ruban tant qu'il vous plaira; mais ce *le,* où elle

s'arrête, n'est pas mis pour des prunes. Il vient sur ce *le* d'étranges pensées. Ce *le* scandalise furieusement; et, quoi que vous puissiez dire, vous ne sauriez défendre l'insolence de ce *le*.

ÉLISE.

Il est vrai, ma cousine, je suis pour madame contre ce *le*. Ce *le* est insolent au dernier point, et vous avez tort de défendre ce *le*.

CLIMÈNE.

Il a une obscénité qui n'est pas supportable.

ÉLISE.

Comment dites-vous ce mot-là, madame?

CLIMÈNE.

Obscénité, madame.

ÉLISE.

Ah! mon Dieu, obscénité. Je ne sais pas ce que ce mot veut dire; mais je le trouve le plus joli du monde.

CLIMÈNE.

Enfin, vous voyez comme votre sang prend mon parti.

URANIE.

Eh! mon Dieu! c'est une causeuse qui ne dit pas ce qu'elle pense. Ne vous y fiez pas beaucoup, si vous m'en voulez croire.

ÉLISE.

Ah! que vous êtes méchante, de me vouloir rendre suspecte à madame! Voyez un peu où j'en serais, si elle allait croire ce que vous dites! Serais-je si malheureuse, madame, que vous eussiez de moi cette pensée?

CLIMÈNE.

Non, non. Je ne m'arrête pas à ses paroles, et je vous crois plus sincère qu'elle ne dit.

ÉLISE.

Ah! que vous avez bien raison, madame, et que vous me rendrez justice quand vous croirez que je vous trouve la plus engageante personne du monde; que j'entre dans tous vos sentiments, et suis charmée de toutes les expressions qui sortent de votre bouche!

CLIMÈNE.

Hélas! je parle sans affectation.

ÉLISE.

On le voit bien, madame, et que tout est naturel en vous. Vos paroles, le ton de votre voix, vos regards, vos pas, votre action et votre ajustement ont je ne sais quel air de qualité qui enchante les gens. Je vous étudie des yeux et des oreilles; et je suis si remplie de vous que je tâche d'être votre singe et de vous contrefaire en tout.

CLIMÈNE.

Vous vous moquez de moi, madame.

ÉLISE.

Pardonnez-moi, madame. Qui voudrait se moquer de vous?

CLIMÈNE.

Je ne suis pas un bon modèle, madame.

ÉLISE.

Oh que si, madame!

CLIMÈNE.

Vous me flattez, madame.

ÉLISE.

Point du tout, madame.

CLIMÈNE.

Épargnez-moi, s'il vous plaît, madame.

ÉLISE.

Je vous épargne aussi, madame, et je ne dis pas la moitié de ce que je pense, madame.

CLIMÈNE.

Ah! mon Dieu! brisons là, de grâce. Vous me jetteriez dans une confusion épouvantable. (A Uranie.) Enfin, nous voilà deux contre vous; et l'opiniâtreté sied si mal aux personnes spirituelles...

SCÈNE IV.

LE MARQUIS, CLIMÈNE, URANIE, ÉLISE, GALOPIN.

GALOPIN , à la porte de la chambre.

Arrêtez, s'il vous plaît, monsieur.

LE MARQUIS.

Tu ne me connais pas, sans doute.

GALOPIN.

Si fait, je vous connais; mais vous n'entrerez pas.

LE MARQUIS.

Ah! que de bruit, petit laquais!

GALOPIN.

Cela n'est pas bien de vouloir entrer malgré les gens.

LE MARQUIS.

Je veux voir ta maîtresse.

GALOPIN.

Elle n'y est pas, vous dis-je.

LE MARQUIS.

La voilà dans la chambre.

GALOPIN.

Il est vrai, la voilà; mais elle n'y est pas.

URANIE.

Qu'est-ce donc qu'il y a là?

LE MARQUIS.

C'est votre laquais, madame, qui fait le sot.

GALOPIN.

Je lui dis que vous n'y êtes pas, madame, et il ne veut pas laisser d'entrer.

URANIE.

Et pourquoi dire à monsieur que je n'y suis pas?

GALOPIN.

Vous me grondâtes l'autre jour de lui avoir dit que vous
y étiez.

URANIE.

Voyez cet insolent! Je vous prie, monsieur, de ne pas
croire ce qu'il dit : c'est un petit écervelé qui vous a pris
pour un autre.

LE MARQUIS.

Je l'ai bien vu, madame ; et, sans votre respect, je lui
aurais appris à connaître les gens de qualité.

ÉLISE.

Ma cousine vous est fort obligée de cette déférence.

URANIE, à Galopin.

Un siége donc, impertinent.

GALOPIN.

N'en voilà-t-il pas un?

URANIE.

Approchez-le.

(Le petit laquais pousse le siége rudement et sort.)

SCÈNE V.

LE MARQUIS, CLIMÈNE, URANIE, ÉLISE.

LE MARQUIS.

Votre petit laquais, madame, a du mépris pour ma personne.

ÉLISE.

Il aurait tort, sans doute.

LE MARQUIS.

C'est peut-être que je paie l'intérêt de ma mauvaise
mine. (Il rit.) Hai, hai, hai, hai.

ÉLISE.

L'âge le rendra plus éclairé en honnêtes gens.

LE MARQUIS.

Sur quoi en étiez-vous, mesdames, lorsque je vous ai interrompues?

URANIE.

Sur la comédie de *l'École des Femmes*.

LE MARQUIS.

Je ne fais que d'en sortir.

CLIMÈNE.

Hé bien! monsieur, comment la trouvez-vous, s'il vous plaît?

LE MARQUIS.

Tout à fait impertinente.

CLIMÈNE.

Ah! que j'en suis ravie!

LE MARQUIS.

C'est la plus méchante chose du monde. Comment diable! à peine ai-je pu trouver place. J'ai pensé être étouffé à la porte, et jamais on ne m'a tant marché sur les pieds. Voyez comme mes canons et mes rubans en sont ajustés, de grâce.

ÉLISE.

Il est vrai que cela crie vengeance contre *l'École des Femmes*, et que vous la condamnez avec justice.

LE MARQUIS.

Il ne s'est jamais fait, je pense, une si méchante comédie.

URANIE.

Ah! voici Dorante que nous attendions.

SCÈNE VI.

DORANTE, CLIMÈNE, URANIE, ÉLISE, LE MARQUIS.

DORANTE.

Ne bougez, de grâce, et n'interrompez point votre discours. Vous êtes là sur une matière qui, depuis quatre jours, fait presque l'entretien de toutes les maisons de Paris; et jamais on n'a rien vu de si plaisant que la diversité des jugements qui se font là-dessus. Car enfin j'ai ouï condamner cette comédie à certaines gens, par les mêmes choses que j'ai vu d'autres estimer le plus.

URANIE.

Voilà monsieur le marquis qui en dit force mal.

LE MARQUIS.

Il est vrai. Je la trouve détestable; morbleu! détestable du dernier détestable; ce qu'on appelle détestable.

DORANTE.

Et moi, mon cher marquis, je trouve le jugement détestable.

LE MARQUIS.

Quoi! chevalier, est-ce que tu prétends soutenir cette pièce?

DORANTE.

Oui, je prétends la soutenir.

LE MARQUIS.

Parbleu! je la garantis détestable.

DORANTE.

La caution n'est pas bourgeoise. Mais, marquis, par quelle raison, de grâce, cette comédie est-elle ce que tu dis?

LE MARQUIS.

Pourquoi elle est détestable?

DORANTE.

Oui.

LE MARQUIS.

Elle est détestable, parce qu'elle est détestable.

DORANTE.

Après cela, il n'y a plus rien à dire : voilà son procès fait. Mais encore instruis-nous, et nous dis les défauts qui y sont.

LE MARQUIS.

Que sais-je, moi? je ne me suis pas seulement donné la peine de l'écouter. Mais enfin je sais bien que je n'ai jamais rien vu de si méchant, Dieu me damne! et Dorilas, contre qui j'étais, a été de mon avis.

DORANTE.

L'autorité est belle, et te voilà bien appuyé!

LE MARQUIS.

Il ne faut que voir les continuels éclats de rire que le parterre y fait. Je ne veux point d'autre chose pour témoigner qu'elle ne vaut rien.

DORANTE.

Tu es donc, marquis, de ces messieurs du bel air qui ne veulent pas que le parterre ait du sens commun, et qui seraient fâchés d'avoir ri avec lui, fût-ce de la meilleure chose du monde? Je vis l'autre jour sur le théâtre un de nos amis qui se rendit ridicule par là. Il écouta toute la pièce avec un sérieux le plus sombre du monde; et tout ce qui égayait les autres ridait son front. A tous les éclats de risée, il haussait les épaules et regardait le parterre en pitié; et quelquefois aussi, le regardant avec dépit, il lui disait tout haut : *Ris donc, parterre, ris donc.* Ce fut une seconde comédie, que le chagrin de notre ami. Il la donna en galant homme à toute l'assemblée, et chacun demeura d'ac-

cord qu'on ne pouvait pas mieux jouer qu'il fît. Apprends,
marquis, je te prie, et les autres aussi, que le bon sens
n'a point de place déterminée à la comédie; que la différence du demi-louis d'or[1] et de la pièce de quinze sous ne
fait rien du tout au bon goût; que debout et assis on peut
donner un mauvais jugement; et qu'enfin, à le prendre en
général, je me fierais assez à l'approbation du parterre, par
la raison qu'entre ceux qui le composent il y en a plusieurs
qui sont capables de juger d'une pièce selon les règles, et
que les autres en jugent par la bonne façon d'en juger, qui
est de se laisser prendre aux choses, et de n'avoir ni pré-
vention aveugle, ni complaisance affectée, ni délicatesse
ridicule.

LE MARQUIS.

Te voilà donc, chevalier, le défenseur du parterre? Parbleu! je m'en réjouis, et je ne manquerai pas de l'avertir
que tu es de ses amis. Hai, haï, hai, hai, hai, hai.

DORANTE.

Ris tant que tu voudras. Je suis pour le bon sens, et ne
saurais souffrir les ébullitions de cerveau de nos marquis
de Mascarille. J'enrage de voir de ces gens qui se traduisent
en ridicules malgré leur qualité; de ces gens qui décident
toujours et parlent hardiment de toutes choses sans s'y connaître; qui dans une comédie, se récrieront aux méchants
endroits et ne branleront pas à ceux qui sont bons; qui,
voyant un tableau, ou écoutant un concert de musique,
blâment de même et louent tout à contre-sens, prennent
par où ils peuvent les termes de l'art qu'ils attrapent, et ne
manquent jamais de les estropier et de les mettre hors de
place. Hé, morbleu! messieurs, taisez-vous. Quand Dieu ne
vous a pas donné la connaissance d'une chose, n'apprêtez
point à rire à ceux qui vous entendent parler, et songez

---

[1] Le demi-louis d'or valait cinq livres dix sous; c'était le prix des
places de théâtre et des billets de premières loges.

qu'en ne disant mot, on croira peut-être que vous êtes d'habiles gens.

LE MARQUIS.

Parbleu! chevalier, tu le prends là...

DORANTE.

Mon Dieu! marquis, ce n'est pas à toi que je parle. C'est à une douzaine de messieurs qui déshonorent les gens de cour par leurs manières extravagantes, et font croire parmi le peuple que nous nous ressemblons tous. Pour moi, je m'en veux justifier le plus qu'il me sera possible; et je les dauberai tant, en toutes rencontres, qu'à la fin ils se rendront sages.

LE MARQUIS.

Dis-moi un peu, chevalier, crois-tu que Lysandre ait de l'esprit?

DORANTE.

Oui sans doute, et beaucoup.

URANIE.

C'est une chose qu'on ne peut pas nier.

LE MARQUIS.

Demandez-lui ce qui lui semble de *l'École des Femmes* . vous verrez qu'il vous dira qu'elle ne lui plaît pas.

DORANTE.

Hé! mon Dieu! il y en a beaucoup que le trop d'esprit gâte; qui voient mal les choses à force de lumière; et même qui seraient bien fâchés d'être de l'avis des autres pour avoir la gloire de décider.

URANIE.

Il est vrai. Notre ami est de ces gens-là, sans doute. Il veut être le premier de son opinion, et qu'on attende par respect son jugement. Toute approbation qui marche avant la sienne est un attentat sur ses lumières, dont il se venge hautement en prenant le contraire parti. Il veut qu'on le consulte sur toutes les affaires d'esprit; et je suis sûre que

si l'auteur lui eût montré sa comédie avant que de la faire
voir au public, il l'eût trouvée la plus belle du monde.

LE MARQUIS.

Et que direz-vous de la marquise Araminte, qui la publie
partout pour épouvantable et dit qu'elle n'a pu jamais souffrir les ordures dont elle est pleine ?

DORANTE.

Je dirai que cela est digne du caractère qu'elle a pris, et
qu'il y a des personnes qui se rendent ridicules pour vouloir avoir trop d'honneur. Bien qu'elle ait de l'esprit, elle a
suivi le mauvais exemple de celles qui, étant sur le retour
de l'âge, veulent remplacer de quelque chose ce qu'elles
voient qu'elles perdent, et prétendent que les grimaces d'une
pruderie scrupuleuse leur tiendront lieu de jeunesse et de
beauté. Celle-ci pousse l'affaire plus avant qu'aucune ; et
l'habileté de son scrupule découvre des saletés où jamais
personne n'en avait vu. On tient qu'il va, ce scrupule,
jusques à défigurer notre langue, et qu'il n'y a point presque
de mots dont la sévérité de cette dame ne veuille retrancher
ou la tête ou la queue, pour les syllabes déshonnêtes qu'elle
y trouve.

URANIE.

Vous êtes bien fou, chevalier.

LE MARQUIS.

Enfin, chevalier, tu crois défendre ta comédie, en faisant
la satire de ceux qui la condamnent.

DORANTE.

Non pas, mais je tiens que cette dame se scandalise à
tort.

ÉLISE.

Tout beau, monsieur le chevalier ! il pourrait y en avoir
d'autres qu'elle qui seraient dans les mêmes sentiments.

DORANTE.

Je sais bien que ce n'est pas vous, au moins ; et que
lorsque vous avez vu cette représentation...

ÉLISE.

Il est vrai; mais j'ai changé d'avis. (Montrant Climène.) Et madame sait appuyer le sien par des raisons si convaincantes, qu'elle m'a entraînée de son côté.

DORANTE, à Climène.

Ah! madame, je vous demande pardon; et, si vous le voulez, je me dédirai, pour l'amour de vous, de tout ce que j'ai dit.

CLIMÈNE.

Je ne veux pas que ce soit pour l'amour de moi, mais pour l'amour de la raison : car enfin cette pièce, à le bien prendre, est tout à fait indéfendable; et je ne conçois pas...

URANIE.

Ah! voici l'auteur monsieur Lysidas. Il vient tout à propos pour cette matière. Monsieur Lysidas, prenez un siége vous-même, et vous mettez là.

SCÈNE VII.

LYSIDAS, CLIMÈNE, URANIE, ÉLISE, DORANTE,
LE MARQUIS.

LYSIDAS.

Madame, je viens un peu tard; mais il m'a fallu lire ma pièce chez madame la marquise dont je vous avais parlé; et les louanges qui lui ont été données m'ont retenu une heure plus que je ne croyais.

ÉLISE.

C'est un grand charme que les louanges pour arrêter un auteur.

URANIE.

Asseyez-vous donc, monsieur Lysidas; nous lirons votre pièce après souper.

LYSIDAS.

Tous ceux qui étaient là doivent venir à sa première représentation, et m'ont promis de faire leur devoir comme il
faut.

URANIE.

Je le crois : mais, encore une fois, asseyez-vous, s'il vous
plaît. Nous sommes ici sur une matière que je serai bien
aise que nous poussions.

LYSIDAS.

Je pense, madame, que vous retiendrez aussi une loge
pour ce jour-là.

URANIE.

Nous verrons. Poursuivons, de grâce, notre discours.

LYSIDAS.

Je vous donne avis, madame, qu'elles sont presque toutes
retenues.

URANIE.

Voilà qui est bien. Enfin, j'avais besoin de vous, lorsque
vous êtes venu; et tout le monde était ici contre moi.

ÉLISE, à Uranie, montrant Dorante.

Il s'est mis d'abord de votre côté; mais maintenant (montrant
Climène) qu'il sait que madame est à la tête du parti contraire,
je pense que vous n'avez qu'à chercher un autre secours.

CLIMÈNE.

Non, non. Je ne voudrais pas qu'il fît mal sa cour auprès
de madame votre cousine, et je permets à son esprit d'être
du parti de son cœur.

DORANTE.

Avec cette permission, madame, je prendrai la hardiesse
de me défendre.

URANIE.

Mais, auparavant, sachons un peu les sentiments de monsieur Lysidas.

LYSIDAS.

Sur quoi, madame?

URANIE.

Sur le sujet de *l'École des Femmes*.

LYSIDAS.

Ah! ah!

DORANTE.

Que vous en semble?

LYSIDAS.

Je n'ai rien à dire là-dessus; et vous savez qu'entre nous autres auteurs, nous devons parler des ouvrages les uns des autres avec beaucoup de circonspection.

DORANTE.

Mais encore, entre nous, que pensez-vous de cette comédie?

LYSIDAS.

Moi, monsieur?

URANIE.

De bonne foi, dites-nous votre avis.

LYSIDAS.

Je la trouve fort belle.

DORANTE.

Assurément?

LYSIDAS.

Assurément. Pourquoi non? N'est-elle pas en effet la plus belle du monde?

DORANTE.

Hon, hon; vous êtes un méchant diable, monsieur Lysidas; vous ne dites pas ce que vous pensez.

LYSIDAS.

Pardonnez-moi.

DORANTE.

Mon Dieu! je vous connais; ne dissimulons point.

LYSIDAS.

Moi, monsieur?

DORANTE.

Je vois bien que le bien que vous dites de cette pièce

n'est que par honnêteté; et que, dans le fond du cœur, vous êtes de l'avis de beaucoup de gens qui la trouvent mauvaise.

LYSIDAS.

Hai, hai, hai.

DORANTE.

Avouez, ma foi, que c'est une méchante chose que cette comédie.

LYSIDAS.

Il est vrai qu'elle n'est pas approuvée par les connaisseurs.

LE MARQUIS.

Ma foi, chevalier, tu en tiens, et te voilà payé de ta raillerie. Ah! ah! ah! ah!

DORANTE.

Pousse, mon cher marquis, pousse.

LE MARQUIS.

Tu vois que nous avons les savants de notre côté.

DORANTE.

Il est vrai, le jugement de monsieur Lysidas est quelque chose de considérable. Mais monsieur Lysidas veut bien que je ne me rende pas pour cela; et, puisque j'ai bien l'audace de me défendre (montrant Climène) contre les sentiments de madame, il ne trouvera pas mauvais que je combatte les siens.

ÉLISE.

Quoi! vous voyez contre vous madame, monsieur le marquis et monsieur Lysidas, et vous osez résister encore? Fi! que cela est de mauvaise grâce!

CLIMÈNE.

Voilà qui me confond, pour moi, que des personnes raisonnables se puissent mettre en tête de donner protection aux sottises de cette pièce.

LE MARQUIS.

Dieu me damne! madame, elle est misérable depuis le commencement jusqu'à la fin.

DORANTE.

Cela est bientôt dit, marquis. Il n'est rien plus aisé que
de trancher ainsi; et je ne vois aucune chose qui puisse être
à couvert de la souveraineté de tes décisions.

LE MARQUIS.

Parbleu! tous les autres comédiens qui étaient là pour la
voir en ont dit tous les maux du monde.

DORANTE.

Ah! je ne dis plus mot, tu as raison, marquis. Puisque
les autres comédiens en disent du mal, il faut les en croire
assurément. Ce sont tous gens éclairés et qui parlent sans
intérêt. Il n'y a plus rien à dire, je me rends.

CLIMÈNE.

Rendez-vous, ou ne vous rendez pas, je sais fort bien
que vous ne me persuaderez point de souffrir les immo-
desties de cette pièce, non plus que les satires désobli-
geantes qu'on y voit contre les femmes.

URANIE.

Pour moi, je me garderai bien de m'en offenser, et de
prendre rien sur mon compte de tout ce qui s'y dit. Ces
sortes de satires tombent directement sur les mœurs, et
ne frappent les personnes que par réflexion. N'allons point
nous appliquer nous-mêmes les traits d'une censure générale; et profitons de la leçon, si nous pouvons, sans
faire semblant qu'on parle à nous. Toutes les peintures ridicules qu'on expose sur les théâtres doivent être regardées
sans chagrin de tout le monde. Ce sont miroirs publics,
où il ne faut jamais témoigner qu'on se voie; et c'est se
taxer hautement d'un défaut, que se scandaliser qu'on le
reprenne.

CLIMÈNE.

Pour moi, je ne parle pas de ces choses par la part que
j'y puisse avoir, et je pense que je vis d'un air dans le
monde à ne pas craindre d'être cherchée dans les peintures
qu'on fait là des femmes qui se gouvernent mal.

ÉLISE.

Assurément, madame, on ne vous y cherchera point; votre conduite est assez connue; et ce sont de ces sortes de choses qui ne sont contestées de personne.

URANIE , à Climène.

Aussi, madame, n'ai-je rien dit qui aille à vous; et mes paroles, comme les satires de la comédie, demeurent dans la thèse générale.

CLIMÈNE.

Je n'en doute pas, madame. Mais enfin passons sur ce chapitre. Je ne sais pas de quelle façon vous recevez les injures qu'on dit à notre sexe dans un certain endroit de la pièce; et, pour moi, je vous avoue que je suis dans une colère épouvantable, de voir que cet auteur impertinent nous appelle *des animaux*.

URANIE.

Ne voyez-vous pas que c'est un ridicule qu'il fait parler?

DORANTE.

Et puis, madame, ne savez-vous pas que les injures des amants n'offensent jamais; qu'il est des amours emportés aussi bien que des doucereux; et qu'en de pareilles occasions les paroles les plus étranges, et quelque chose de pis encore, se prennent bien souvent pour des marques d'affection par celles mêmes qui les reçoivent?

ÉLISE.

Dites tout ce que vous voudrez, je ne saurais digérer cela, non plus que *le potage* et *la tarte à la crème*, dont madame a parlé tantôt.

LE MARQUIS.

Ah! ma foi, oui, *tarte à la crème!* voilà ce que j'avais remarqué tantôt; *tarte à la crème!* Que je vous suis obligé, madame, de m'avoir fait souvenir de *tarte à la crème!* Y a-t-il assez de pommes en Normandie pour *tarte à la crème!* *Tarte à la crème*, morbleu! *tarte à la crème!*

DORANTE.

Hé bien! que veux-tu dire, *tarte à la crème?*

LE MARQUIS.

Parbleu! *tarte à la crème*, chevalier.

DORANTE.

Mais encore?

LE MARQUIS.

Tarte à la crème!

DORANTE.

Dis-nous un peu tes raisons.

LE MARQUIS.

Tarte à la crème!

URANIE.

Mais il faut expliquer sa pensée, ce me semble.

LE MARQUIS.

Tarte à la crème, madame!

URANIE.

Que trouvez-vous là à redire?

LE MARQUIS.

Moi, rien. *Tarte à la crème!*

URANIE.

Ah! je le quitte[1].

ÉLISE.

Monsieur le marquis s'y prend bien, et vous bourre de la belle manière. Mais je voudrais bien que monsieur Lysidas voulût les achever, et leur donner quelques petits coups de sa façon.

LYSIDAS.

Ce n'est pas ma coutume de rien blâmer, et je suis assez indulgent pour les ouvrages des autres. Mais enfin, sans choquer l'amitié que monsieur le chevalier témoigne pour l'auteur, on m'avouera que ces sortes de comédies ne sont pas proprement des comédies, et qu'il y a une grande diffé-

---

[1] Je quitte la partie.

rence de toutes ces bagatelles à la beauté des pièces sérieuses. Cependant tout le monde donne là dedans aujourd'hui ; on ne court plus qu'à cela, et l'on voit une solitude effroyable aux grands ouvrages, lorsque des sottises ont tout Paris. Je vous avoue que le cœur m'en saigne quelquefois ; et cela est honteux pour la France.

CLIMÈNE.

Il est vrai que le goût des gens est étrangement gâté là-dessus, et que le siècle s'encanaille furieusement.

ÉLISE.

Celui-là est joli encore, s'encanaille ! Est-ce vous qui l'avez inventé, madame ?

CLIMÈNE.

Hé !

ÉLISE.

Je m'en suis bien doutée.

DORANTE.

Vous croyez donc, monsieur Lysidas, que tout l'esprit et toute la beauté sont dans les poëmes sérieux, et que les pièces comiques sont des niaiseries qui ne méritent aucune louange ?

URANIE.

Ce n'est pas mon sentiment, pour moi. La tragédie, sans doute, est quelque chose de beau quand elle est bien touchée, mais la comédie a ses charmes, et je tiens que l'une n'est pas moins difficile à faire que l'autre.

DORANTE.

Assurément, madame ; et quand, pour la difficulté, vous mettriez un peu plus du côté de la comédie, peut-être que vous ne vous abuseriez pas. Car enfin, je trouve qu'il est bien plus aisé de se guinder sur de grands sentiments, de braver en vers la fortune, accuser les destins et dire des injures aux dieux, que d'entrer comme il faut dans le ridicule des hommes et de rendre agréablement sur le théâtre les défauts de tout le monde. Lorsque vous peignez des héros, vous faites ce que vous voulez. Ce sont des portraits à plaisir, où l'on ne cherche point de ressemblance, et vous n'avez qu'à suivre les traits d'une imagination qui se donne l'essor, et qui souvent laisse le vrai pour attraper le merveilleux. Mais lorsque vous peignez les hommes, il faut peindre d'après nature. On veut que ces portraits ressemblent; et vous n'avez rien fait, si vous n'y faites reconnaître les gens de votre siècle. En un mot, dans les pièces sérieuses, il suffit, pour n'être point blâmé, de dire des choses qui soient de bon sens et bien écrites; mais ce n'est pas assez dans les autres, il y faut plaisanter, et c'est une étrange entreprise que celle de faire rire les honnêtes gens.

CLIMÈNE.

Je crois être du nombre des honnêtes gens, et cependant je n'ai pas trouvé le mot pour rire dans tout ce que j'ai vu.

LE MARQUIS.

Ma foi, ni moi non plus.

DORANTE.

Pour toi, marquis, je ne m'en étonne pas. C'est que tu n'y as point trouvé de turlupinades.

LYSIDAS.

Ma foi, monsieur, ce qu'on y rencontre ne vaut guère mieux; et toutes les plaisanteries y sont assez froides, à mon avis.

DORANTE.

La cour n'a pas trouvé cela.

LYSIDAS.

Ah! monsieur, la cour!

DORANTE.

Achevez, monsieur Lysidas. Je vois bien que vous voulez dire que la cour ne se connaît pas à ces choses; et c'est le refuge ordinaire de vous autres, messieurs les auteurs, dans le mauvais succès de vos ouvrages, que d'accuser l'injustice du siècle et le peu de lumière des courtisans. Sachez, s'il vous plaît, monsieur Lysidas, que les courtisans ont d'aussi bons yeux que d'autres; qu'on peut être habile avec un point de Venise et des plumes, aussi bien qu'avec une perruque courte et un petit rabat uni; que la grande épreuve de toutes vos comédies, c'est le jugement de la cour; que c'est son goût qu'il faut étudier pour trouver l'art de réussir; qu'il n'y a point de lieu où les décisions soient si justes; et, sans mettre en ligne de compte tous les gens savants qui y sont, que, du simple bon sens naturel et du commerce de tout le beau monde, on s'y fait une manière d'esprit qui, sans comparaison, juge plus finement des choses que tout le savoir enrouillé des pédants.

URANIE.

Il est vrai que, pour peu qu'on y demeure, il vous passe là tous les jours assez de choses devant les yeux pour acquérir quelque habitude de les connaître, et surtout pour ce qui est de la bonne et mauvaise plaisanterie.

DORANTE.

La cour a quelques ridicules, j'en demeure d'accord, et je suis, comme on voit, le premier à les fronder. Mais, ma foi, il y en a un grand nombre parmi les beaux esprits de profession; et si l'on joue quelques marquis, je trouve qu'il y a bien plus de quoi jouer les auteurs, et que ce serait une chose plaisante à mettre sur le théâtre que leurs grimaces savantes et leurs raffinements ridicules, leur vicieuse coutume d'assassiner les gens de leurs ouvrages, leur friandise de louanges, leurs ménagements de pensées, leur trafic de réputation et leurs ligues offensives et défensives, aussi bien que leurs guerres d'esprit et leurs combats de prose et de vers.

LYSIDAS.

Molière est bien heureux, monsieur, d'avoir un protecteur

aussi chaud que vous. Mais enfin, pour venir au fait, il est question de savoir si sa pièce est bonne, et je m'offre d'y montrer partout cent défauts visibles.

URANIE.

C'est une étrange chose de vous autres, messieurs les poëtes, que vous condamniez toujours les pièces où tout le monde court, et ne disiez jamais du bien que de celles où personne ne va. Vous montrez pour les unes une haine invincible, et pour les autres une tendresse qui n'est pas concevable.

DORANTE.

C'est qu'il est généreux de se ranger du côté des affligés.

URANIE.

Mais, de grâce, monsieur Lysidas, faites-nous voir ces défauts, dont je ne me suis point aperçue.

LYSIDAS.

Ceux qui possèdent Aristote et Horace voient d'abord, madame, que cette comédie pèche contre toutes les règles de l'art.

URANIE.

Je vous avoue que je n'ai aucune habitude avec ces messieurs-là, et que je ne sais point les règles de l'art.

DORANTE.

Vous êtes de plaisantes gens avec vos règles dont vous embarrassez les ignorants et nous étourdissez tous les jours. Il semble, à vous ouïr parler, que ces règles de l'art soient les plus grands mystères du monde; et cependant ce ne sont que quelques observations aisées que le bon sens a faites sur ce qui peut ôter le plaisir que l'on prend à ces sortes de poëmes; et le même bon sens qui a fait autrefois ces observations, les fait aisément tous les jours sans le secours d'Horace et d'Aristote. Je voudrais bien savoir si la grande règle de toutes les règles n'est pas de plaire, et si une pièce de théâtre qui a attrapé son but n'a pas suivi un bon chemin. Veut-on que tout un public s'abuse sur ces sortes de choses, et que chacun ne soit pas juge du plaisir qu'il y prend?

URANIE.

J'ai remarqué une chose de ces messieurs-là : c'est que ceux qui parlent le plus des règles et qui les savent mieux que les autres, font des comédies que personne ne trouve belles.

DORANTE.

Et c'est ce qui marque, madame, comme on doit s'arrêter peu à leurs disputes embarrassées. Car enfin, si les pièces qui sont selon les règles ne plaisent pas, et que celles qui plaisent ne soient pas selon les règles, il faudrait, de nécessité, que les règles eussent été mal faites. Moquons-nous donc de cette chicane, où ils veulent assujettir le goût du public, et ne consultons dans une comédie que l'effet qu'elle fait sur nous. Laissons-nous aller de bonne foi aux choses qui nous prennent par les entrailles, et ne cherchons point de raisonnements pour nous empêcher d'avoir du plaisir.

URANIE.

Pour moi, quand je vois une comédie, je regarde seulement si les choses me touchent; et, lorsque je m'y suis bien divertie, je ne vais point demander si j'ai eu tort, et si les règles d'Aristote me défendaient de rire.

DORANTE.

C'est justement comme un homme qui aurait trouvé une sauce excellente, et qui voudrait examiner si elle est bonne sur les préceptes du *Cuisinier français*.

URANIE.

Il est vrai; et j'admire les raffinements de certaines gens sur des choses que nous devons sentir par nous-mêmes.

DORANTE.

Vous avez raison, madame, de les trouver étranges, tous ces raffinements mystérieux. Car enfin, s'ils ont lieu, nous voilà réduits à ne nous plus croire; nos propres sens seront esclaves en toutes choses; et, jusques au manger et au boire, nous n'oserons plus trouver rien de bon, sans le congé de messieurs les experts.

LYSIDAS.

Enfin, monsieur, toute votre raison, c'est que l'*École des Femmes* a plu; et vous ne vous souciez point qu'elle ne soit pas dans les règles, pourvu...

DORANTE.

Tout beau, monsieur Lysidas, je ne vous accorde pas cela. Je dis bien que le grand art est de plaire, et que cette comédie ayant plu à ceux pour qui elle est faite, je trouve que c'est assez pour elle, et qu'elle doit peu se soucier du reste. Mais, avec cela, je soutiens qu'elle ne pèche contre aucune des règles dont vous parlez. Je les ai lues, Dieu merci, autant qu'un autre; et je ferais voir aisément que peut-être n'avons-nous point de pièce au théâtre plus régulière que celle-là.

ÉLISE.

Courage, monsieur Lysidas! nous sommes perdus si vous reculez.

LYSIDAS.

Quoi! monsieur, la protase, l'épitase, et la péripétie...

DORANTE.

Ah! monsieur Lysidas, vous nous assommez avec vos grands mots. Ne paraissez point si savant, de grâce! humanisez vos discours, et parlez pour être entendu. Pensez-vous qu'un nom grec donne plus de poids à vos raisons? Et ne trouveriez-vous pas qu'il fût aussi beau de dire : l'exposition du sujet, que la protase; le nœud, que l'épitase; et le dénoûment, que la péripétie?

LYSIDAS.

Ce sont termes de l'art dont il est permis de se servir. Mais puisque ces mots blessent vos oreilles, je m'expliquerai d'une autre façon; et je vous prie de répondre positivement à trois ou quatre choses que je vais dire. Peut-on souffrir

une pièce qui pèche contre le nom propre des pièces de
théâtre? Car enfin le nom de poëme dramatique vient d'un
mot grec qui signifie agir, pour montrer que la nature de
ce poëme consiste dans l'action; et dans cette comédie-ci il
ne se passe point d'actions, et tout consiste en des récits
que vient faire ou Agnès ou Horace.

LE MARQUIS.

Ah! ah! chevalier.

CLIMÈNE.

Voilà qui est spirituellement remarqué, et c'est prendre
le fin des choses.

LYSIDAS.

Est-il rien de si peu spirituel, ou, pour mieux dire, rien
de si bas, que quelques mots où tout le monde rit, et surtout celui des *enfants par l'oreille?*

CLIMÈNE.

Fort bien.

ÉLISE.

Ah!

LYSIDAS.

La scène du valet et de la servante au dedans de la maison n'est-elle pas d'une longueur ennuyeuse, et tout à
fait impertinente?

LE MARQUIS.

Cela est vrai.

CLIMÈNE.

Assurément.

ÉLISE.

Il a raison.

LYSIDAS.

Arnolphe ne donne-t-il pas trop librement son argent à
Horace? Et puisque c'est le personnage ridicule de la pièce,
fallait-il lui faire faire l'action d'un honnête homme?

LE MARQUIS.

Bon; la remarque est encore bonne.

CLIMÈNE.

Admirable.

ÉLISE.

Merveilleuse.

LYSIDAS.

Le sermon et les maximes ne sont-ils pas des choses ridicules, et qui choquent même le respect que l'on doit à nos mystères?

LE MARQUIS.

C'est bien dit.

CLIMÈNE.

Voilà parlé comme il faut.

ÉLISE.

Il ne se peut rien de mieux.

LYSIDAS.

Et ce monsieur de la Souche, enfin, qu'on nous fait un homme d'esprit, et qui paraît si sérieux en tant d'endroits, ne descend-il point dans quelque chose de trop comique et de trop outré au cinquième acte, lorsqu'il explique à Agnès la violence de son amour, avec ces roulements d'yeux extravagants, ces soupirs ridicules, et ces larmes niaises qui font rire tout le monde?

LE MARQUIS.

Morbleu! merveille!

CLIMÈNE.

Miracle!

ÉLISE.

Vivat, monsieur Lysidas!

LYSIDAS.

Je laisse cent mille autres choses, de peur d'être ennuyeux.

LE MARQUIS.

Parbleu! chevalier, te voilà mal ajusté.

DORANTE.

Il faut voir.

LE MARQUIS.

Tu as trouvé ton homme, ma foi.

DORANTE.

Peut-être.

LE MARQUIS.

Réponds, réponds, réponds, réponds.

DORANTE.

Volontiers. Il...

LE MARQUIS.

Réponds donc, je te prie.

DORANTE.

Laisse-moi donc faire. Si...

LE MARQUIS.

Parbleu! je te défie de répondre.

DORANTE.

Oui, si tu parles toujours.

CLIMÈNE.

De grâce, écoutons ses raisons.

DORANTE.

Premièrement, il n'est pas vrai de dire que toute la pièce n'est qu'en récits. On y voit beaucoup d'actions qui se passent sur la scène, et les récits eux-mêmes y sont des actions, suivant la constitution du sujet; d'autant qu'ils sont tous faits innocemment, ces récits, à la personne intéressée, qui, par là, entre à tous coups dans une confusion à réjouir les spectateurs, et prend, à chaque nouvelle, toutes les mesures qu'il peut, pour se parer du malheur qu'il craint.

URANIE.

Pour moi, je trouve que la beauté du sujet de *l'Ecole des Femmes* consiste dans cette confidence perpétuelle; et ce qui me paraît assez plaisant, c'est qu'un homme qui a de l'esprit, et qui est averti de tout par une innocente qui est sa maîtresse, et par un étourdi qui est son rival, ne puisse avec cela éviter ce qui lui arrive.

LE MARQUIS.

Bagatelle, bagatelle.

CLIMÈNE.

Faible réponse.

ÉLISE.

Mauvaises raisons.

DORANTE.

Pour ce qui est des *enfants par l'oreille*, ils ne sont plaisants que par réflexion à Arnolphe; et l'auteur n'a pas mis cela pour être de soi un bon mot, mais seulement pour une chose qui caractérise l'homme, et peint d'autant mieux son extravagance, puisqu'il rapporte une sottise triviale qu'a dite Agnès, comme la chose la plus belle du monde, et qui lui donne une joie inconcevable.

LE MARQUIS.

C'est mal répondre.

CLIMÈNE.

Cela ne satisfait point.

ÉLISE.

C'est ne rien dire.

DORANTE.

Quant à l'argent qu'il donne librement, outre que la lettre de son meilleur ami lui est une caution suffisante, il n'est pas incompatible qu'une personne soit ridicule en de certaines choses, et honnête homme en d'autres. Et pour la scène d'Alain et de Georgette dans le logis, que quelques-uns ont trouvée longue et froide, il est certain qu'elle n'est pas sans raison; et de même qu'Arnolphe se trouve attrapé pendant son voyage par la pure innocence de sa maîtresse, il demeure au retour longtemps à sa porte par l'innocence de ses valets, afin qu'il soit partout puni par les choses qu'il a cru faire la sûreté de ses précautions.

LE MARQUIS.

Voilà des raisons qui ne valent rien.

CLIMÈNE.

Tout cela ne fait que blanchir.

ÉLISE.

Cela fait pitié.

DORANTE.

Pour le discours moral que vous appelez un sermon, il est certain que de vrais dévots qui l'ont ouï n'ont pas trouvé qu'il choquât ce que vous dites ; et sans doute que ces paroles d'*enfer* et de *chaudière bouillante* sont assez justifiées par l'extravagance d'Arnolphe, et par l'innocence de celle à qui il parle. Et quant au transport amoureux du cinquième acte, qu'on accuse d'être trop outré et trop comique, je voudrais bien savoir si ce n'est pas faire la satire des amants, et si les honnêtes gens même, et les plus sérieux, en de pareilles occasions ne font pas des choses ?...

LE MARQUIS.

Ma foi, chevalier, tu ferais mieux de te taire.

DORANTE.

Fort bien. Mais enfin si nous nous regardions nous-mêmes, quand nous sommes bien amoureux...

LE MARQUIS.

Je ne veux pas seulement t'écouter.

DORANTE.

Écoute-moi si tu veux. Est-ce que, dans la violence de la passion ?...

LE MARQUIS.

La, la, la, la, lare, la, la, la, la, la, la.

(Il chante.)

DORANTE.

Quoi ?

LE MARQUIS.

La, la, la, la, lare, la, la, la, la, la, la.

DORANTE.

Je ne sais pas si...

LE MARQUIS.

La, la, la, la, lare, la, la, la, la, la, la, la.

URANIE.

Il me semble que...

LE MARQUIS.

La, la, la, lare, la, la, la, la, la, la, la, la, la, la.

URANIE.

Il se passe des choses assez plaisantes dans notre dispute. Je trouve qu'on en pourrait bien faire une petite comédie, et que cela ne serait pas trop mal à la queue de *l'École des Femmes*.

DORANTE.

Vous avez raison.

LE MARQUIS.

Parbleu! chevalier, tu jouerais là dedans un rôle qui ne te serait pas avantageux.

DORANTE.

Il est vrai, marquis.

CLIMÈNE.

Pour moi, je souhaiterais que cela se fît, pourvu qu'on traitât l'affaire comme elle s'est passée.

ÉLISE.

Et moi, je fournirais de bon cœur mon personnage.

LYSIDAS.

Je ne refuserais pas le mien, que je pense.

URANIE.

Puisque chacun en serait content, chevalier, faites un mémoire de tout, et le donnez à Molière, que vous connaissez, pour le mettre en comédie.

CLIMÈNE.

Il n'aurait garde, sans doute, et ce ne serait pas des vers à sa louange.

URANIE.

Point, point; je connais son humeur : il ne se soucie

pas qu'on fronde ses pièces, pourvu qu'il y vienne du monde.

DORANTE.

Oui. Mais quel dénoûment pourrait-il trouver à ceci ? Car il ne saurait y avoir ni mariage, ni reconnaissance ; et je ne sais point par où l'on pourrait faire finir la dispute.

URANIE.

Il faudrait rêver quelque incident pour cela.

SCÈNE VIII.

CLIMÈNE, URANIE, ÉLISE, DORANTE, LE MARQUIS,
LYSIDAS, GALOPIN.

GALOPIN.

Madame, on a servi sur table.

DORANTE.

Ah ! voilà justement ce qu'il faut pour le dénoûment que nous cherchions, et l'on ne peut rien trouver de plus naturel. On disputera fort et ferme de part et d'autre, comme nous avons fait, sans que personne se rende ; un petit laquais viendra dire qu'on a servi, on se lèvera, et chacun ira souper.

URANIE.

La comédie ne peut pas mieux finir, et nous ferons bien d'en demeurer là.

FIN DE LA CRITIQUE DE L'ÉCOLE DES FEMMES.

L'IMPROMPTU

DE VERSAILLES.

COMÉDIE EN UN ACTE.

24 octobre 1663.

REMERCÎMENT AU ROI.

Votre paresse enfin me scandalise
    Ma Muse, obéissez-moi;
    Il faut ce matin, sans remise,
    Aller au lever du roi.
     Vous savez bien pourquoi;
    Et ce vous est une honte
    De n'avoir pas été plus prompte
A le remercier de ses fameux bienfaits :
    Mais il vaut mieux tard que jamais;
     Faites donc votre compte
D'aller au Louvre accomplir mes souhaits.
    Gardez-vous bien d'être en Muse bâtie;
    Un air de Muse est choquant dans ces lieux;
On y veut des objets à réjouir les yeux;
     Vous en devez être avertie :
    Et vous ferez votre cour beaucoup mieux
    Lorsqu'en marquis vous serez travestie.
Vous savez ce qu'il faut pour paraître marquis;
    N'oubliez rien de l'air ni des habits ;
Arborez un chapeau chargé de trente plumes
     Sur une perruque de prix;
    Que le rabat soit des plus grands volumes,
     Et le pourpoint des plus petits.

Mais surtout je vous recommande
Le manteau, d'un ruban sur le dos retroussé;
La galanterie en est grande,
Et parmi les marquis de la plus haute bande
C'est pour être placé.
Avec vos brillantes hardes,
Et votre ajustement,
Faites tout le trajet de la salle des gardes.
Et, vous peignant galamment,
Portez de tous côtés vos regards brusquement;
Et ceux que vous pourrez connaître,
Ne manquez pas, d'un haut ton,
De les saluer par leur nom,
De quelque rang qu'ils puissent être,
Cette familiarité
Donne, à quiconque en use, un air de qualité.
Grattez du peigne à la porte
De la chambre du roi;
Ou si, comme je prévoi,
La presse s'y trouve forte,
Montrez de loin votre chapeau,
Ou montez sur quelque chose
Pour faire voir votre museau;
Et criez sans aucune pause,
D'un ton rien moins que naturel :
« Monsieur l'huissier, pour le marquis un tel. »
Jetez-vous dans la foule, et tranchez du notable;
Coudoyez un chacun, point du tout de quartier;
Pressez, poussez, faites le diable
Pour vous mettre le premier;
Et quand même l'huissier,
A vos désirs inexorable,
Vous trouverait en face un marquis repoussable,
Ne démordez point pour cela,
Tenez toujours ferme là;

A déboucher la porte il irait trop du vôtre;
    Faites qu'aucun n'y puisse pénétrer,
Et qu'on soit obligé de vous laisser entrer
        Pour faire entrer quelque autre.
Quand vous serez entré, ne vous relâchez pas;
Pour assiéger la chaise il faut d'autres combats :
        Tâchez d'en être des plus proches
    En y gagnant le terrain pas à pas,
Et si des assiégeants le prévenant amas
        En bouche toutes les approches
        Prenez le parti doucement
        D'attendre le prince au passage;
        Il connaîtra votre visage,
        Malgré votre déguisement;
        Et lors, sans tarder davantage;
        Faites-lui votre compliment.
        Vous pourriez aisément l'étendre,
Et parler des transports qu'en vous font éclater
Les surprenants bienfaits que, sans les mériter,
Sa libérale main sur vous daigne répandre,
Et des nouveaux efforts, où s'en va vous porter
L'excès de cet honneur où vous n'osiez prétendre;
        Lui dire comme vos désirs
Sont, après ses bontés qui n'ont point de pareilles,
D'employer à sa gloire, ainsi qu'à ses plaisirs,
        Tout votre art et toutes vos veilles :
    Et là-dessus lui promettre merveilles.
    Sur ce chapitre on n'est jamais à sec.
    Les Muses sont de grandes prometteuses;
        Et, comme vos sœurs les causeuses,
Vous ne manquerez pas, sans doute, par le bec.
        Mais les grands princes n'aiment guères
        Que les compliments qui sont courts :
Et le nôtre surtout a bien d'autres affaires
        Que d'écouter tous vos discours.

La louange et l'encens n'est pas ce qui le touche :
    Dès que vous ouvrirez la bouche
  Pour lui parler de grâce et de bienfait,
Il comprendra d'abord ce que vous voudrez dire;
    Et, se mettant doucement à sourire
D'un air qui sur les cœurs fait un charmant effet,
    Il passera comme un trait;
    Et cela vous doit suffire :
    Voilà votre compliment fait.

L'IMPROMPTU

DE VERSAILLES.

COMÉDIE.

PERSONNAGES.

MOLIÈRE, marquis ridicule.

BRÉCOURT, homme de qualité.

DE LA GRANGE, marquis ridicule.

DU CROISY, poëte.

LA THORILLIÈRE, marquis fâcheux.

BÉJART, homme qui fait le nécessaire.

Mlle DUPARC, marquise façonnière.

Mlle BÉJART, prude.

Mlle DEBRIE, sage coquette.

Mlle MOLIÈRE, satirique spirituelle,

Mlle DU CROISY, peste doucereuse.

Mlle HERVÉ, servante précieuse.

QUATRE NÉCESSAIRES.

La scène est à Versailles, dans la salle de la comédie.

L'IMPROMPTU DE VERSAILLES.

SCÈNE I.

MOLIÈRE, BRÉCOURT, LA GRANGE, DU CROISY,
MESDEMOISELLES DUPARC, BÉJART, DEBRIE, MOLIÈRE,
DU CROISY, HERVÉ.

MOLIÈRE, seul, parlant à ses camarades, qui sont derrière le théâtre.

Allons donc, messieurs et mesdames ; vous moquez-vous
avec votre longueur, et ne voulez-vous pas tous venir ici ?
La peste soit des gens ! Holà ! ho ! monsieur de Brécourt !

BRÉCOURT, derrière le théâtre.

Quoi ?

MOLIÈRE.

Monsieur de la Grange ?

LA GRANGE, derrière le théâtre.

Qu'est-ce ?

MOLIÈRE.

Monsieur du Croisy ! -

DU CROISY, derrière le théâtre.

Plaît-il ?

MOLIÈRE.

Mademoiselle Duparc !

MADEMOISELLE DUPARC, derrière le théâtre.

Hé bien ?

MOLIÈRE.

Mademoiselle Béjart !

MADEMOISELLE BÉJART, derrière le théâtre.

Qu'y a-t-il?

MOLIÈRE.

Mademoiselle Debrie !

MADEMOISELLE DEBRIE, derrière le théâtre.

Que veut-on?

MOLIÈRE.

Mademoiselle du Croisy!

MADEMOISELLE DU CROISY, derrière le théâtre.

Qu'est-ce que c'est?

MOLIÈRE.

Mademoiselle Hervé !

MADEMOISELLE HERVÉ, derrière le théâtre.

On y va.

MOLIÈRE.

Je crois que je deviendrai fou avec tous ces gens-ci. Hé !

(Brécourt, la Grange, du Croisy, entrent.)

Têtebleu! messieurs, me voulez-vous faire enrager aujour-d'hui?

BRÉCOURT.

Que voulez-vous qu'on fasse? Nous ne savons pas nos rôles; et c'est nous faire enrager vous-même, que de nous obliger à jouer de la sorte.

MOLIÈRE.

Ah! les étranges animaux à conduire que des comédiens!

(Mesdemoiselles Béjart, Duparc, Debrie, Molière, du Croisy et Hervé arrivent.)

MADEMOISELLE BÉJART.

Hé bien ! nous voilà. Que prétendez-vous faire?

MADEMOISELLE DUPARC.

Quelle est votre pensée?

MADEMOISELLE DEBRIE.

De quoi est-il question ?

MOLIÈRE.

De grâce, mettons-nous ici; et puisque nous voilà tous habillés, et que le roi ne doit venir de deux heures, employons ce temps à répéter notre affaire, et voir la manière dont il faut jouer les choses.

LA GRANGE.

Le moyen de jouer ce qu'on ne sait pas?

MADEMOISELLE DUPARC.

Pour moi, je vous déclare que je ne me souviens pas d'un mot de mon personnage.

MADEMOISELLE DEBRIE.

Je sais bien qu'il me faudra souffler le mien d'un bout à l'autre.

MADEMOISELLE BÉJART.

Et moi, je me prépare fort à tenir mon rôle à la main.

MADEMOISELLE MOLIÈRE.

Et moi aussi.

MADEMOISELLE HERVÉ.

Pour moi, je n'ai pas grand'chose à dire.

MADEMOISELLE DU CROISY.

Ni moi non plus; mais avec cela, je ne répondrais pas de ne point manquer.

DU CROISY.

J'en voudrais être quitte pour dix pistoles.

BRÉCOURT.

Et moi, pour vingt bons coups de fouet, je vous assure.

MOLIÈRE.

Vous voilà tous bien malades, d'avoir un méchant rôle à jouer! Et que feriez-vous donc si vous étiez en ma place?

MADEMOISELLE BÉJART.

Qui, vous? vous n'êtes pas à plaindre; car, ayant fait la pièce, vous n'avez pas peur d'y manquer.

MOLIÈRE.

Et n'ai-je à craindre que le manquement de mémoire? Ne comptez-vous pour rien l'inquiétude d'un succès qui ne regarde que moi seul? Et pensez-vous que ce soit une petite affaire, que d'exposer quelque chose de comique devant une assemblée comme celle-ci; que d'entreprendre de faire rire des personnes qui nous impriment le respect, et ne rient que quand ils veulent ? Est-il auteur qui ne doive trembler lorsqu'il en vient à cette épreuve ? Et n'est-ce pas à moi de dire que je voudrais en être quitte pour toutes les choses du monde ?

MADEMOISELLE BÉJART.

Si cela vous faisait trembler, vous prendriez mieux vos précautions, et n'auriez pas entrepris en huit jours ce que vous avez fait.

MOLIÈRE.

Le moyen de m'en défendre, quand un roi me l'a commandé ?

MADEMOISELLE BÉJART.

Le moyen ? Une respectueuse excuse fondée sur l'impossibilité de la chose dans le peu de temps qu'on vous donne ; et tout autre, en votre place, ménagerait mieux sa réputation, et se serait bien gardé de se commettre comme vous faites. Où en serez-vous, je vous prie, si l'affaire réussit mal ; et quel avantage pensez-vous qu'en prendront tous vos ennemis ?

MADEMOISELLE DEBRIE.

En effet, il fallait s'excuser avec respect envers le roi, ou demander du temps davantage.

MOLIÈRE.

Mon Dieu ! mademoiselle, les rois n'aiment rien tant qu'une prompte obéissance, et ne se plaisent point du tout à trouver des obstacles. Les choses ne sont bonnes que dans le temps qu'ils les souhaitent ; et leur en vouloir reculer le divertissement, est en ôter pour eux toute la grâce. Ils veulent des plaisirs qui ne se fassent point attendre, et les moins préparés leur sont toujours les plus agréables. Nous ne devons jamais nous regarder dans ce qu'ils désirent de nous, nous ne sommes que pour leur plaire ; et, lorsqu'ils nous ordonnent quelque chose, c'est à nous à profiter vite de l'envie où ils sont. Il vaut mieux s'acquitter mal de ce qu'ils nous de-

mandent, que de ne s'en acquitter pas assez tôt ; et, si l'on
a la honte de n'avoir pas bien réussi, on a toujours la gloire
d'avoir obéi vite à leurs commandements. Mais songeons à
répéter, s'il vous plaît.

MADEMOISELLE BÉJART.

Comment prétendez-vous que nous fassions, si nous ne
savons pas nos rôles?

MOLIÈRE.

Vous les saurez, vous dis-je ; et, quand même vous ne les
sauriez pas tout à fait, pouvez-vous pas y suppléer de votre
esprit, puisque c'est de la prose, et que vous savez votre sujet?

MADEMOISELLE BÉJART.

Je suis votre servante. La prose est pis encore que les
vers.

MADEMOISELLE MOLIÈRE.

Voulez-vous que je vous dise? vous deviez faire une comédie
où vous auriez joué tout seul,

MOLIÈRE.

Taisez-vous, ma femme, vous êtes une bête.

MADEMOISELLE MOLIÈRE.

Grand merci, monsieur mon mari. Voilà ce que c'est!
Le mariage change bien les gens, et vous ne m'auriez pas
dit cela il y a dix-huit mois.

MOLIÈRE.

Taisez-vous, je vous prie.

MADEMOISELLE MOLIÈRE.

C'est une chose étrange, qu'une petite cérémonie soit capable de nous ôter toutes nos belles qualités, et qu'un mari
et un galant regardent la même personne avec des yeux si
différents.

MOLIÈRE.

Que de discours !

MADEMOISELLE MOLIÈRE.

Ma foi, si je faisais une comédie, je la ferais sur ce sujet.
Je justifierais les femmes de bien des choses dont on les

accuse; et je ferais craindre aux maris la différence qu'il y
a de leurs manières brusques, aux civilités des galants.

MOLIÈRE.

Ah! laissons cela. Il n'est pas question de causer maintenant; nous avons autre chose à faire.

MADEMOISELLE BÉJART.

Mais puisqu'on vous a commandé de travailler sur le sujet
de la critique qu'on a faite contre vous, que n'avez-vous
fait cette comédie des comédiens, dont vous nous avez parlé
il y a longtemps? C'était une affaire toute trouvée, et qui
venait fort bien à la chose, et d'autant mieux qu'ayant entrepris de vous peindre, ils vous ouvraient l'occasion de
les peindre aussi, et que cela aurait pu s'appeler leur portrait, à bien plus juste titre que tout ce qu'ils ont fait ne
peut être appelé le vôtre. Car vouloir contrefaire un comédien dans un rôle comique, ce n'est pas le peindre lui-même,
c'est peindre d'après lui les personnages qu'il représente, et
se servir des mêmes traits et des mêmes couleurs qu'il est
obligé d'employer aux différents tableaux des caractères ridicules qu'il imite d'après nature; mais contrefaire un comédien dans des rôles sérieux, c'est le peindre par des défauts
qui sont entièrement de lui, puisque ces sortes de personnages ne veulent ni les gestes, ni les tons de voix ridicules
dans lesquels on le reconnaît.

MOLIÈRE.

Il est vrai; mais j'ai mes raisons pour ne le pas faire, et
je n'ai pas cru, entre nous, que la chose en valût la peine;
et puis il fallait plus de temps pour exécuter cette idée.
Comme leurs jours de comédie sont les mêmes que les
nôtres, à peine ai-je été les voir que trois ou quatre fois
depuis que nous sommes à Paris; je n'ai attrapé de leur
manière de réciter que ce qui m'a d'abord sauté aux yeux,
et j'aurais eu besoin de les étudier davantage pour faire des
portraits bien ressemblants.

MADEMOISELLE DUPARC.

Pour moi, j'en ai reconnu quelques-uns dans votre bouche.

MADEMOISELLE DEBRIE.

Je n'ai jamais ouï parler de cela.

MOLIÈRE.

C'est une idée qui m'avait passé une fois par la tête, et que j'ai laissée là comme une bagatelle, une badinerie, qui peut-être n'aurait pas fait rire.

MADEMOISELLE DEBRIE.

Dites-la-moi un peu, puisque vous l'avez dite aux autres.

MOLIÈRE.

Nous n'avons pas le temps maintenant.

MADEMOISELLE DEBRIE.

Seulement deux mots.

MOLIÈRE.

J'avais songé une comédie où il y aurait eu un poëte, que j'aurais représenté moi-même, qui serait venu pour offrir une pièce à une troupe de comédiens nouvellement arrivés de la campagne. « Avez-vous, aurait-il dit, des acteurs et des actrices qui soient capables de bien faire valoir un ouvrage? Car ma pièce est une pièce. — Hé! monsieur, auraient répondu les comédiens, nous avons des hommes et des femmes qui ont été trouvés raisonnables partout où nous avons passé. — Et qui fait les rois parmi vous? — Voilà un acteur qui s'en démêle parfois. — Qui? ce jeune homme bien fait? Vous moquez-vous? Il faut un roi qui soit gros et gras comme quatre; un roi, morbleu! qui soit entripaillé comme il faut; un roi d'une vaste circonférence, et qui puisse remplir un trône de la belle manière. La belle chose qu'un roi d'une taille galante! Voilà déjà un grand défaut; mais que je l'entende un peu réciter une douzaine de vers. » Là-dessus le comédien aurait récité, par exemple, quelques vers du roi, de *Nicomède*.

> Te le dirai-je, Araspe? il m'a trop bien servi;
> Augmentant mon pouvoir, etc.

le plus naturellement qu'il lui aurait été possible. Et le
poëte : « Comment ! vous appelez cela réciter ? C'est se railler ;
Il faut dire les choses avec emphase. Écoutez-moi :

(Il contrefait Montfleury, comédien de l'hôtel de Bourgogne.)

        Te le dirai-je, Araspe ? etc.

Voyez-vous cette posture ? Remarquez bien cela. Là appuyez
comme il faut le dernier vers. Voilà ce qui attire l'approbation, et fait faire le brouhaha. — Mais, monsieur, aurait répondu le comédien, il me semble qu'un roi qui s'entretient
tout seul avec son capitaine des gardes parle un peu plus
humainement, et ne prend guère ce ton de démoniaque. —
Vous ne savez ce que c'est. Allez-vous-en réciter comme vous
faites, vous verrez si vous ferez faire aucun ah ! Voyons un
peu une scène d'amant et d'amante. » Là-dessus une comédienne et un comédien auraient fait une scène ensemble,
qui est celle de Camille et de Curiace :

        Iras-tu, ma chère âme ? et ce funeste honneur
        Te plaît-il aux dépens de tout notre bonheur ?
        — Hélas ! je vois trop bien, etc.

tout de même que l'autre, et le plus naturellement qu'ils
auraient pu. Et le poëte aussitôt : « Vous vous moquez, vous
ne faites rien qui vaille ; et voici comme il faut réciter
cela :

(Il imite mademoiselle de Beauchâteau, comédienne de l'hôtel de Bourgogne [1].)

        Iras-tu, ma chère âme, etc.
        Non, je te connais mieux, etc.

   « Voyez-vous comme cela est naturel et passionné ? Admirez
ce visage riant qu'elle conserve dans les plus grandes afflic-

---

[1] Madeleine du Bouget, femme de François Châtelet, dit Beauchâteau,
était une des bonnes actrices de son temps.

tions. » — Enfin, voilà l'idée : et il aurait parcouru de même tous les acteurs et toutes les actrices.

MADEMOISELLE DEBRIE.

Je trouve cette idée assez plaisante, et j'en ai reconnu là dès le premier vers. Continuez, je vous prie.

MOLIÈRE, imitant Beauchâteau, comédien de l'hôtel de Bourgogne, dans les stances du *Cid*.

Percé jusques au fond du cœur, etc. -

Et celui-ci, le reconnaîtrez-vous bien dans Pompée, de *Sertorius*?

(Il contrefait Hauteroche [1], comédien de l'hôtel de Bourgogne.)

L'inimitié qui règne entre les deux partis
N'y rend pas de l'honneur, etc.

MADEMOISELLE DEBRIE.

Je le reconnais un peu, je pense.

MOLIÈRE.

Et celui-ci?

(Imitant de Villiers, comédien de l'hôtel de Bourgogne [2].)

Seigneur, Polybe est mort, etc. [3]

MADEMOISELLE DEBRIE.

Oui, je sais qui c'est ; mais il y en a quelques-uns d'entre eux, je crois, que vous auriez peine à contrefaire.

MOLIÈRE.

Mon Dieu, il n'y en a point qu'on ne pût attraper par quelque endroit, si je les avais bien étudiés! Mais vous me faites perdre un temps qui nous est cher. Songeons à nous, de grâce, et ne nous amusons point davantage à discourir,

---

[1] Noël le Breton, sieur de Hauteroche, né à Paris en 1617, y mourut en 1707.

[2] De Villiers est l'auteur de *Zélinde*, l'ennemi déclaré de Molière.

[3] *Œdipe,* de Corneille, acte V, scène III.

(A la Grange.) Vous, prenez garde à bien représenter avec moi votre rôle de marquis.

MADEMOISELLE MOLIÈRE.

Toujours des marquis!

MOLIÈRE.

Oui, toujours des marquis. Que diable voulez-vous qu'on prenne pour un caractère agréable de théâtre? Le marquis aujourd'hui est le plaisant de la comédie; et comme, dans toutes les comédies anciennes, on voit toujours un valet bouffon qui fait rire les auditeurs, de même, dans toutes nos pièces de maintenant, il faut toujours un marquis ridicule qui divertisse la compagnie.

MADEMOISELLE BÉJART.

Il est vrai, on ne s'en saurait passer.

MOLIÈRE.

Pour vous, mademoiselle...

MADEMOISELLE DUPARC.

Mon Dieu! pour moi, je m'acquitterai fort mal de mon personnage; et je ne sais pas pourquoi vous m'avez donné ce rôle de façonnière.

MOLIÈRE.

Mon Dieu! mademoiselle, voilà comme vous disiez, lorsque l'on vous donna celui de *la Critique de l'École des Femmes*; cependant vous vous en êtes acquittée à merveille, et tout le monde est demeuré d'accord qu'on ne peut pas mieux faire que vous avez fait. Croyez-moi, celui-ci sera de même; et vous le jouerez mieux que vous ne pensez.

MADEMOISELLE DUPARC.

Comment cela se pourrait-il faire? Car il n'y a point de personne au monde qui soit moins façonnière que moi.

MOLIÈRE.

Cela est vrai; et c'est en quoi vous faites mieux voir que vous êtes excellente comédienne, de bien représenter un personnage qui est si contraire à votre humeur. Tâchez donc de bien prendre, tous, le caractère de vos rôles, et de vous figurer que vous êtes ce que vous représentez.

(A du Croisy.)

Vous faites le poëte, vous, et vous devez vous remplir de ce personnage, marquer cet air pédant qui se conserve parmi le commerce du beau monde, ce ton de voix sentencieux, et cette exactitude de prononciation qui appuie sur toutes les syllabes, et ne laisse échapper aucune lettre de la plus sévère orthographe.

(A Brécourt.)

Pour vous, vous faites un honnête homme de cour, comme vous avez déjà fait dans *la Critique de l'École des Femmes*, c'est-à-dire que vous devez prendre un air posé, un ton de voix naturel, et gesticuler le moins qu'il vous sera possible.

(A la Grange.)

Pour vous, je n'ai rien à vous dire.

(A mademoiselle Béjart.)

Vous, vous représentez une de ces femmes qui, pourvu qu'elles ne fassent point l'amour, croient que tout le reste leur est permis; de ces femmes qui se retranchent toujours fièrement sur leur pruderie, regardent un chacun de haut en bas, et veulent que toutes les plus belles qualités que possèdent les autres ne soient rien en comparaison d'un misérable honneur dont personne ne se soucie. Ayez toujours ce caractère devant les yeux, pour en bien faire les grimaces.

(A mademoiselle Debrie.)

Pour vous, vous faites une de ces femmes qui pensent être les plus vertueuses personnes du monde, pourvu qu'elles sauvent les apparences; de ces femmes qui croient que le péché n'est que dans le scandale, qui veulent conduire doucement les affaires qu'elles ont, sur le pied d'attachement honnête, et appellent amis ce que les autres nomment galants. Entrez bien dans ce caractère.

(A mademoiselle Molière.)

Vous, vous faites le même personnage que dans *la Cri-*

tique, et je n'ai rien à vous dire, non plus qu'à mademoiselle Duparc.

(A mademoiselle du Croisy.)

Pour vous, vous représentez une de ces personnes qui
prêtent doucement des charités à tout le monde, de ces
femmes qui donnent toujours le petit coup de langue en
passant, et seraient bien fâchées d'avoir souffert qu'on eût
dit du bien du prochain. Je crois que vous ne vous acquit-
terez pas mal de ce rôle.

(A mademoiselle Hervé.)

Et pour vous, vous êtes la soubrette de la précieuse, qui
se mêle de temps en temps dans la conversation, et attrape,
comme elle peut, tous les termes de sa maîtresse. Je vous dis
tous vos caractères, afin que vous vous les imprimiez fortement dans l'esprit. Commençons maintenant à répéter, et
voyons comme cela ira. Ah! voici justement un fâcheux! Il
ne nous fallait plus que cela.

SCÈNE II.

LA THORILLIÈRE, MOLIÈRᴱ, BRÉCOURT, LA GRANGE,
DU CROISY; MESDEMOISELLES DUPARC, BÉJART, DEBRIE,
MOLIÈRE, DU CROISY, HERVÉ.

LA THORILLIÈRE.

Bonjour, monsieur Molière.

MOLIÈRE.

Monsieur, votre serviteur. (A part. La peste soit de
l'homme!

LA THORILLIÈRE.

Comment vous en va?

MOLIÈRE.

Fort bien, pour vous servir. (Aux actrices.) Mesdemoiselles,
ne...

LA THORILLIÈRE.

Je viens d'un lieu où j'ai bien dit du bien de vous.

MOLIÈRE.

Je vous suis obligé. (A part.) Que le diable t'emporte! (Aux acteurs.) Ayez un peu soin...

LA THORILLIÈRE.

Vous jouez une pièce nouvelle aujourd'hui?

MOLIÈRE.

Oui, monsieur. (Aux actrices.) N'oubliez pas...

LA THORILLIÈRE.

C'est le roi qui vous la fait faire?

MOLIÈRE.

Oui, monsieur. (Aux acteurs.) De grâce, songez...

LA THORILLIÈRE.

Comment l'appelez-vous?

MOLIÈRE

Oui, monsieur.

LA THORILLIÈRE.

Je vous demande comment vous la nommez.

MOLIÈRE.

Ah! ma foi, je ne sais. (Aux actrices.) Il faut, s'il vous plaît, que vous...

LA THORILLIÈRE.

Comment serez-vous habillés?

MOLIÈRE.

Comme vous voyez. (Aux acteurs.) Je vous prie..,

LA THORILLIÈRE.

Quand commencerez-vous?

MOLIÈRE.

Quand le roi sera venu. (A part.) Au diantre le question-neur!

LA THORILLIÈRE.

Quand croyez-vous qu'il vienne?

MOLIÈRE.

La peste m'étouffe, monsieur, si je le sais.

LA THORILLIÈRE.

Savez-vous point?...

MOLIÈRE.

Tenez, monsieur, je suis le plus ignorant homme du monde. Je ne sais rien de tout ce que vous pourrez me demander, je vous jure. (A part.) J'enrage! Ce bourreau vient avec un air tranquille vous faire des questions, et ne se soucie pas qu'on ait en tête d'autres affaires.

LA THORILLIÈRE.

Mesdemoiselles, votre serviteur.

MOLIÈRE.

Ah! bon, le voilà d'un autre côté.

LA THORILLIÈRE, à mademoiselle du Croisy.

Vous voilà belle comme un petit ange. Jouez-vous toutes deux aujourd'hui? (En regardant mademoiselle Hervé.)

MADEMOISELLE DU CROISY.

Oui, monsieur.

LA THORILLIÈRE

Sans vous, la comédie ne vaudrait pas grand'chose.

MOLIÈRE, bas, aux actrices.

Vous ne voulez pas faire en aller cet homme-là?

MADEMOISELLE DEBRIE, à la Thorillière.

Monsieur, nous avons ici quelque chose à répéter ensemble.

LA THORILLIÈRE.

Ah! parbleu, je ne veux pas vous empêcher; vous n'avez qu'à poursuivre.

MADEMOISELLE DEBRIE.

Mais...

LA THORILLIÈRE.

Non, non, je serais fâché d'incommoder personne. Faites librement ce que vous avez à faire.

MADEMOISELLE DEBRIE.

Oui; mais...

LA THORILLIÈRE.

Je suis homme sans cérémonie, vous dis-je; et vous pouvez répéter ce qui vous plaira.

MOLIÈRE.

Monsieur, ces demoiselles ont peine à vous dire qu'elles souhaiteraient fort que personne ne fût ici pendant cette répétition.

LA THORILLIÈRE.

Pourquoi? il n'y a point de danger pour moi.

MOLIÈRE.

Monsieur, c'est une coutume qu'elles observent; et vous aurez plus de plaisir quand les choses vous surprendront.

LA THORILLIÈRE.

Je m'en vais donc dire que vous êtes prêts.

MOLIÈRE.

Point du tout, monsieur; ne vous hâtez pas, de grâce.

SCÈNE III.

MOLIÈRE, BRÉCOURT, LA GRANGE,
DU CROISY; MESDEMOISELLES DUPARC, BÉJART, DEBRIE,
MOLIÈRE, DU CROISY, HERVÉ.

MOLIÈRE.

Ah! que le monde est plein d'impertinents! Or sus, commençons. Figurez-vous donc premièrement que la scène est dans l'antichambre du roi; car c'est un lieu où il se passe tous les jours des choses assez plaisantes. Il est aisé de faire venir là toutes les personnes qu'on veut, et on peut trouver des raisons même pour y autoriser la venue des femmes que j'introduis. La comédie s'ouvre par deux marquis qui se rencontrent.

(A la Grange.)

Souvenez-vous bien, vous, de venir, comme je vous ai

dit, là, avec cet air qu'on nomme le bel air, peignant votre
perruque, et grondant une petite chanson entre vos dents.
La, la, la, la, la, la. Rangez-vous donc, vous autres, car
il faut du terrain à deux marquis; et ils ne sont pas gens à
tenir leur personne dans un petit espace. (A la Grange.) Allons,
parlez.

LA GRANGE.

« Bonjour, marquis. »

MOLIÈRE.

Mon Dieu, ce n'est point là le ton d'un marquis; il faut
le prendre un peu plus haut; et la plupart de ces messieurs
affectent une manière de parler particulière, pour se distinguer du commun : *Bonjour, marquis.* Recommencez donc.

LA GRANGE.

« Bonjour, marquis.

MOLIÈRE.

» Ah! marquis, ton serviteur.

LA GRANGE.

» Que fais-tu là?

MOLIÈRE.

» Parbleu! tu vois; j'attends que tous ces messieurs aient
» débouché la porte, pour présenter là mon visage.

LA GRANGE.

» Têtebleu, quelle foule! Je n'ai garde de m'y aller frotter,
» et j'aime bien mieux entrer des derniers.

MOLIÈRE.

» Il y a là vingt gens qui sont fort assurés de n'entrer
» point, et qui ne laissent pas de se presser, et d'occuper
» toutes les avenues de la porte.

LA GRANGE.

» Crions nos deux noms à l'huissier, afin qu'il nous
» appelle.

MOLIÈRE.

» Cela est bon pour toi; mais pour moi, je ne veux pas
» être joué par Molière.

LA GRANGE.

» Je pense pourtant, marquis, que c'est toi qu'il joue dans
» *la Critique.*

MOLIÈRE.

» Moi? Je suis ton valet; c'est toi-même en propre per-
» sonne.

LA GRANGE.

» Ah! ma foi, tu es bon de m'appliquer ton personnage.

MOLIÈRE.

» Parbleu! je te trouve plaisant de me donner ce qui t'ap-
» partient.

LA GRANGE, riant.

» Ah, ah, ah! cela est drôle.

MOLIÈRE, riant.

» Ah, ah, ah! cela est bouffon.

LA GRANGE.

» Quoi! tu veux soutenir que ce n'est pas toi qu'on joue
» dans le marquis de *la Critique?*

MOLIÈRE.

» Il est vrai, c'est moi. *Détestable, morbleu! détestable! tarte
» à la crème!* C'est moi, c'est moi, assurément, c'est moi.

LA GRANGE.

» Oui, parbleu! c'est toi, tu n'as que faire de railler; et,
» si tu veux, nous gagerons, et verrons qui a raison des
» deux.

MOLIÈRE.

» Et que veux-tu gager encore?

LA GRANGE.

» Je gage cent pistoles que c'est toi.

MOLIÈRE.

» Et moi, cent pistoles que c'est toi.

LA GRANGE.

» Cent pistoles comptant?

MOLIÈRE.

» Comptant. Quatre-vingt-dix pistoles sur Amyntas, et dix
» pistoles comptant.

LA GRANGE.

» Je le veux.

MOLIÈRE.

» Cela est fait.

LA GRANGE.

» Ton argent court grand risque.

MOLIÈRE.

» Le tien est bien aventuré.

LA GRANGE.

» A qui nous en rapporter?

MOLIÈRE, à Brécourt.

» Voici un homme qui nous jugera. Chevalier...

BRÉCOURT.

» Quoi? »

MOLIÈRE.

Bon. Voilà l'autre qui prend le ton de marquis. Vous ai-je
pas dit que vous faites un rôle où l'on doit parler naturellement?

BRÉCOURT.

Il est vrai.

MOLIÈRE.

Allons donc. « Chevalier...

BRÉCOURT.

» Quoi?

MOLIÈRE.

» Juge-nous un peu sur une gageure que nous avons faite.

BRÉCOURT.

» Et quelle?

MOLIÈRE.

» Nous disputons qui est le marquis de *la Critique* de
» Molière; il gage que c'est moi, et moi je gage que c'est
» lui.

BRÉCOURT.

» Et moi je juge que ce n'est ni l'un ni l'autre. Vous êtes

» fous tous deux de vouloir vous appliquer ces sortes de
» choses; et voilà de quoi j'ouïs l'autre jour se plaindre Mo-
» lière, parlant à des personnes qui le chargeaient de même
» chose que vous. Il disait que rien ne lui donnait du dé-
» plaisir comme d'être accusé de regarder quelqu'un dans
» les portraits qu'il fait; que son dessein est de peindre les
» mœurs sans vouloir toucher aux personnes, et que tous
» les personnages qu'il représente sont des personnages en
» l'air, et des fantômes proprement, qu'il habille à sa fan-
» taisie, pour réjouir les spectateurs; qu'il serait bien fâché
» d'y avoir jamais marqué qui que ce soit, et que si quelque
» chose était capable de le dégoûter de faire des comédies,
» c'était les ressemblances qu'on y voulait toujours trouver,
» et dont ses ennemis tâchaient malicieusement d'appuyer
» la pensée, pour lui rendre de mauvais offices auprès de
» certaines personnes à qui il n'a jamais pensé. Et, en effet,
» je trouve qu'il a raison : car pourquoi vouloir, je vous
» prie, appliquer tous ses gestes et toutes ses paroles, et
» chercher à lui faire des affaires en disant hautement : Il
» joue un tel, — lorsque ce sont des choses qui peuvent
» convenir à cent personnes? Comme l'affaire de la comédie
» est de représenter en général tous les défauts des hommes
» et principalement des hommes de notre siècle, il est im-
» possible à Molière de faire aucun caractère qui ne ren-
» contre quelqu'un dans le monde; et s'il faut qu'on l'accuse
» d'avoir songé toutes les personnes où l'on peut trouver les
» défauts qu'il peint, il faut sans doute qu'il ne fasse plus
» de comédies.

MOLIÈRE.

» Ma foi, chevalier, tu veux justifier Molière, et épargner
» notre ami que voilà.

LA GRANGE.

» Point du tout. C'est toi qu'il épargne, et nous trouve-
» rons d'autres juges.

MOLIÈRE.

» Soit. Mais dis-moi, chevalier, crois-tu pas que ton Mo-
» lière est épuisé maintenant, et qu'il ne trouvera plus de
» matière pour...

BRÉCOURT.

» Plus de matière ? Hé ! mon pauvre marquis, nous lui
» en fournirons toujours assez, et nous ne prenons guère le
» chemin de nous rendre sages pour tout ce qu'il fait et tout
» ce qu'il dit. »

MOLIÈRE.

Attendez ; il faut marquer davantage tout cet endroit.
Écoutez-le-moi dire un peu. « Et qu'il ne trouvera plus de
» matière pour... — Plus de matière? Hé ! mon pauvre mar-
» quis, nous lui en fournirons toujours assez, et nous ne
» prenons guère le chemin de nous rendre sages pour tout
» ce qu'il fait et tout ce qu'il dit. Crois-tu qu'il ait épuisé
» dans ses comédies tout le ridicule des hommes? Et, sans
» sortir de la cour, n'a-t-il pas encore vingt caractères de
» gens où il n'a point touché? N'a-t-il pas, par exemple,
» ceux qui se font les plus grandes amitiés du monde, et
» qui, le dos tourné, font galanterie de se déchirer l'un
» l'autre? N'a-t-il pas ces adulateurs à outrance, ces flatteurs
» insipides, qui n'assaisonnent d'aucun sel les louanges qu'ils
» donnent, et dont toutes les flatteries ont une douceur fade
» qui fait mal au cœur à ceux qui les écoutent? N'a-t-il pas
» ces lâches courtisans de la faveur, ces perfides adorateurs
» de la fortune, qui vous encensent dans la prospérité, et
» vous accablent dans la disgrâce? N'a-t-il pas ceux qui sont
» toujours mécontents de la cour, ces suivants inutiles, ces
» incommodes assidus, ces gens, dis-je, qui pour services
» ne peuvent compter que des importunités, et qui veulent
» que l'on les récompense d'avoir obsédé le prince dix ans
» durant? N'a-t-il pas ceux qui caressent également tout le

» monde, qui promènent leurs civilités à droit [1] et à gauche,
» et courent à tous ceux qu'ils voient, avec les mêmes em-
» brassades et les mêmes protestations d'amitiés? — Mon-
» sieur, votre très-humble serviteur. Monsieur, je suis tout
» à votre service. Tenez-moi des vôtres, mon cher. Faites
» état de moi, monsieur, comme du plus chaud de vos amis.
» Monsieur, je suis ravi de vous embrasser. Ah! monsieur,
» je ne vous voyais pas! Faites-moi la grâce de m'employer.
» Soyez persuadé que je suis entièrement à vous. Vous êtes
» l'homme du monde que je révère le plus. Il n'y a per-
» sonne que j'honore à l'égal de vous. Je vous conjure de le
» croire. Je vous supplie de n'en point douter. Serviteur.
» Très-humble valet. — Va, va, marquis, Molière aura
» toujours plus de sujets qu'il n'en voudra; et tout ce qu'il
» a touché jusqu'ici n'est rien que bagatelle, au prix de ce
» qui reste. » Voilà à peu près comme cela doit être joué.

BRÉCOURT.

C'est assez.

MOLIÈRE.

Poursuivez.

BRÉCOURT.

« Voici Climène et Élise. »

MOLIÈRE, à Mesdemoiselles Duparc et Molière.

Là-dessus vous arriverez toutes deux. (A Mademoiselle Duparc.)
Prenez bien garde, vous, à vous débancher comme il faut,
et à faire bien des façons. Cela vous contraindra un peu;
mais qu'y faire? Il faut parfois se faire violence.

MADEMOISELLE MOLIÈRE.

« Certes, madame, je vous ai reconnue de loin, et j'ai
» bien vu à votre air que ce ne pouvait être une autre que
» vous.

---

[1] On disait à droit pour : à droite.

MADEMOISELLE DUPARC.

» Vous voyez. Je viens attendre ici la sortie d'un homme
» avec qui j'ai une affaire à démêler.

MADEMOISELLE MOLIÈRE.

» Et moi de même. »

MOLIÈRE.

Mesdames, voilà des coffres qui vous serviront de fau-
teuils.

MADEMOISELLE DUPARC.

« Allons, madame, prenez place, s'il vous plaît.

MADEMOISELLE MOLIÈRE.

» Après vous, madame. »

MOLIÈRE.

Bon. Après ces petites cérémonies muettes, chacun prendra
place et parlera assis, hors les marquis, qui tantôt se lève-
ront et tantôt s'assoiront, suivant leur inquiétude naturelle.
« Parbleu, chevalier, tu devrais faire prendre médecine à
» tes canons.

BRÉCOURT.

» Comment?

MOLIÈRE.

» Ils se portent fort mal.

BRÉCOURT.

» Serviteur à la turlupinade!

MADEMOISELLE MOLIÈRE.

» Mon Dieu! madame, que je vous trouve le teint d'une
» blancheur éblouissante, et les lèvres d'un couleur de feu
» surprenant!

MADEMOISELLE DUPARC.

» Ah! que dites-vous là, madame? ne me regardez point,
» je suis du dernier laid aujourd'hui.

MADEMOISELLE MOLIÈRE.

» Hé! madame, levez un peu votre coiffe.

MADEMOISELLE DUPARC.

» Fi, je suis épouvantable, vous dis-je, et je me fais peur
» à moi-même.

MADEMOISELLE MOLIÈRE.

» Vous êtes si belle !

MADEMOISELLE DUPARC.

» Point, point.

MADEMOISELLE MOLIÈRE.

» Montrez-vous.

MADEMOISELLE DUPARC.

» Ah! fi donc, je vous prie!

MADEMOISELLE MOLIÈRE.

» De grâce!

MADEMOISELLE DUPARC.

» Mon Dieu, non.

MADEMOISELLE MOLIÈRE.

» Si fait.

MADEMOISELLE DUPARC.

» Vous me désespérez.

MADEMOISELLE MOLIÈRE.

» Un moment.

MADEMOISELLE DUPARC.

» Hai.

MADEMOISELLE MOLIÈRE.

» Résolûment, vous vous montrerez. On ne peut point se
» passer de vous voir.

MADEMOISELLE DUPARC.

» Mon Dieu! que vous êtes une étrange personne! Vous
» voulez furieusement ce que vous voulez.

MADEMOISELLE MOLIÈRE.

» Ah! madame, vous n'avez aucun désavantage à paraître
» au grand jour, je vous jure! Les méchantes gens, qui
» assuraient que vous mettiez quelque chose [1]! Vraiment, je
» les démentirai bien maintenant.

---

[1] C'est-à-dire du fard, des cosmétiques.

MADEMOISELLE DUPARC.

» Hélas! je ne sais pas seulement ce qu'on appelle mettre
» quelque chose! Mais où vont ces dames?

MADEMOISELLE DEBRIE.

» Vous voulez bien, mesdames, que nous vous donnions
» en passant la plus agréable nouvelle du monde. Voilà
» monsieur Lysidas qui vient de nous avertir qu'on a fait
» une pièce contre Molière, que les grands comédiens vont
» jouer.

MOLIÈRE

» Il est vrai, on me l'a voulu lire; et c'est un nommé
» Br... Brou... Brossaut qui l'a faite.

DU CROISY.

» Monsieur, elle est affichée sous le nom de Boursault.
» Mais, à vous dire le secret, bien des gens ont mis la
» main à cet ouvrage, et l'on en doit concevoir une assez
» haute attente. Comme tous les auteurs et tous les comé-
» diens regardent Molière comme leur plus grand ennemi,
» nous nous sommes tous unis pour le desservir. Chacun de
» nous a donné un coup de pinceau à son portrait; mais
» nous nous sommes bien gardés d'y mettre nos noms; il
» lui aurait été trop glorieux de succomber, aux yeux du
» monde, sous les efforts de tout le Parnasse; et, pour
» rendre sa défaite plus ignominieuse, nous avons voulu choi-
» sir tout exprès un auteur sans réputation.

MADEMOISELLE DUPARC.

» Pour moi, je vous avoue que j'en ai toutes les joies
» imaginables.

MOLIÈRE.

» Et moi aussi. Par la sambleu! le railleur sera raillé,
» il aura sur les doigts, ma foi.

MADEMOISELLE DUPARC.

» Cela lui apprendra à vouloir satiriser tout. Comment!

» cet impertinent ne veut pas que les femmes aient de l'es-
» prit! Il condamne toutes nos expressions élevées, et pré-
» tend que nous parlions toujours terre à terre !

MADEMOISELLE DEBRIE.

» Le langage n'est rien; mais il censure tous nos attache-
» ments, quelque innocents qu'ils puissent être; et, de la
» façon qu'il en parle, c'est être criminelle que d'avoir du
» mérite.

MADEMOISELLE DU CROISY.

» Cela est insupportable. Il n'y a pas une femme qui puisse
» plus rien faire. Que ne laisse-t-il en repos nos maris, sans
» leur ouvrir les yeux et leur faire prendre garde à des
» choses dont ils ne s'avisent pas?

MADEMOISELLE BÉJART.

» Passe pour tout cela; mais il satirise même les femmes
» de bien, et ce méchant plaisant leur donne le titre d'hon-
» nêtes diablesses.

MADEMOISELLE MOLIÈRE.

» C'est un impertinent. Il faut qu'il en ait tout le soûl.

DU CROISY.

» La représentation de cette comédie, madame, aura be-
» soin d'être appuyée; et les comédiens de l'hôtel...

MADEMOISELLE DUPARC.

» Mon Dieu, qu'ils n'appréhendent rien ! Je leur garantis le
» succès de leur pièce, corps pour corps.

MADEMOISELLE MOLIÈRE.

» Vous avez raison, madame. Trop de gens sont intéressés
» à la trouver belle. Je vous laisse à penser si tous ceux qui
» se croient satirisés par Molière ne prendront pas l'occasion
» de se venger de lui en applaudissant à cette comédie.

BRÉCOURT, ironiquement.

» Sans doute; et pour moi, je réponds de douze marquis,
» de six précieuses, de vingt coquettes et de trente cocus,
» qui ne manqueront pas d'y battre des mains.

MADEMOISELLE MOLIÈRE.

» En effet. Pourquoi aller offenser toutes ces personnes-là,
» et particulièrement les cocus, qui sont les meilleures gens
» du monde?

MOLIÈRE.

» Par la sambleu! on m'a dit qu'on le va dauber, lui et
» toutes ses comédies, de la belle manière; et que les
» comédiens et les auteurs, depuis le cèdre jusqu'à l'hysope,
» sont diablement animés contre lui.

MADEMOISELLE MOLIÈRE.

» Cela lui sied fort bien! Pourquoi fait-il de méchantes
» pièces que tout Paris va voir, et où il peint si bien les
» gens, que chacun s'y connaît? Que ne fait-il des comédies
» comme celles de monsieur Lysidas? Il n'aurait personne
» contre lui, et tous les auteurs en diraient du bien. Il est
» vrai que de semblables comédies n'ont pas ce grand con-
» cours de monde; mais, en revanche, elles sont toujours
» bien écrites, personne n'écrit contre elles, et tous ceux qui
» les voient meurent d'envie de les trouver belles.

DU CROISY.

» Il est vrai que j'ai l'avantage de ne me point faire d'en-
» nemis, et que tous mes ouvrages ont l'approbation des sa-
» vants.

MADEMOISELLE MOLIÈRE.

» Vous faites bien d'être content de vous. Cela vaut mieux
» que tous les applaudissements du public, et que tout l'ar-
» gent qu'on saurait gagner aux pièces de Molière. Que vous
» importe qu'il vienne du monde à vos comédies, pourvu
» qu'elles soient approuvées par messieurs vos confrères?

LA GRANGE.

» Mais quand jouera-t-on *le Portrait du Peintre?*

DU CROISY.

» Je ne sais; mais je me prépare fort à paraître des pre-
» miers sur les rangs, pour crier : Voilà qui est beau!

MOLIÈRE.

» Et moi de même, parbleu !

LA GRANGE.

» Et moi aussi, Dieu me sauve !

MADEMOISELLE DUPARC.

» Pour moi, j'y payerai de ma personne comme il faut ;
» et je réponds d'une bravoure d'approbation qui mettra
» en déroute tous les jugements ennemis. C'est bien la
» moindre chose que nous devions faire, que d'épauler de
» nos louanges le vengeur de nos intérêts !

MADEMOISELLE MOLIÈRE.

» C'est fort bien dit.

MADEMOISELLE DEBRIE.

» Et ce qu'il nous faut faire toutes.

MADEMOISELLE BÉJART.

» Assurément.

MADEMOISELLE DU CROISY.

» Sans doute.

MADEMOISELLE HERVÉ.

» Point de quartier à ce contrefaiseur de gens.

MOLIÈRE.

» Ma foi, chevalier, mon ami, il faudra que ton Molière
» se cache.

BRÉCOURT.

» Qui, lui ? Je te promets, marquis, qu'il fait dessein
» d'aller sur le théâtre rire avec tous les autres du portrait
» qu'on a fait de lui.

MOLIÈRE.

» Parbleu ! ce sera donc du bout des dents qu'il rira.

BRÉCOURT.

» Va, va, peut-être qu'il y trouvera plus de sujets de rire
» que tu ne penses. On m'a montré la pièce ; et, comme
» tout ce qu'il y a d'agréable sont effectivement les idées
» qui ont été prises de Molière, la joie que cela pourra
» donner n'aura pas lieu de lui déplaire, sans doute ; car,

» pour l'endroit où l'on s'efforce de le noircir, je suis le
» plus trompé du monde, si cela est approuvé de personne;
» et quant à tous les gens qu'ils ont tâché d'animer contre
» lui, sur ce qu'il fait, dit-on, des portraits trop ressem-
» blants, outre que cela est de fort mauvaise grâce, je ne vois
» rien de plus ridicule et de plus mal repris; et je n'avais
» pas cru jusqu'ici que ce fût un sujet de blâme pour un
» comédien, que de peindre trop bien les hommes.

LA GRANGE.

» Les comédiens m'ont dit qu'ils l'attendaient sur la ré-
» ponse, et que...

BRÉCOURT.

» Sur la réponse? Ma foi, je le trouverais un grand fou
» s'il se mettait en peine de répondre à leurs invectives.
» Tout le monde sait assez de quel motif elles peuvent par-
» tir; et la meilleure réponse qu'il leur puisse faire, c'est
» une comédie qui réussisse comme toutes ses autres. Voilà
» le vrai moyen de se venger d'eux comme il faut; et, de
» l'humeur dont je les connais, je suis fort assuré qu'une
» pièce nouvelle qui leur enlèvera le monde les fâchera bien
» plus que toutes les satires qu'on pourrait faire de leurs
» personnes.

MOLIÈRE.

» Mais, chevalier... »

MADEMOISELLE BÉJART.

Souffrez que j'interrompe pour un peu la répétition.
(A Molière.) Voulez-vous que je vous die? Si j'avais été en votre
place, j'aurais poussé les choses autrement. Tout le monde
attend de vous une réponse vigoureuse; et, après la manière dont on m'a dit que vous étiez traité dans cette comédie, vous étiez en droit de tout dire contre les comédiens,
et vous deviez n'en épargner aucun.

MOLIÈRE.

J'enrage de vous ouïr parler de la sorte; et voilà votre
manie à vous autres femmes. Vous voudriez que je prisse

feu d'abord contre eux, et qu'à leur exemple, j'allasse éclater promptement en invectives et en injures. Le bel honneur que j'en pourrais tirer, et le grand dépit que je leur ferais! Ne se sont-ils pas préparés de bonne volonté à ces sortes de choses? Et lorsqu'ils ont délibéré s'ils joueraient *le Portrait du Peintre*, sur la crainte d'une riposte, quelques-uns d'entre eux n'ont-ils pas répondu : Qu'il nous rende toutes les injures qu'il voudra, pourvu que nous gagnions de l'argent? — N'est-ce pas là la marque d'une âme fort sensible à la honte? et ne me vengerais-je pas bien d'eux, en leur donnant ce qu'ils veulent bien recevoir?

MADEMOISELLE DEBRIE.

Ils se sont fort plaints, toutefois, de trois ou quatre mots que vous avez dit d'eux dans *la Critique* et dans vos *Précieuses*.

MOLIÈRE.

Il est vrai, ces trois ou quatre mots sont fort offensants, et ils ont grande raison de les citer. Allez, allez, ce n'est pas cela. Le plus grand mal que je leur aie fait, c'est que j'ai eu le bonheur de plaire un peu plus qu'ils n'auraient voulu; et tout leur procédé, depuis que nous sommes venus à Paris, a trop marqué ce qui les touche. Mais laissons-les faire tant qu'ils voudront; toutes leurs entreprises ne doivent point m'inquiéter. Ils critiquent mes pièces, tant mieux; et Dieu me garde d'en faire jamais qui leur plaisent! ce serait une mauvaise affaire pour moi.

MADEMOISELLE DEBRIE.

Il n'y a pas grand plaisir pourtant à voir déchirer ses ouvrages.

MOLIÈRE.

Et qu'est-ce que cela me fait? N'ai-je pas obtenu de ma comédie tout ce que j'en voulais obtenir, puisqu'elle a eu le bonheur d'agréer aux augustes personnes à qui particulièrement je m'efforce de plaire? N'ai-je pas lieu d'être satisfait de sa destinée, et toutes leurs censures ne viennent-elles

pas trop tard ? Est-ce moi, je vous prie, que cela regarde
maintenant? et lorsqu'on attaque une pièce qui a eu du
succès, n'est-ce pas attaquer plutôt le jugement de ceux qui
l'ont approuvée, que l'art de celui qui l'a faite?

MADEMOISELLE DEBRIE.

Ma foi, j'aurais joué ce petit monsieur l'auteur, qui se
mêle d'écrire contre des gens qui ne songent pas à lui.

MOLIÈRE.

Vous êtes folle. Le beau sujet à divertir la cour, que
monsieur Boursault! Je voudrais bien savoir de quelle façon
on pourrait l'ajuster pour le rendre plaisant, et si, quand
on le bernerait sur un théâtre, il serait assez heureux pour
faire rire le monde. Ce lui serait trop d'honneur que d'être
joué devant une auguste assemblée; il ne demanderait pas
mieux ; et il m'attaque de gaieté de cœur, pour se faire
connaître de quelque façon que ce soit. C'est un homme qui
n'a rien à perdre, et les comédiens ne me l'ont déchaîné
que pour m'engager à une sotte guerre, et me détourner,
par cet artifice, des autres ouvrages que j'ai à faire; et cependant vous êtes assez simples pour donner toutes dans ce
panneau. Mais enfin j'en ferai ma déclaration publiquement.
Je ne prétends faire aucune réponse à toutes leurs critiques
et leurs contre-critiques. Qu'ils disent tous les maux du
monde de mes pièces, j'en suis d'accord. Qu'ils s'en sai-
sissent après nous, qu'ils les retournent comme un habit
pour les mettre sur leur théâtre, et tâchent à profiter de
quelque agrément qu'on y trouve, et d'un peu de bonheur
que j'ai: j'y consens, ils en ont besoin, et je serai bien aise
de contribuer à les faire subsister, pourvu qu'ils se conten-
tent de ce que je puis leur accorder avec bienséance. La
courtoisie doit avoir des bornes; et il y a des choses qui ne
font rire ni les spectateurs, ni celui dont on parle. Je leur
abandonne de bon cœur mes ouvrages, ma figure, mes
gestes, mes paroles, mon ton de voix, et ma façon de réciter, pour en faire et dire tout ce qu'il leur plaira, s'ils en

peuvent tirer quelque avantage. Je ne m'oppose point à toutes ces choses, et je serai ravi que cela puisse réjouir le monde; mais, en leur abandonnant tout cela, ils me doivent faire la grâce de me laisser le reste, et de ne point toucher à des matières de la nature de celles sur lesquelles on m'a dit qu'ils m'attaquaient dans leurs comédies. C'est de quoi je prierai civilement cet honnête monsieur qui se mêle d'écrire pour eux, et voilà toute la réponse qu'ils auront de moi.

MADEMOISELLE BÉJART.

Mais enfin...

MOLIÈRE.

Mais enfin vous me feriez devenir fou. Ne parlons point de cela davantage; nous nous amusons à faire des discours, au lieu de répéter notre comédie. Où en étions-nous? Je ne m'en souviens plus.

MADEMOISELLE DEBRIE.

Vous en étiez à l'endroit...

MOLIÈRE.

Mon Dieu! j'entends du bruit; c'est le roi qui arrive assurément, et je vois bien que nous n'aurons pas le temps de passer outre. Voilà ce que c'est de s'amuser. Oh bien! faites donc, pour le reste, du mieux qu'il vous sera possible.

MADEMOISELLE BÉJART.

Par ma foi, la frayeur me surprend, et je ne saurais aller jouer mon rôle, si je ne le répète tout entier.

MOLIÈRE.

Comment, vous ne sauriez aller jouer votre rôle?

MADEMOISELLE BÉJART.

Non.

MADEMOISELLE DUPARC.

Ni moi, le mien.

MADEMOISELLE DEBRIE.

Ni moi non plus.

MADEMOISELLE MOLIÈRE.

Ni moi.

MADEMOISELLE HERVÉ.

Ni moi.

MADEMOISELLE DU CROISY.

Ni moi.

MOLIÈRE.

Que pensez-vous donc faire? Vous moquez-vous toutes de moi?

SCÈNE IV.

BÉJART, MOLIÈRE, LA GRANGE, DU CROISY;
MESDEMOISELLES DUPARC, BÉJART, DEBRIE, MOLIÈRE,
DU CROISY, HERVÉ.

BÉJART.

Messieurs, je viens vous avertir que le roi est venu, et qu'il attend que vous commenciez.

MOLIÈRE.

Ah! monsieur, vous me voyez dans la plus grande peine du monde; je suis désespéré, à l'heure que je vous parle! Voici des femmes qui s'effrayent, et qui disent qu'il leur faut répéter leurs rôles avant que d'aller commencer. Nous demandons, de grâce, encore un moment. Le roi a de la bonté, et il sait bien que la chose a été précipitée.

SCÈNE V.

MOLIÈRE, LA GRANGE, DU CROISY; MESDEMOISELLES DUPARC,
BÉJART, DEBRIE, MOLIÈRE, DU CROISY, HERVÉ.

MOLIÈRE.

Hé ! de grâce, tâchez de vous remettre, prenez courage,
je vous prie.

MADEMOISELLE DUPARC.

Vous devez vous aller excuser.

MOLIÈRE.

Comment m'excuser?...

SCÈNE VI.

MOLIÈRE, LA GRANGE,
DU CROISY; MESDEMOISELLES DUPARC, BÉJART, DEBRIE,
MOLIÈRE, DU CROISY, HERVÉ, UN NÉCESSAIRE.

UN NÉCESSAIRE.

Messieurs, commencez donc.

MOLIÈRE.

Tout à l'heure, monsieur. Je crois que je perdrai l'esprit
de cette affaire-ci, et...

SCÈNE VII.

MOLIÈRE, LA GRANGE, DU CROISY; MESDEMOISELLES DUPARC,
BÉJART, DEBRIE, MOLIÈRE, DU CROISY,
HERVÉ, UN NÉCESSAIRE, UN SECOND NÉCESSAIRE.

LE SECOND NÉCESSAIRE.

Messieurs, commencez donc.

MOLIÈRE.

Dans un moment, monsieur. (A ses camarades.) Hé, quoi donc!
voulez-vous que j'aie l'affront?...

SCÈNE VIII.

MOLIÈRE, LA GRANGE, DU CROISY; MESDEMOISELLES DUPARC,
BÉJART, DEBRIE, MOLIÈRE, DU CROISY, HERVÉ;
UN NÉCESSAIRE, UN SECOND NÉCESSAIRE, UN TROISIÈME
NÉCESSAIRE.

LE TROISIÈME NÉCESSAIRE.

Messieurs, commencez donc.

MOLIÈRE.

Oui, monsieur, nous y allons. Hé! que de gens se font
de fête[1], et viennent dire : Commencez donc, — à qui le
roi ne l'a pas commandé!

---

[1] *Se faire de fête,* pour se faire d'une fête, c'est-à-dire s'y introduire
sans y avoir été invité.

SCÈNE IX.

MOLIÈRE, LA GRANGE, DU CROISY; MESDEMOISELLES DUPARC,
BÉJART, DEBRIE, MOLIÈRE, DU CROISY, HERVÉ;
UN NÉCESSAIRE, UN SECOND NÉCESSAIRE, UN TROISIÈME
NÉCESSAIRE, UN QUATRIÈME NÉCESSAIRE.

LE QUATRIÈME NÉCESSAIRE.

Messieurs, commencez donc.

MOLIÈRE.

Voilà qui est fait, monsieur. (A ses camarades.) Quoi donc, rece-
vrai-je la confusion?...

SCÈNE X.

BÉJART, MOLIÈRE, LA GRANGE, DU CROISY;
MESDEMOISELLES DUPARC, BÉJART, DEBRIE, MOLIÈRE,
DU CROISY, HERVÉ.

MOLIÈRE.

Monsieur, vous venez pour nous dire de commencer;
mais...

BÉJART.

Non, messieurs, je viens pour vous dire qu'on a dit au
roi l'embarras où vous vous trouviez, et que, par une bonté
toute particulière, il remet votre nouvelle comédie à une
autre fois, et se contente, pour aujourd'hui, de la première
que vous pourrez donner.

MOLIÈRE.

Ah! monsieur, vous me redonnez la vie! Le roi nous fait la plus grande grâce du monde de nous donner du temps pour ce qu'il avait souhaité; et nous allons tous le remer-cier des extrêmes bontés qu'il nous fait paraître.

FIN DE L'IMPROMPTU DE VERSAILLES.

LE MARIAGE FORCÉ.

COMÉDIE EN UN ACTE.

29 janvier 1664.

PERSONNAGES.

SGANARELLE.

GÉRONIMO.

DORIMÈNE, jeune coquette, promise à Sganarelle.

ALCANTOR, père de Dorimène.

ALCIDAS, frère de Dorimène.

LYCASTE, amant de Dorimène.

PANCRACE, docteur aristotélicien.

MARPHURIUS, docteur pyrrhonien.

DEUX ÉGYPTIENNES.

Noms des acteurs qui ont joué d'original dans *le Mariage forcé :*

SGANARELLE.	Molière.
GÉRONIMO.	La Thorillière.
DORIMÈNE.	Mlle Duparc.
ALCANTOR.	Béjart.
ALCIDAS.	La Grange.
PANCRACE.	Brécourt,
MARPHURIUS.	Du Croisy.
PREMIÈRE ÉGYPTIENNE.	Mlle Béjart.
DEUXIÈME ÉGYPTIENNE.	Mlle Debrie.

La scène est dans une place publique.

LE MARIAGE FORCÉ.

SCÈNE I.

SGANARELLE, parlant à ceux qui sont dans sa maison.

Je suis de retour dans un moment. Que l'on ait bien soin
du logis, et que tout aille comme il faut. Si l'on m'apporte de
l'argent, que l'on me vienne querir vite chez le seigneur
Géronimo; et si l'on vient m'en demander, qu'on dise que
je suis sorti, et que je ne dois revenir de toute la journée.

SCÈNE II.

SGANARELLE, GÉRONIMO.

GÉRONIMO, ayant entendu les dernières paroles de Sganarelle.

Voilà un ordre fort prudent.

SGANARELLE.

Ah! seigneur Géronimo, je vous trouve à propos; et j'allais chez vous vous chercher.

GÉRONIMO.

Et pour quel sujet, s'il vous plaît?

SGANARELLE.

Pour vous communiquer une affaire que j'ai en tête, et
vous prier de m'en dire votre avis.

GÉRONIMO.

Très-volontiers. Je suis bien aise de cette rencontre, et nous pouvons parler ici en toute liberté.

SGANARELLE.

Mettez donc dessus[1], s'il vous plaît. Il s'agit d'une chose de conséquence que l'on m'a proposée; et il est bon de ne rien faire sans le conseil de ses amis.

GÉRONIMO.

Je vous suis obligé de m'avoir choisi pour cela. Vous n'avez qu'à me dire ce que c'est.

SGANARELLE.

Mais, auparavant, je vous conjure de ne me point flatter du tout, et de me dire nettement votre pensée.

GÉRONIMO.

Je le ferai, puisque vous le voulez.

SGANARELLE.

Je ne vois rien de plus condamnable qu'un ami qui ne nous parle pas franchement.

GÉRONIMO.

Vous avez raison.

SGANARELLE.

Et dans ce siècle, on trouve peu d'amis sincères.

GÉRONIMO.

Cela est vrai.

SGANARELLE.

Promettez-moi donc, seigneur Géronimo, de me parler avec toute sorte de franchise.

GÉRONIMO.

Je vous le promets.

SGANARELLE.

Jurez-en votre foi.

GÉRONIMO.

Oui, foi d'ami. Dites-moi seulement votre affaire.

C'est-à-dire : mettez votre chapeau.

SGANARELLE.

C'est que je veux savoir de vous si je ferai bien de me marier.

GÉRONIMO.

Qui, vous?

SGANARELLE.

Oui, moi-même, en propre personne. Quel est votre avis là-dessus?

GÉRONIMO.

Je vous prie auparavant de me dire une chose.

SGANARELLE.

Et quoi?

GÉRONIMO.

Quel âge pouvez-vous bien avoir, maintenant?

SGANARELLE.

Moi?

GÉRONIMO.

Oui.

SGANARELLE.

Ma foi, je ne sais; mais je me porte bien.

GÉRONIMO.

Quoi! vous ne savez pas à peu près votre âge?

SGANARELLE.

Non. Est-ce qu'on songe à cela?

GÉRONIMO.

Hé! dites-moi un peu, s'il vous plaît : combien aviez-vous d'années lorsque nous fîmes connaissance?

SGANARELLE.

Ma foi, je n'avais que vingt ans alors.

GÉRONIMO.

Combien fûmes-nous ensemble à Rome?

SGANARELLE.

Huit ans.

GÉRONIMO.

Quel temps avez-vous demeuré en Angleterre?

SGANARELLE.

Sept ans.

GÉRONIMO.

Et en Hollande, où vous fûtes ensuite?

SGANARELLE.

Cinq ans et demi.

GÉRONIMO.

Combien y a-t-il que vous êtes revenu ici?

SGANARELLE.

Je revins en cinquante-six.

GÉRONIMO.

De cinquante-six à soixante-huit, il y a douze ans, ce me
semble. Cinq en Hollande font dix-sept; sept en Angleterre
font vingt-quatre, huit dans notre séjour à Rome font trente-
deux; et vingt que vous aviez lorsque nous nous connûmes,
cela fait justement cinquante-deux. Si bien, seigneur Sganarelle, que, sur votre propre confession, vous êtes environ
à votre cinquante-deuxième ou cinquante-troisième année.

SGANARELLE.

Qui, moi? cela ne se peut pas.

GÉRONIMO.

Mon Dieu! le calcul est juste; et là-dessus je vous dirai
franchement et en ami, comme vous m'avez fait promettre
de vous parler, que le mariage n'est guère votre fait. C'est
une chose à laquelle il faut que les jeunes gens pensent bien
mûrement avant que de la faire; mais les gens de votre âge
n'y doivent point penser du tout; et si l'on dit que la plus
grande de toutes les folies est celle de se marier, je ne vois
rien de plus mal à propos que de la faire, cette folie, dans
la saison où nous devons être plus sages. Enfin je vous en
dis nettement ma pensée. Je ne vous conseille point de songer au mariage; et je vous trouverais le plus ridicule du
monde si, ayant été libre jusqu'à cette heure, vous alliez
vous charger maintenant de la plus pesante des chaînes.

SGANARELLE.

Et moi, je vous dis que je suis résolu de me marier, et que je ne serai point ridicule en épousant la fille que je recherche.

GÉRONIMO.

Ah! c'est une autre chose! Vous ne m'aviez pas dit cela.

SGANARELLE.

C'est une fille qui me plaît, et que j'aime de tout mon cœur.

GÉRONIMO.

Vous l'aimez de tout votre cœur?

SGANARELLE.

Sans doute, et je l'ai demandée à son père.

GÉRONIMO.

Vous l'avez demandée?

SGANARELLE.

Oui. C'est un mariage qui se doit conclure ce soir, et i'ai donné ma parole.

GÉRONIMO.

Oh! mariez-vous donc! Je ne dis plus mot.

SGANARELLE.

Je quitterais le dessein que j'ai fait! Vous semble-t-il. seigneur Géronimo, que je ne sois plus propre à songer à une femme! Ne parlons point de l'âge que je puis avoir; mais regardons seulement les choses. Y a-t-il un homme de trente ans qui paraisse plus frais et plus vigoureux que vous me voyez? N'ai-je pas tous les mouvements de mon corps aussi bons que jamais; et voit-on que j'aie besoin de carrosse ou de chaise pour cheminer? N'ai-je pas encore toutes mes dents les meilleures du monde? (Il montre ses dents.) Ne fais-je pas vigoureusement mes quatre repas par jour, et peut-on voir un estomac qui ait plus de force que le mien? (Il tousse.) Hem, hem, hem. Eh! qu'en dites-vous?

GÉRONIMO.

Vous avez raison, je m'étais trompé. Vous ferez bien de vous marier.

SGANARELLE.

J'y ai répugné autrefois, mais j'ai maintenant de puissantes raisons pour cela. Outre la joie que j'aurai de posséder une belle femme, qui me fera mille caresses, qui me dorlotera, et me viendra frotter lorsque je serai las; outre cette joie, dis-je, je considère qu'en demeurant comme je suis je laisse périr dans le monde la race des Sganarelle, et qu'en me mariant je pourrai me voir revivre en d'autres moi-même; que j'aurai le plaisir de voir des créatures qui seront sorties de moi, de petites figures qui me ressembleront comme deux gouttes d'eau, qui se joueront continuellement dans la maison, qui m'appelleront leur papa quand je reviendrai de la ville, et me diront de petites folies les plus agréables du monde. Tenez, il me semble déjà que j'y suis, et que j'en vois une demi-douzaine autour de moi.

GÉRONIMO.

Il n'y a rien de plus agréable que cela, et je vous conseille de vous marier le plus vite que vous pourrez.

SGANARELLE.

Tout de bon, vous me le conseillez?

GÉRONIMO.

Assurément. Vous ne sauriez mieux faire.

SGANARELLE.

Vraiment, je suis ravi que vous me donniez ce conseil en véritable ami.

GÉRONIMO.

Hé! quelle est la personne, s'il vous plaît, avec qui vous allez vous marier?

SGANARELLE.

Dorimène.

GÉRONIMO.

Cette jeune Dorimène, si galante et si bien parée?

SGANARELLE.

Oui.

GÉRONIMO.

Fille du seigneur Alcantor?

SGANARELLE.

Justement.

GÉRONIMO.

Et sœur d'un certain Alcidas, qui se mêle de porter l'épée?

SGANARELLE.

C'est cela.

GÉRONIMO.

Vertu de ma vie!

SGANARELLE.

Qu'en dites-vous?

GÉRONIMO.

Bon parti! Mariez-vous promptement.

SGANARELLE.

N'ai-je pas raison d'avoir fait ce choix?

GÉRONIMO.

Sans doute. Ah! que vous serez bien marié! Dépêchez-vous de l'être.

SGANARELLE.

Vous me comblez de joie de me dire cela. Je vous remercie de votre conseil, et je vous invite ce soir à mes noces.

GÉRONIMO.

Je n'y manquerai pas; et je veux y aller en masque, afin de les mieux honorer.

SGANARELLE.

Serviteur.

GÉRONIMO, à part.

La jeune Dorimène, fille du seigneur Alcantor, avec le seigneur Sganarelle, qui n'a que cinquante-trois ans! O le beau mariage! ô le beau mariage!

(Ce qu'il répète plusieurs fois en s'en allant.)

SCÈNE III.

SGANARELLE, seul.

Ce mariage doit être heureux, car il donne de la joie à tout le monde, et je fais rire tous ceux à qui j'en parle. Me voilà maintenant le plus content des hommes.

SCÈNE IV.

DORIMÈNE, SGANARELLE.

DORIMÈNE, dans le fond du théâtre, à un petit laquais qui la suit.

Allons, petit garçon, qu'on tienne bien ma queue, et qu'on ne s'amuse pas à badiner.

SGANARELLE, à part, apercevant Dorimène.

Voici ma maîtresse qui vient. Ah! qu'elle est agréable! Quel air et quelle taille! Peut-il y avoir un homme qui n'ait, en la voyant, des démangeaisons de se marier? (A Dorimène.) Où allez-vous, belle mignonne, chère épouse future de votre époux futur?

DORIMÈNE.

Je vais faire quelques emplettes.

SGANARELLE.

Hé bien! ma belle, c'est maintenant que nous allons être heureux l'un et l'autre. Vous ne serez plus en droit de me rien refuser; et je pourrai faire avec vous tout ce qu'il me plaira, sans que personne s'en scandalise. Vous allez être à moi depuis la tête jusqu'aux pieds, et je serai maître de tout : de vos petits yeux éveillés, de votre petit nez fripon, de vos lèvres appétissantes, de vos oreilles amoureuses, de votre petit menton joli, de vos petits tétons rondelets, de votre... Enfin, toute votre personne sera à ma discrétion, et je serai à même pour vous caresser comme je voudrai. N'êtes-vous pas bien aise de ce mariage, mon aimable pouponne?

DORIMÈNE.

Tout à fait aise, je vous jure. Car enfin la sévérité de mon père m'a tenue jusques ici dans une sujétion la plus fâcheuse du monde. Il y a je ne sais combien que j'enrage du peu de liberté qu'il me donne, et j'ai cent fois souhaité qu'il me mariât, pour sortir promptement de la contrainte où j'étais avec lui, et me voir en état de faire ce que je voudrai. Dieu merci, vous êtes venu heureusement pour cela, et je me prépare désormais à me donner du divertissement, et à réparer comme il faut le temps que j'ai perdu. Comme vous êtes un fort galant homme, et que vous savez comme il faut vivre, je crois que nous ferons le meilleur ménage du monde ensemble, et que vous ne serez point de ces maris incommodes qui veulent que leurs femmes vivent comme des loups-garous. Je vous avoue que je ne m'accommoderais pas de cela, et que la solitude me désespère. J'aime le jeu, les visites, les assemblées, les cadeaux et les promenades; en un mot, toutes les choses de plaisir : et vous devez être ravi d'avoir une femme de mon humeur. Nous n'aurons jamais aucun démêlé ensemble; et je ne vous contraindrai point dans vos actions, comme j'espère que, de votre côté, vous ne me contraindrez point dans les miennes; car, pour moi, je tiens qu'il faut avoir une complaisance mutuelle, et qu'on ne se doit point marier pour se faire enrager l'un l'autre. Enfin, nous vivrons, étant mariés, comme deux personnes qui savent leur monde. Aucun soupçon jaloux ne nous troublera la cervelle; et c'est assez que vous serez assuré de ma fidélité, comme je serai persuadée de la vôtre. Mais qu'avez-vous? je vous vois tout changé de visage.

SGANARELLE.

Ce sont quelques vapeurs qui me viennent de monter à la tête.

DORIMÈNE.

C'est un mal aujourd'hui qui attaque beaucoup de gens; mais notre mariage vous dissipera tout cela. Adieu. Il me tarde déjà que je n'aie des habits raisonnables, pour quitter vite ces guenilles. Je m'en vais de ce pas achever d'acheter toutes les choses qu'il me faut, et je vous enverrai les marchands.

SCÈNE V.

GÉRONIMO, SGANARELLE.

GÉRONIMO.

Ah! seigneur Sganarelle, je suis ravi de vous trouver encore ici; et j'ai rencontré un orfévre qui, sur le bruit que vous cherchez quelque beau diamant en bague pour faire un présent à votre épouse, m'a fort prié de vous venir parler pour lui, et de vous dire qu'il en a un à vendre, le plus parfait du monde.

SGANARELLE.

Mon Dieu! cela n'est pas pressé.

GÉRONIMO.

Comment! Que veut dire cela? Où est l'ardeur que vous montriez tout à l'heure?

SGANARELLE.

Il m'est venu, depuis un moment, de petits scrupules sur le mariage. Avant que de passer plus avant, je voudrais bien agiter à fond cette matière, et que l'on m'expliquât un songe que j'ai fait cette nuit, et qui vient tout à l'heure de

me revenir dans l'esprit. Vous savez que les songes sont
comme des miroirs, où l'on découvre quelquefois tout ce
qui nous doit arriver. Il me semblait que j'étais dans un
vaisseau, sur une mer bien agitée, et que...

GÉRONIMO.

Seigneur Sganarelle, j'ai maintenant quelque petite affaire
qui m'empêche de vous ouïr. Je n'entends rien du tout aux
songes; et quant au raisonnement du mariage, vous avez
deux savants, deux philosophes, vos voisins, qui sont gens à
vous débiter tout ce qu'on peut dire sur ce sujet. Comme
ils sont de sectes différentes, vous pouvez examiner leurs
diverses opinions là-dessus. Pour moi, je me contente de ce
que je vous ai dit tantôt, et demeure votre serviteur.

SGANARELLE, seul.

Il a raison. Il faut que je consulte un peu ces gens-là sur
l'incertitude où je suis.

SCÈNE VI.

PANCRACE, SGANARELLE.

PANCRACE, se tournant du côté où il est entré, et sans voir Sganarelle.

Allez, vous êtes un impertinent, mon ami, un homme
[ignare de toute bonne discipline[1]] bannissable de la république des lettres.

SGANARELLE.

Ah! bon. En voici un fort à propos.

PANCRACE, de même, sans voir Sganarelle.

Oui, je te soutiendrai par vives raisons [je te montrerai

---

[1] L'édition de 1682 porte les mots placés entre crochets que ne donnaient pas les éditions précédentes. Nous avons cru devoir les conserver,
pour permettre au lecteur de les distinguer de la leçon de 1668.

par Aristote, le philosophe des philosophes,] que tu es un ignorant, ignorantissime, ignorantifiant et ignorantifié, par tous les cas et modes imaginables.

SGANARELLE, à part.

Il a pris querelle contre quelqu'un. (A Pancrace.) Seigneur...

PANCRACE, de même, sans voir Sganarelle.

Tu veux te mêler de raisonner, et tu ne sais pas seulement les éléments de la raison.

SGANARELLE, à part.

La colère l'empêche de me voir. (A Pancrace.) Seigneur...

PANCRACE, de même, sans voir Sganarelle.

C'est une proposition condamnable dans toutes les terres de la philosophie.

SGANARELLE, à part.

Il faut qu'on l'ait fort irrité. (A Pancrace.) Je...

PANCRACE, de même, sans voir Sganarelle.

Toto cœlo, tota via aberras.

SGANARELLE.

Je baise les mains à monsieur le docteur.

PANCRACE.

Serviteur.

SGANARELLE.

Peut-on?...

PANCRACE, se retournant vers l'endroit par où il est entré.

Sais-tu bien ce que tu as fait? un syllogisme *in Balordo.*

SGANARELLE.

Je vous...

PANCRACE, de même.

La majeure en est inepte, la mineure impertinente, et la conclusion ridicule.

SGANARELLE.

Je...

PANCRACE, de même.

Je crèverais plutôt que d'avouer ce que tu dis; et je soutiendrai mon opinion jusqu'à la dernière goutte de mon encre.

SGANARELLE.

Puis-je?...

PANCRACE, de même.

Oui, je défendrai cette proposition, *pugnis et calcibus, unguibus et rostro*[1].

SGANARELLE.

Seigneur Aristote, peut on savoir ce qui vous met si fort en colère?

PANCRACE.

Un sujet le plus juste du monde.

SGANARELLE.

Et quoi, encore?

PANCRACE.

Un ignorant m'a voulu soutenir une proposition erronée, une proposition épouvantable, effroyable, exécrable.

SGANARELLE.

Puis-je demander ce que c'est?

PANCRACE.

Ah! seigneur Sganarelle, tout est renversé aujourd'hui, et le monde est tombé dans une corruption générale. Une licence épouvantable règne partout; et les magistrats, qui sont établis pour maintenir l'ordre dans cet État, devraient rougir de honte en souffrant un scandale aussi intolérable que celui dont je veux parler.

SGANARELLE.

Quoi donc?

PANCRACE.

N'est-ce pas une chose horrible, une chose qui crie vengeance au ciel, que d'endurer qu'on dise publiquement la forme d'un chapeau?

SGANARELLE.

Comment?

---

[1] « A coups de poing et à coups de pied, avec les ongles et avec le bec. »

PANCRACE.

Je soutiens qu'il faut dire la figure d'un chapeau, et non pas la forme; d'autant qu'il y a cette différence entre la forme et la figure, que la forme est la disposition extérieure des corps qui sont animés, et la figure la disposition extérieure des corps qui sont inanimés : et puisque le chapeau est un corps inanimé, il faut dire la figure d'un chapeau, et non pas la forme. (Se retournant encore du côté par où il est entré.) Oui, ignorant que vous êtes, c'est comme il faut parler; et ce sont les termes exprès d'Aristote dans le chapitre de la Qualité.

SGANARELLE, à part.

Je pensais que tout fût perdu. (A Pancrace.) Seigneur docteur, ne songez plus à tout cela. Je...

PANCRACE.

Je suis dans une colère, que je ne me sens pas.

SGANARELLE.

Laissez la forme et le chapeau en paix. J'ai quelque chose à vous communiquer. Je...

PANCRACE.

Impertinent fieffé!

SGANARELLE.

De grâce, remettez-vous. Je...

PANCRACE.

Ignorant!

SGANARELLE.

Eh! mon Dieu! Je...

PANCRACE.

Me vouloir soutenir une proposition de la sorte!

SGANARELLE.

Il a tort. Je...

PANCRACE.

Une proposition condamnée par Aristote!

SGANARELLE.

Cela est vrai. Je...

PANCRACE.

En termes exprès!

SGANARELLE.

Vous avez raison. (Se tournant du côté par où Pancrace est entré.) Oui,
vous êtes un sot et un impudent, de vouloir disputer contre
un docteur qui sait lire et écrire. Voilà qui est fait : je vous
prie de m'écouter. Je viens vous consulter sur une affaire
qui m'embarrasse. J'ai dessein de prendre une femme, pour
me tenir compagnie dans mon ménage. La personne est
belle et bien faite; elle me plaît beaucoup, et est ravie de
m'épouser. Son père me l'a accordée; mais je crains un
peu ce que vous savez, la disgrâce dont on ne plaint personne; et je voudrais bien vous prier, comme philosophe,
de me dire votre sentiment. Eh! quel est votre avis là-
dessus?

PANCRACE.

Plutôt que d'accorder qu'il faille dire la forme d'un chapeau, j'accorderais que *datur vacuum in rerum natura*[1], et
que je ne suis qu'une bête.

SGANARELLE, à part.

La peste soit de l'homme! (A Pancrace.) Eh! monsieur le
docteur, écoutez un peu les gens. On vous parle une heure
durant, et vous ne répondez point à ce qu'on vous dit.

PANCRACE.

Je vous demande pardon. Une juste colère m'occupe
l'esprit.

SGANARELLE.

Eh! laissez tout cela, et prenez la peine de m'écouter.

PANCRACE.

Soit. Que voulez-vous me dire?

_____

[1] J'accorderais que « le vide existe dans la nature. »

SGANARELLE.

Je veux vous parler de quelque chose.

PANCRACE.

Et de quelle langue voulez-vous vous servir avec moi?

SGANARELLE.

De quelle langue?

PANCRACE.

Oui.

SGANARELLE.

Parbleu! de la langue que j'ai dans la bouche. Je crois
que je n'irai pas emprunter celle de mon voisin.

PANCRACE.

Je vous dis, de quel idiome, de quel langage?

SGANARELLE.

Ah! c'est une autre affaire.

PANCRACE.

Voulez-vous me parler italien?

SGANARELLE.

Non.

PANCRACE.

Espagnol?

SGANARELLE.

Non.

PANCRACE.

Allemand?

SGANARELLE.

Non.

PANCRACE.

Anglais?

SGANARELLE.

Non.

PANCRACE.

Latin?

SGANARELLE.

Non.

PANCRACE.

Grec?

SGANARELLE.

Non.

PANCRACE.

Hébreu?

SGANARELLE.

Non.

PANCRACE.

Syriaque?

SGANARELLE.

Non.

PANCRACE.

Turc?

SGANARELLE.

Non.

PANCRACE.

Arabe?

SGANARELLE.

Non, non, français [français, français].

PANCRACE.

Ah! français!

SGANARELLE.

Fort bien.

PANCRACE.

Passez donc de l'autre côté; car cette oreille-ci est destinée pour les langues scientifiques [et étrangères], et l'autre est pour [la vulgaire et] la maternelle.

SGANARELLE, à part.

Il faut bien des cérémonies avec ces sortes de gens-ci!

PANCRACE.

Que voulez-vous?

SGANARELLE.

Vous consulter sur une petite difficulté.

PANCRACE.

Sur une difficulté de philosophie, sans doute?

SGANARELLE.

Pardonnez-moi. Je...

PANCRACE.

Vous voulez peut-être savoir si la substance et l'accident sont termes synonymes ou équivoques à l'égard de l'être?

SGANARELLE.

Point du tout. Je...

PANCRACE.

Si la logique est un art ou une science?

SGANARELLE.

Ce n'est pas cela. Je...

PANCRACE.

Si elle a pour objet les trois opérations de l'esprit ou la troisième seulement.

SGANARELLE.

Non. Je...

PANCRACE.

S'il y a dix catégories, ou s'il n'y en a qu'une?

SGANARELLE.

Point. Je...

PANCRACE.

Si la conclusion est de l'essence du syllogisme?

SGANARELLE.

Nenni. Je...

PANCRACE.

Si l'essence du bien est mise dans l'appétibilité, ou dans la convenance?

SGANARELLE.

Non. Je...

PANCRACE.

Si le bien se réciproque avec la fin?

SGANARELLE.

Hé! non. Je...

PANCRACE.

Si la fin nous peut émouvoir par son être réel, ou par son être intentionnel?

SGANARELLE.

Non, non, non, non, non, de par tous les diables, non.

PANCRACE.

Expliquez donc votre pensée, car je ne puis pas la deviner.

SGANARELLE.

Je vous la veux expliquer aussi; mais il faut m'écouter. (Pendant que Sganarelle dit :) L'affaire que j'ai à vous dire, c'est que j'ai envie de me marier avec une fille qui est jeune et belle. Je l'aime fort, et l'ai demandée à son père; mais, comme j'appréhende...

PANCRACE dit en même temps, sans écouter Sganarelle.

La parole a été donnée à l'homme pour expliquer sa pensée; et tout ainsi que les pensées sont les portraits des choses, de même nos paroles sont-elles les portraits de nos pensées.

(Sganarelle, impatienté, ferme la bouche du docteur avec sa main à plusieurs reprises, et le docteur continue de parler d'abord que Sganarelle ôte sa main.)

Mais ces portraits diffèrent des autres portraits en ce que les autres portraits sont distingués partout de leurs originaux, et que la parole renferme en soi son original, puisqu'elle n'est autre chose que la pensée expliquée par un signe extérieur; d'où vient que ceux qui pensent bien sont aussi ceux qui parlent le mieux. Expliquez-moi donc votre pensée par la parole, qui est le plus intelligible de tous les signes.

SGANARELLE pousse le docteur dans sa maison, et tire la porte pour l'empêcher de sortir.

[Peste de l'homme!

PANCRACE, au dedans de sa maison.

Oui, la parole est *animi index et speculum*[1]. C'est le truchement du cœur, c'est l'image de l'âme. (Il monte à la fenêtre, et continue.) C'est un miroir qui nous présente naïvement les secrets les plus arcanes[2] de nos individus; et, puisque vous avez la faculté de ratiociner[3] et de parler tout ensemble, à quoi tient-il que vous ne vous serviez de la parole pour me faire entendre votre pensée?

SGANARELLE.

C'est ce que je veux faire; mais vous ne voulez pas m'écouter.

PANCRACE.

Je vous écoute, parlez.

SGANARELLE.

Je dis donc, monsieur le docteur, que...

PANCRACE.

Mais surtout soyez bref.

SGANARELLE.

Je le serai.

PANCRACE.

Évitez la prolixité.

SGANARELLE.

Hé! monsi...

PANCRACE.

Tranchez-moi votre discours d'un apophthegme à la laconienne.

SGANARELLE.

Je vous...

PANCRACE.

Point d'ambages, de circonlocution.

(Sganarelle, de dépit de ne pouvoir parler, ramasse des pierres pour en casser la tête du docteur.)

---

[1] « L'image et le miroir de l'âme. »
[2] Les plus mystérieux, du latin *arcana*.
    Ratiociner, raisonner.

PANCRACE.

Hé quoi! vous vous emportez, au lieu de vous expliquer?
Allez, vous êtes plus impertinent que celui qui m'a voulu
soutenir qu'il faut dire la forme d'un chapeau; et je vous
prouverai, en toute rencontre, par raisons démonstra-
tives et convaincantes, et par arguments *in Barbara*, que
vous n'êtes et ne serez jamais qu'une pécore, et que je suis
et serai toujours, *in utroque jure*, le docteur Pancrace.

SGANARELLE.

Quel diable de babillard!

PANCRACE, en rentrant sur le théâtre.

Homme de lettres, homme d'érudition.

SGANARELLE.

Encore?

PANCRACE.

Homme de suffisance, homme de capacité; (S'en allant.)
homme consommé dans toutes les sciences naturelles, mo-
rales, et politiques; (Revenant.) homme savant, savantissime,
per omnes modos et casus; (S'en allant.) homme qui possède *su-
perlative* fable, mythologie, et histoire, (Revenant) grammaire,
poésie, rhétorique, dialectique, et sophistique, (S'en allant.) mathématique, arithmétique, optique, onirocritique[1], physique
et mathématique, (Revenant.) cosmométrie, géométrie, archi-
tecture, spéculoire et spéculatoire[2]. (S'en allant.) médecine, as-
tronomie, astrologie, physionomie, métoposcopie[3], chiromancie[4], géomancie[5], etc.

---

[1] L'*onirocritique* ou *onirocritie* est l'art d'interpréter les songes.

[2] La *spéculoire* est la divination à l'aide d'un miroir; la *spéculatoire*,
la divination par les météores.

[3] *Physionomie*, art de connaitre les hommes et de prévoir leur destinée
par l'inspection des traits. — *Métoposcopie*, même signification restreinte
au front et au visage.

[4] *Chiromancie*, divination par l'inspection des lignes de la main.

[5] *Géomancie*, divination par l'inspection du sol, par des lignes tracées
sur la terre.

SCÈNE VII.

SGANARELLE, seul.

Au diable les savants qui ne veulent point écouter les gens! On me l'avait bien dit que son maître Aristote n'était rien qu'un bavard. Il faut que j'aille trouver l'autre; il est plus posé, et plus raisonnable. Holà!

SCÈNE VIII.

MARPHURIUS, SGANARELLE.

MARPHURIUS.
Que voulez-vous de moi, seigneur Sganarelle?

SGANARELLE.
Seigneur docteur, j'aurais besoin de votre conseil sur une petite affaire dont il s'agit, et je suis venu ici pour cela. (A part.) Ah! voilà qui va bien. Il écoute le monde, celui-ci.

MARPHURIUS.
Seigneur Sganarelle, changez, s'il vous plaît, cette façon de parler. Notre philosophie ordonne de ne point énoncer de proposition décisive, de parler de tout avec incertitude, de suspendre toujours son jugement; et, par cette raison, vous ne devez pas dire : Je suis venu, mais : Il me semble que je suis venu.

SGANARELLE.
Il me semble?

MARPHURIUS.
Oui.

SGANARELLE.

Parbleu! il faut bien qu'il me le semble, puisque cela est.

MARPHURIUS.

Ce n'est pas une conséquence; et il peut vous sembler, sans que la chose soit véritable.

SGANARELLE.

Comment! il n'est pas vrai que je suis venu?

MARPHURIUS.

Cela est incertain, et nous devons douter de tout.

SGANARELLE.

Quoi! je ne suis pas ici, et vous ne me parlez pas?

MARPHURIUS.

Il m'apparaît que vous êtes là, et il me semble que je vous parle; mais il n'est pas assuré que cela soit.

SGANARELLE.

Hé! que diable! vous vous moquez. Me voilà, et vous voilà bien nettement, et il n'y a point de *me semble* à tout cela. Laissons ces subtilités, je vous prie, et parlons de mon affaire. Je viens vous dire que j'ai envie de me marier.

MARPHURIUS.

Je n'en sais rien.

SGANARELLE.

Je vous le dis.

MARPHURIUS.

Il se peut faire.

SGANARELLE.

La fille que je veux prendre est fort jeune et fort belle.

MARPHURIUS.

Il n'est pas impossible.

SGANARELLE.

Ferai-je bien ou mal de l'épouser?

MARPHURIUS.

L'un ou l'autre.

SGANARELLE, à part.

Ah! ah! voici une autre musique. (A Marphurius.) Je vous

demande si je ferai bien d'épouser la fille dont je vous parle.

MARPHURIUS.

Selon la rencontre.

SGANARELLE.

Ferai-je mal?

MARPHURIUS.

Par aventure.

SGANARELLE.

De grâce, répondez-moi comme il faut.

MARPHURIUS.

C'est mon dessein.

SGANARELLE.

J'ai une grande inclination pour la fille.

MARPHURIUS.

Cela peut être.

SGANARELLE.

Le père me l'a accordée.

MARPHURIUS.

Il se pourrait.

SGANARELLE.

Mais, en l'épousant, je crains d'être cocu.

MARPHURIUS.

La chose est faisable.

SGANARELLE.

Qu'en pensez-vous?

MARPHURIUS.

Il n'y a pas d'impossibilité.

SGANARELLE.

Mais que feriez-vous si vous étiez en ma place?

MARPHURIUS.

Je ne sais.

SGANARELLE.

Que me conseillez-vous de faire?

MARPHURIUS.

Ce qui vous plaira.

SGANARELLE.

J'enrage!

MARPHURIUS.

Je m'en lave les mains.

SGANARELLE.

Au diable soit le vieux rêveur!

MARPHURIUS.

Il en sera ce qui pourra.

SGANARELLE, à part.

La peste du bourreau! Je te ferai changer de note, chien de philosophe enragé. (Il donne des coups de bâton à Marphurius.)

MARPHURIUS.

Ah! ah! ah!

SGANARELLE.

Te voilà payé de ton galimatias, et me voilà content.

MARPHURIUS.

Comment! Quelle insolence! M'outrager de la sorte! Avoir eu l'audace de battre un philosophe comme moi!

SGANARELLE.

Corrigez, s'il vous plaît, cette manière de parler. Il faut douter de toutes choses; et vous ne devez pas dire que je vous ai battu, mais qu'il vous semble que je vous ai battu.

MARPHURIUS.

Ah! je m'en vais faire ma plainte au commissaire du quartier des coups que j'ai reçus.

SGANARELLE.

Je m'en lave les mains.

MARPHURIUS.

J'en ai les marques sur ma personne.

SGANARELLE.

Il se peut faire.

MARPHURIUS.

C'est toi qui m'as traité ainsi.

SGANARELLE.

Il n'y a pas d'impossibilité.

MARPHURIUS.

J'aurai un décret contre toi[1].

SGANARELLE.

Je n'en sais rien.

MARPHURIUS.

Et tu seras condamné en justice.

SGANARELLE.

Il en sera ce qui pourra.

MARPHURIUS.

Laissez-moi faire.

SCÈNE IX.

SGANARELLE, seul.

Comment! on ne saurait tirer une parole positive de ce chien d'homme-là, et l'on est aussi savant à la fin qu'au commencement. Que dois-je faire dans l'incertitude des suites de mon mariage? Jamais homme ne fut plus embarrassé que je suis. Ah! voici des Égyptiennes; il faut que je me fasse dire par elles ma bonne aventure.

SCÈNE X.

DEUX ÉGYPTIENNES, SGANARELLE.

(Les Égyptiennes avec leurs tambours de basque entrent en chantant et en dansant.)

SGANARELLE.

Elles sont gaillardes. Écoutez, vous autres, y a-t-il moyen de me dire ma bonne fortune?

[1] Un décret de prise de corps.

PREMIÈRE ÉGYPTIENNE.

Oui, mon beau monsieur, nous voici deux qui te la diront.

DEUXIÈME ÉGYPTIENNE.

Tu n'as seulement qu'à nous donner ta main, avec la croix dedans [1], et nous te dirons quelque chose pour ton bon profit.

SGANARELLE.

Tenez, les voilà toutes deux avec ce que vous demandez.

PREMIÈRE ÉGYPTIENNE.

Tu as une bonne physionomie, mon bon monsieur, une bonne physionomie.

DEUXIÈME ÉGYPTIENNE.

Oui, une bonne physionomie; physionomie d'un homme qui sera un jour quelque chose.

PREMIÈRE ÉGYPTIENNE.

Tu seras marié avant qu'il soit peu, mon bon monsieur, tu seras marié avant qu'il soit peu.

DEUXIÈME ÉGYPTIENNE.

Tu épouseras une femme gentille, une femme gentille.

PREMIÈRE ÉGYPTIENNE.

Oui, une femme qui sera chérie et aimée de tout le monde.

DEUXIÈME ÉGYPTIENNE.

Une femme qui te fera beaucoup d'amis, mon bon monsieur, qui te fera beaucoup d'amis.

PREMIÈRE ÉGYPTIENNE.

Une femme qui fera venir l'abondance chez toi.

DEUXIÈME ÉGYPTIENNE.

Une femme qui te donnera une grande réputation.

PREMIÈRE ÉGYPTIENNE.

Tu seras considéré par elle, mon bon monsieur, tu seras considéré par elle.

---

[1] C'est-à-dire une pièce de monnaie marquée à la croix. Certaines monnaies portaient l'empreinte d'une croix sur une de leurs faces; c'est de là qu'est venue l'expression : « jouer à croix ou pile. »

SGANARELLE.

Voilà qui est bien. Mais dites-moi un peu : suis-je menacé d'être cocu ?

DEUXIÈME ÉGYPTIENNE.

Cocu ?

SGANARELLE.

Oui.

PREMIÈRE ÉGYPTIENNE.

Cocu ?

SGANARELLE.

Oui, si je suis menacé d'être cocu ?

(Les deux Égyptiennes chantent et dansent.)

SGANARELLE.

Que diable ! ce n'est pas là me répondre ! Venez çà. Je vous demande à toutes deux si je serai cocu ?

DEUXIÈME ÉGYPTIENNE.

Cocu ? vous ?

SGANARELLE.

Oui, si je serai cocu ?

PREMIÈRE ÉGYPTIENNE.

Vous ? cocu ?

SGANARELLE.

Oui, si je le serai, ou non ?

(Les deux Égyptiennes chantent et dansent en s'en allant.)

SCÈNE XI.

SGANARELLE, seul.

Peste soit des carognes qui me laissent dans l'inquiétude ! Il faut absolument que je sache la destinée de mon mariage ; et pour cela je veux aller trouver ce grand magicien dont tout le monde parle tant, et qui, par son art admirable, fait voir tout ce que l'on souhaite. Ma foi, je crois que je n'ai que faire d'aller au magicien, et voici qui me montre tout ce que je puis demander.

SCÈNE XII.

DORIMÈNE, LYCASTE, SGANARELLE, retiré dans un coin du théâtre sans être vu.

LYCASTE.

Quoi! belle Dorimène, c'est sans raillerie que vous parlez?

DORIMÈNE.

Sans raillerie.

LYCASTE.

Vous vous mariez tout de bon?

DORIMÈNE.

Tout de bon.

LYCASTE.

Et vos noces se feront dès ce soir?

DORIMÈNE.

Dès ce soir.

LYCASTE.

Et vous pouvez, cruelle que vous êtes, oublier de la sorte l'amour que j'ai pour vous, et les obligeantes paroles que vous m'aviez données?

DORIMÈNE.

Moi? point du tout. Je vous considère toujours de même, et ce mariage ne doit point vous inquiéter : c'est un homme que je n'épouse point par amour, et sa seule richesse me fait résoudre à l'accepter. Je n'ai point de bien. Vous n'en avez point aussi ; et vous savez que sans cela on passe mal le temps au monde, et qu'à quelque prix que ce soit il faut tâcher d'en avoir. J'ai embrassé cette occasion-ci de me mettre à mon aise ; et je l'ai fait sur l'espérance de me voir bientôt délivrée du barbon que je prends. C'est un homme qui mourra avant qu'il soit peu, et qui n'a tout au plus que six mois dans le ventre. Je vous le garantis défunt dans le temps que je dis ; et je n'aurai pas longuement à demander pour moi au ciel l'heureux état de veuve. (A Sganarelle, qu'elle aperçoit.) Ah ! nous parlions de vous, et nous en disions tout le bien qu'on en saurait dire.

LYCASTE.

Est-ce là monsieur ?

DORIMÈNE.

Oui, c'est monsieur qui me prend pour femme.

LYCASTE.

Agréez, monsieur, que je vous félicite de votre mariage, et vous présente en même temps mes très-humbles services. Je vous assure que vous épousez là une très-honnête personne : et vous, mademoiselle, je me réjouis avec vous aussi de l'heureux choix que vous avez fait. Vous ne pouviez pas mieux trouver, et monsieur a toute la mine d'être un fort bon mari. Oui, monsieur, je veux faire amitié avec vous, et lier ensemble un petit commerce de visites et de divertissements.

DORIMÈNE.

C'est trop d'honneur que vous nous faites à tous deux. Mais allons, le temps me presse, et nous aurons tout le loisir de nous entretenir ensemble.

SCÈNE XIII.

SGANARELLE, seul.

Me voilà tout à fait dégoûté de mon mariage, et je crois que je ne ferai pas mal de m'aller dégager de ma parole. Il m'en a coûté quelque argent ; mais il vaut encore mieux perdre cela que de m'exposer à quelque chose de pis. Tâchons adroitement de nous débarrasser de cette affaire. Holà !

(Il frappe à la porte de la maison d'Alcantor.)

SCÈNE XIV.

ALCANTOR, SGANARELLE.

ALCANTOR.

Ah ! mon gendre, soyez le bien venu !

SGANARELLE.

Monsieur, votre serviteur.

ALCANTOR.

Vous venez pour conclure le mariage ?

SGANARELLE.

Excusez-moi.

ALCANTOR.

Je vous promets que j'en ai autant d'impatience que vous.

SGANARELLE.

Je viens ici pour autre sujet.

ALCANTOR.

J'ai donné ordre à toutes les choses nécessaires pour cette fête.

SGANARELLE.

Il n'est pas question de cela.

ALCANTOR.

Les violons sont retenus, le festin est commandé, et ma fille est parée pour vous recevoir.

SGANARELLE.

Ce n'est pas ce qui m'amène.

ALCANTOR.

Enfin, vous allez être satisfait; et rien ne peut retarder votre contentement.

SGANARELLE.

Mon Dieu! c'est autre chose.

ALCANTOR.

Allons, entrez donc, mon gendre.

SGANARELLE.

J'ai un petit mot à vous dire.

ALCANTOR.

Ah! mon Dieu, ne faisons point de cérémonie. Entrez vite, s'il vous plaît.

SGANARELLE.

Non, vous dis-je, je vous veux parler auparavant.

ALCANTOR.

Vous voulez me dire quelque chose?

SGANARELLE.

Oui.

ALCANTOR.

Et quoi?

SGANARELLE.

Seigneur Alcantor, j'ai demandé votre fille en mariage, il est vrai, et vous me l'avez accordée; mais je me trouve un peu avancé en âge pour elle, et je considère que je ne suis point du tout son fait.

ALCANTOR.

Pardonnez-moi, ma fille vous trouve bien comme vous êtes; et je suis sûr qu'elle vivra fort contente avec vous.

SGANARELLE.

Point. J'ai parfois des bizarreries épouvantables, et elle
aurait trop à souffrir de ma mauvaise humeur.

ALCANTOR.

Ma fille a de la complaisance, et vous verrez qu'elle s'ac-
commodera entièrement à vous.

SGANARELLE.

J'ai quelques infirmités sur mon corps qui pourraient la
dégoûter.

ALCANTOR.

Cela n'est rien. Une honnête femme ne se dégoûte jamais
de son mari.

SGANARELLE.

Enfin, voulez-vous que je vous dise? Je ne vous conseille
pas de me la donner.

ALCANTOR.

Vous moquez-vous? J'aimerais mieux mourir que d'avoir
manqué à ma parole.

SGANARELLE.

Mon Dieu! je vous en dispense, et je...

ALCANTOR.

Point du tout. Je vous l'ai promise, et vous l'aurez en
dépit de tous ceux qui y prétendent.

SGANARELLE, à part.

Que diable!

ALCANTOR.

Voyez-vous, j'ai une estime et une amitié pour vous toute
particulière; et je refuserais ma fille à un prince pour vous
la donner.

SGANARELLE.

Seigneur Alcantor, je vous suis obligé de l'honneur que
vous me faites; mais je vous déclare que je ne me veux
point marier.

ALCANTOR.

Qui, vous?

SGANARELLE.

Oui, moi.

ALCANTOR.

Et la raison?

SGANARELLE.

La raison? C'est que je ne me sens point propre pour le mariage, et que je veux imiter mon père, et tous ceux de ma race, qui ne se sont jamais voulu marier.

ALCANTOR.

Écoutez. Les volontés sont libres; et je suis homme à ne contraindre jamais personne. Vous vous êtes engagé avec moi pour épouser ma fille, et tout est préparé pour cela : mais, puisque vous voulez retirer votre parole, je vais voir ce qu'il y a à faire, et vous aurez bientôt de mes nouvelles.

SCÈNE XV.

SGANARELLE.

Encore est-il plus raisonnable que je ne pensais, et je croyais avoir bien plus de peine à m'en dégager. Ma foi, quand j'y songe, j'ai fait fort sagement de me tirer de cette affaire, et j'allais faire un pas dont je me serais peut-être longtemps repenti. Mais voici le fils qui me vient rendre réponse.

SCÈNE XVI.

ALCIDAS, SGANARELLE.

ALCIDAS, parlant toujours d'un ton doucereux.

Monsieur, je suis votre serviteur très-humble.

SGANARELLE.

Monsieur, je suis le vôtre de tout mon cœur.

ALCIDAS.

Mon père m'a dit, monsieur, que vous vous étiez venu dégager de la parole que vous aviez donnée.

SGANARELLE.

Oui, monsieur, c'est avec regret; mais...

ALCIDAS.

Oh! monsieur, il n'y a pas de mal à cela.

SGANARELLE.

J'en suis fâché, je vous assure; et je souhaiterais...

ALCIDAS.

Cela n'est rien, vous dis-je. (Alcidas présente à Sganarelle deux épées.) Monsieur, prenez la peine de choisir, de ces deux épées, laquelle vous voulez.

SGANARELLE.

De ces deux épées?

ALCIDAS.

Oui, s'il vous plaît.

SGANARELLE.

A quoi bon?

ALCIDAS.

Monsieur, comme vous refusez d'épouser ma sœur après la parole donnée, je crois que vous ne trouverez pas mauvais le petit compliment que je viens vous faire.

SGANARELLE.

Comment?

ALCIDAS.

D'autres gens feraient du bruit, et s'emporteraient contre
vous ; mais nous sommes personnes à traiter les choses dans
la douceur ; et je viens vous dire civilement qu'il faut, si
vous le trouvez bon, que nous nous coupions la gorge ensemble.

SGANARELLE.

Voilà un compliment fort mal tourné.

ALCIDAS.

Allons, monsieur, choisissez, je vous prie.

SGANARELLE.

Je suis votre valet, je n'ai point de gorge à me couper.
(A part.) La vilaine façon de parler que voilà !

ALCIDAS.

Monsieur, il faut que cela soit, s'il vous plaît.

SGANARELLE.

Hé ! monsieur, rengaînez ce compliment, je vous prie.

ALCIDAS.

Dépêchons vite, monsieur. J'ai une petite affaire qui m'attend.

SGANARELLE.

Je ne veux point de cela, vous dis-je.

ALCIDAS.

Vous ne voulez pas vous battre?

SGANARELLE.

Nenni, ma foi.

ALCIDAS.

Tout de bon?

SGANARELLE.

Tout de bon.

ALCIDAS, après lui avoir donné des coups de bâton.

Au moins, monsieur, vous n'avez pas lieu de vous plaindre ;
vous voyez que je fais les choses dans l'ordre. Vous nous

manquez de parole, je veux me battre contre vous; vous
refusez de vous battre, je vous donne des coups de bâton :
tout cela est dans les formes; et vous êtes trop honnête
homme pour ne pas approuver mon procédé.

SGANARELLE, à part.

Quel diable d'homme est-ce ci?

ALCIDAS, lui présente encore les deux épées.

Allons, monsieur, faites les choses galamment, et sans
vous faire tirer l'oreille.

SGANARELLE.

Encore!

ALCIDAS.

Monsieur, je ne contrains personne; mais il faut que vous
vous battiez, ou que vous épousiez ma sœur.

SGANARELLE.

Monsieur, je ne puis faire ni l'un ni l'autre, je vous assure.

ALCIDAS.

Assurément?

SGANARELLE.

Assurément.

ALCIDAS.

Avec votre permission donc... (Alcidas lui donne encore des coups de
bâton.)

SGANARELLE.

Ah! ah! ah! ah!

ALCIDAS.

Monsieur, j'ai tous les regrets du monde d'être obligé d'en
user ainsi avec vous; mais je ne cesserai point, s'il vous
plaît, que vous n'ayez promis de vous battre, ou d'épouser
ma sœur. (Alcidas lève le bâton.)

SGANARELLE.

Hé bien! j'épouserai, j'épouserai.

ALCIDAS.

Ah! monsieur, je suis ravi que vous vous mettiez à la
raison, et que les choses se passent doucement. Car enfin

vous êtes l'homme du monde que j'estime le plus, je vous
jure, et j'aurais été au désespoir que vous m'eussiez contraint à vous maltraiter. Je vais appeler mon père, pour lui
dire que tout est d'accord. (Il va frapper à la porte d'Alcantor.)

SCÈNE XVII.

ALCANTOR, DORIMÈNE, ALCIDAS, SGANARELLE.

ALCIDAS.

Mon père, voilà monsieur qui est tout à fait raisonnable.
Il a voulu faire les choses de bonne grâce, et vous pouvez
lui donner ma sœur.

ALCANTOR.

Monsieur, voilà sa main; vous n'avez qu'à donner la vôtre.
Loué soit le ciel! m'en voilà déchargé, et c'est vous désormais que regarde le soin de sa conduite. Allons nous réjouir,
et célébrer cet heureux mariage.

FIN DU MARIAGE FORCÉ.

LES PLAISIRS

DE L'ILE ENCHANTÉE.

FÊTES GALANTES ET MAGNIFIQUES

FAITES PAR LE ROI A VERSAILLES LE 7 MAI 1664.

LES PLAISIRS

DE L'ILE ENCHANTÉE.

Course de bague; collation ornée de machines; comédie de Molière
de *la Princesse d'Élide*, mêlée de danse et de musique; ballet du Palais d'Alcine; feu
d'artifice, et autres fêtes galantes et magnifiques, faites par le roi, à Versailles,
le 7 mai 1664, et continuées plusieurs autres jours.

———

Le roi, voulant donner aux reines et à toute sa cour le
plaisir de quelques fêtes peu communes, dans un lieu orné
de tous les agréments qui peuvent faire admirer une maison
de campagne, choisit Versailles, à quatre lieues de Paris.
C'est un château qu'on peut nommer un palais enchanté,
tant les ajustements de l'art ont bien secondé les soins que
la nature a pris pour le rendre parfait. Il charme de toutes
manières : tout y rit dehors et dedans; l'or et le marbre y
disputent de beauté et d'éclat; et, quoiqu'il n'ait pas cette
grande étendue qui se remarque en quelques autres palais
de Sa Majesté, toutes choses y sont si polies, si bien entendues
et si bien achevées que rien ne le peut égaler. Sa symétrie,
la richesse de ses meubles, la beauté de ses promenades et
le nombre infini de ses fleurs, comme de ses orangers,

rendent les environs de ce lieu dignes de sa rareté singulière. La diversité des bêtes contenues dans les deux parcs
et dans la ménagerie, où plusieurs cours en étoile sont accompagnées de viviers pour les animaux aquatiques, avec
de grands bâtiments, joignent le plaisir avec la magnificence
et en font une maison accomplie.

PREMIÈRE JOURNÉE.

Ce fut en ce beau lieu, où toute la cour se rendit le cinquième de mai, que le roi traita plus de six cents personnes, jusques au quatorzième, outre une infinité de gens nécessaires à la danse et à la comédie, et d'artisans de toute sorte, venus de Paris; si bien que cela paraissait une petite armée.

Le ciel même sembla favoriser les desseins de Sa Majesté, puisqu'en une saison presque toujours pluvieuse on en fut quitte pour un peu de vent, qui sembla n'avoir augmenté qu'afin de faire voir que la prévoyance et la puissance du roi étaient à l'épreuve des plus grandes incommodités. De hautes toiles, des bâtiments de bois, faits presque en un instant, et un nombre prodigieux de flambeaux de cire blanche, pour suppléer à plus de quatre mille bougies chaque journée, résistèrent à ce vent, qui, partout ailleurs, eût rendu ces divertissements comme impossibles à achever.

M. de Vigarani[1], gentilhomme modénois, fort savant en toutes ces choses, inventa et proposa celles-ci; et le roi commanda au duc de Saint-Aignan, qui se trouva lors en fonction de premier gentilhomme de sa chambre, et qui avait déjà donné plusieurs sujets de ballets fort agréables, de faire un dessein où elles fussent toutes comprises avec liaison et avec ordre; de sorte qu'elles ne pouvaient manquer de bien réussir.

Il prit pour sujet le palais d'Alcine, qui donna lieu au titre des

---

[1] Gaspard Vigarani, célèbre architecte et machiniste, né à Reggio en 1586.

Plaisirs de l'Ile enchantée; puisque, selon l'Arioste, le brave Roger et plusieurs autres bons chevaliers y furent retenus par les doubles charmes de la beauté, quoique empruntée, et du savoir de cette magicienne, et en furent délivrés, après beaucoup de temps consommé dans les délices, par la bague qui détruisait les enchantements. C'était celle d'Angélique, que Mélisse, sous la forme du vieux Atlas[1], mit enfin au doigt de Roger.

On fit donc en peu de jours orner un rond, où quatre grandes allées aboutissent entre de hautes palissades, de quatre portiques de 35 pieds d'élévation et de 22 en carré d'ouverture, de plusieurs festons enrichis d'or et de diverses peintures, avec les armes de Sa Majesté.

Toute la cour s'y étant placée le septième, il entra dans la place, sur les 6 heures du soir, un héraut d'armes, représenté par M. des Bardins, vêtu d'un habit à l'antique, couleur de feu, en broderie d'argent, et fort bien monté.

Il était suivi de trois pages. Celui du roi, M. d'Artagnan, marchait à la tête des deux autres, fort richement habillé de couleur de feu, livrée de Sa Majesté, portant sa lance et son écu, dans lequel brillait un soleil de pierreries, avec ces mots :

Nec cesso, nec erro[2],

faisant allusion à l'attachement de Sa Majesté aux affaires de son État, et à la manière avec laquelle il agit; ce qui était encore représenté par ces quatre vers du président de Périgny, auteur de la même devise :

> Ce n'est pas sans raison que la terre et les cieux
> Ont tant d'étonnement pour un objet si rare,
> Qui, dans son cours pénible autant que glorieux,
> Jamais ne se repose et jamais ne s'égare.

Les deux autres pages étaient aux ducs de Saint-Aignan et de Noailles : le premier, maréchal de camp, et l'autre, juge des courses.

---

[1] Le personnage du poëme de l'Arioste se nomme *Atlant,* et non *Atlas.*

[2] « Jamais je ne m'arrête ni ne m'égare. »

Celui du duc de Saint-Aignan portait l'écu de sa devise, et était habillé de sa livrée de toile d'argent enrichie d'or, avec les plumes incarnates et noires, et les rubans de même. Sa devise était un timbre d'horloge, avec ces mots :

De mis golpes mi ruido[1].

Le page du duc de Noailles était vêtu de couleur de feu, argent et noir, et le reste de la livrée semblable. La devise qu'il portait dans son écu était un aigle avec ces mots :

Fidelis et audax[2].

Quatre trompettes et deux timbaliers marchaient après ces pages, habillés de satin couleur de feu et argent, leurs plumes de la même livrée, et les caparaçons de leurs chevaux couverts d'une pareille broderie, avec des soleils d'or fort éclatants aux banderoles des trompettes et aux couvertures des timbales.

Le duc de Saint-Aignan, maréchal de camp, marchait après eux, armé à la grecque, d'une cuirasse de toile d'argent couverte de petites écailles d'or, aussi bien que son bas de saie, et son casque était orné d'un dragon et d'un grand nombre de plumes blanches, mêlées d'incarnat et de noir. Il montait un cheval blanc, bardé de même, et représentait Guidon le Sauvage.

MADRIGAL[3]

Pour LE DUC DE SAINT-AIGNAN, *représentant Guidon le Sauvage.*

Les combats que j'ai faits en l'Ile dangereuse,
Quand de tant de guerriers je demeurai vainqueur,
    Suivis d'une épreuve amoureuse,
Ont signalé ma force aussi bien que mon cœur.
    La vigueur qui fait mon estime,

---

[1] « De mes coups (vient) mon bruit. »

[2] « Fidèle et hardi. »

[3] Ces vers sont de Benserade ainsi que ceux qui suivent, jusques et y compris ceux pour M. le Duc représentant Roland.

Soit qu'elle embrasse un parti légitime,
    Ou qu'elle vienne à s'échapper,
Fait dire, pour ma gloire, aux deux bouts de la terre,
    Qu'on n'en voit point, en toute guerre,
    Ni plus souvent, ni mieux frapper.

Pour le même.

Seul contre dix guerriers, seul contre dix pucelles,
C'est avoir sur les bras deux étranges querelles.
Qui sort à son honneur de ce double combat,
Doit être, ce me semble, un terrible soldat.

Huit trompettes et deux timbaliers, vêtus comme les premiers, marchaient après le maréchal de camp.

Le roi, représentant Roger, les suivait, montant un des plus beaux chevaux du monde, dont le harnais couleur de feu éclatait d'or, d'argent et de pierreries. Sa Majesté était armée à la façon des Grecs, comme tous ceux de sa quadrille, et portait une cuirasse de lames d'argent, couverte d'une riche broderie d'or et de diamants. Son port et toute son action étaient dignes de son rang : son casque, tout couvert de plumes couleur de feu, avait une grâce incomparable; et jamais un air plus libre ni plus guerrier n'a mis un mortel au-dessus des autres hommes.

SONNET

Pour LE ROI, *représentant Roger.*

Quelle taille, quel port a ce fier conquérant !
Sa personne éblouit quiconque l'examine;
Et, quoique par son poste il soit déjà si grand,
Quelque chose de plus éclate dans sa mine.

Son front de ses destins est l'auguste garant,
Par-delà ses aïeux sa vertu l'achemine;
Il fait qu'on les oublie, et, de l'air qu'il s'y prend,
Bien loin derrière lui laisse son origine.

De ce cœur généreux c'est l'ordinaire emploi,
D'agir plus volontiers pour autrui que pour soi;
Là principalement sa force est occupée ·

Il efface l'éclat des héros anciens,
N'a que l'honneur en vue, et ne tire l'épée
Que pour des intérêts qui ne sont pas les siens.

Le duc de Noailles, juge du camp, sous le nom d'Oger le
Danois, marchait après le roi, portant la couleur de feu et le
noir sous une riche broderie d'argent; et ses plumes, aussi
bien que tout le reste de son équipage, étaient de cette même
livrée.

LE DUC DE NOAILLES. *Oger le Danois,* juge du camp.

Ce paladin s'applique à cette seule affaire,
De servir dignement le plus puissant des rois.
Comme, pour bien juger, il faut savoir bien faire,
Je doute que personne appelle de sa voix.

Le duc de Guise et le comte d'Armagnac marchaient ensemble
après lui. Le premier, portant le nom d'Aquilant le Noir, avait un
habit de cette couleur en broderie d'or et de jais; ses plumes, son
cheval et sa lance assortissaient à sa livrée; et l'autre, représentant Griffon le Blanc, portait sur un habit de toile d'argent plusieurs rubis, et montait un cheval blanc bardé de la même
couleur.

LE DUC DE GUISE. *Aquilant le Noir.*

La nuit a ses beautés, de même que le jour.
Le noir est ma couleur, je l'ai toujours aimée;
Et, si l'obscurité convient à mon amour,
Elle ne s'étend pas jusqu'à ma renommée.

LE COMTE D'ARMAGNAC. *Griffon le Blanc.*

Voyez quelle candeur en moi le ciel a mis;
Aussi nulle beauté ne s'en verra trompée;

Et, quand il sera temps d'aller aux ennemis,
C'est où je me ferai tout blanc de mon épée.

Les ducs de Foix et de Coaslin, qui paraissaient ensuite, étaient
vêtus, l'un d'incarnat avec or et argent, et l'autre de vert, blanc
et argent; toute leur livrée et leurs chevaux étant dignes du reste
de leur équipage.

LE DUC DE FOIX. *Renaud.*

Il porte un nom célèbre, il est jeune, il est sage .
A vous dire le vrai, c'est pour aller bien haut;
Et c'est un grand bonheur que d'avoir, à son âge,
La chaleur nécessaire, et le flegme qu'il faut.

LE DUC DE COASLIN. *Dudon.*

Trop avant dans la gloire on ne peut s'engager.
J'aurai vaincu sept rois, et, par mon grand courage,
-Les verrai tous soumis au pouvoir de Roger,
Que je ne serai pas content de mon ouvrage.

Après eux marchaient le comte du Lude et le prince de Marsillac : le premier vêtu d'incarnat et blanc; et l'autre, de jaune,
blanc et noir, enrichis de broderie d'argent; leur livrée de même,
et fort bien montés.

LE COMTE DU LUDE. *Astolphe.*

De tous les paladins qui sont dans l'univers,
Aucun n'a pour l'amour l'âme plus échauffée ;
Entreprenant toujours mille projets divers,
Et toujours enchanté par quelque jeune fée.

LE PRINCE DE MARSILLAC. *Brandimart.*

Mes vœux seront contents, mes souhaits accomplis,
Et ma bonne fortune à son comble arrivée,

Quand vous saurez mon zèle, aimable Fleur-de-Lys,
Au milieu de mon cœur profondément gravée[1].

Les marquis de Villequier et de Soyecourt marchaient ensuite.
L'un portait le bleu et argent; et l'autre, le bleu, blanc et noir,
avec or et argent : leurs plumes et les harnais de leurs chevaux
étaient de la même couleur et d'une pareille richesse.

LE MARQUIS DE VILLEQUIER. *Richardet.*

Personne, comme moi, n'est sorti galamment
D'une intrigue où, sans doute, il fallait quelque adresse;
Personne, à mon avis, plus agréablement
N'est demeuré fidèle en trompant sa maîtresse.

LE MARQUIS DE SOYECOURT. *Olivier.*

Voici l'honneur du siècle, auprès de qui nous sommes,
Et même les géants, de médiocres hommes,
Et ce franc chevalier, à tout venant tout prêt,
Toujours pour quelque joûte a la lance en arrêt.

Les marquis d'Humières et de la Vallière les suivaient. Le premier, portant la couleur de chair et argent, et l'autre, le gris de
lin, blanc et argent; toute leur livrée étant la plus riche et la
mieux assortie du monde.

LE MARQUIS D'HUMIÈRES. *Ariodant.*

Je tremble dans l'accès de l'amoureuse fièvre :
Ailleurs, sans vanité, je ne tremblai jamais,
Et ce charmant objet, l'adorable Genèvre,
Est l'unique vainqueur à qui je me soumets.

LE MARQUIS DE LA VALLIÈRE. *Zerbin.*

Quelque beaux sentiments que la gloire nous donne,
Quand on est amoureux au souverain degré,

---

[1] Voyez l'Arioste.

Mourir entre les bras d'une belle personne
Est de toutes les morts la plus douce à mon gré.

M. le Duc[1] marchait seul, portant pour sa livrée la couleur de
feu, blanc et argent. Un grand nombre de diamants étaient atta-
chés sur la magnifique broderie dont sa cuirasse et son bas de
saie[2] étaient couverts; son casque et le harnais de son cheval en
étant aussi enrichis.

MONSIEUR LE DUC. *Roland* [3].

Roland fera bien loin son grand nom retentir;
La gloire deviendra sa fidèle compagne.
Il est sorti d'un sang qui brûle de sortir,
Quand il est question de se mettre en campagne;
       Et, pour ne vous en point mentir,
       C'est le pur sang de Charlemagne.

Un char de 18 pieds de haut, de 24 de long et de 15 de large
paraissait ensuite, éclatant d'or et de diverses couleurs. Il représentait celui d'Apollon, en l'honneur duquel se célébraient autrefois les jeux Pythiens, que ces chevaliers s'étaient proposé d'imiter
en leur course et en leur équipage. Cette divinité, brillante de lumière, était assise au plus haut du char, ayant à ses pieds les
quatre Ages ou Siècles, distingués par de riches habits et par ce
qu'ils portaient à la main.

Le Siècle d'or, orné de ce précieux métal, était encore paré de
diverses fleurs, qui faisaient un des principaux ornements de cet
heureux âge.

Ceux d'argent et d'airain avaient aussi leurs remarques particulières.

Et celui de fer était représenté par un guerrier d'un regard terrible, portant d'une main l'épée et de l'autre le bouclier.

---

[1] M. le duc d'Enghien, fils du grand Condé.

[2] *Bas de saie*, ou tonnelet, désignait autrefois au théâtre la partie in-
férieure d'un vêtement à la romaine.

[3] Tous ces noms sont empruntés au poëme de l'Arioste.

Plusieurs autres grandes figures de relief paraient les côtés de ce char magnifique. Les monstres célestes, le serpent Python, Daphné, Hyacinthe, et les autres figures qui conviennent à Apollon, avec un Atlas portant le globe du monde, y étaient aussi relevés d'une agréable sculpture. Le Temps, représenté par le sieur Millet[1], avec sa faux, ses ailes et cette vieillesse décrépite dont on le peint toujours accablé, en était le conducteur. Quatre chevaux, d'une taille et d'une beauté peu communes, couverts de grandes housses semées de soleils d'or et attelés de front, tiraient cette machine.

Les douze Heures du jour et les douze Signes du Zodiaque, habillés fort superbement, comme les poëtes les dépeignent, marchaient en deux files aux deux côtés de ce char.

Tous les pages des chevaliers le suivaient deux à deux, après celui de M. le Duc, fort proprement vêtus de leurs livrées, avec quantité de plumes, portant les lances de leurs maîtres et les écus de leurs devises.

Le duc de Guise, représentant Aquilant le Noir, ayant pour devise un lion qui dort, avec ces mots :

Et quiescente pavescunt[2].

Le comte d'Armagnac, représentant Griffon le Blanc, ayant pour devise une hermine avec ces mots :

Ex candore decus[3].

Le duc de Foix, représentant Renaud, ayant pour devise un vaisseau dans la mer, avec ces mots :

Longe levis aura feret[4].

Le duc de Coaslin, représentant Dudon, ayant pour devise un soleil, et l'héliotrope ou tournesol, avec ces mots :

Splendor ab obsequio[5].

---

[1] Ce sieur Millet était le cocher ordinaire de Louis XIV.
[2] « On le redoute même quand il sommeille. »
[3] « Sa candeur fait sa beauté. »
[4] « Un léger souffle le portera loin. »
[5] « Sa gloire lui vient de son obéissance. »

Le comte du Lude, représentant Astolphe, ayant pour devise un chiffre en forme de nœud, avec ces mots :

Non fia mai sciolto [1].

Le prince de Marsillac, représentant Brandimart, ayant pour devise une montre en relief, dont on voit tous les ressorts, avec ces mots :

Chieto fuor, commoto dentro [2].

Le marquis de Villequier, représentant Richardet, ayant pour devise un aigle qui plane devant le soleil, avec ces mots :

Uni militat astro [3].

Le marquis de Soyecourt, représentant Olivier, ayant pour devise la massue d'Hercule, avec ces mots :

Vix æquat fama labores [4].

Le marquis d'Humières, représentant Ariodant, ayant pour devise toutes sortes de couronnes, avec ces mots :

No quiero menos [5].

Le marquis de la Vallière, représentant Zerbin, ayant pour devise un phénix sur un bûcher allumé par le soleil, avec ces mots :

Hoc juvat uri [6].

M. le Duc, représentant Roland, ayant pour devise un dard entortillé de lauriers, avec ces mots :

Certo ferit [7].

---

[1] « Il ne sera jamais rompu. »
[2] « Tranquille au dehors, agité au dedans. »
[3] « Il combat pour un seul astre. »
[4] « Sa renommée égale à peine ses travaux. »
[5] « Je n'ambitionne pas moins. »
[6] « Il m'est doux de brûler. »
[7] « Il frappe à coup sûr. »

Vingt pasteurs, chargés de diverses pièces de la barrière qui devait être dressée pour la course de bague, formaient la dernière troupe qui entra dans la lice. Ils portaient des vestes couleur de feu, enrichies d'argent, et des coiffures de même.

Aussitôt que ces troupes furent entrées dans le camp, elles en firent le tour; et, après avoir salué les reines, elles se séparèrent et prirent chacune leur poste. Les pages de la tête, les trompettes et les timbaliers, se croisant, s'allèrent poster sur les ailes. Le roi, s'avançant au milieu, prit sa place vis-à-vis du haut dais; M. le Duc, proche de Sa Majesté; les ducs de Saint-Aignan et de Noailles, à droite et à gauche; les dix chevaliers, en haie aux deux côtés du char; leurs pages, au même ordre, derrière eux; les Signes et les Heures, comme ils étaient entrés.

Lorsqu'on eut fait halte en cet état, un profond silence, causé tout ensemble par l'attention et par le respect, donna le moyen à Mlle Debrie, qui représentait le Siècle d'airain, de commencer ces vers à la louange de la reine, adressés à Apollon, représenté par le sieur la Grange[1].

LE SIÈCLE D'AIRAIN, à Apollon.

Brillant père du jour, toi de qui la puissance,
Par ses divers aspects, nous donna la naissance,
Toi, l'espoir de la terre, et l'ornement des cieux,
Toi, le plus nécessaire et le plus beau des dieux,
Toi dont l'activité, dont la bonté suprême,
Se fait voir et sentir en tous lieux par soi-même,
Dis-nous par quel destin, ou par quel nouveau choix,
Tu célèbres tes jeux aux rivages françois.

APOLLON.

Si ces lieux fortunés ont tout ce qu'eut la Grèce
De gloire, de valeur, de mérite et d'adresse,
Ce n'est pas sans raison qu'on y voit transférés
Ces jeux qu'à mon honneur la terre a consacrés.
J'ai toujours pris plaisir à verser sur la France

[1] Ces vers sont du président de Périgny.

De mes plus doux rayons la bénigne influence ;
Mais le charmant objet qu'hymen y fait régner,
Pour elle maintenant me fait tout dédaigner.

Depuis un si long temps que, pour le bien du monde,
Je fais l'immense tour de la terre et de l'onde,
Jamais je n'ai rien vu si digne de mes feux,
Jamais un sang si noble, un cœur si généreux,
Jamais tant de lumière avec tant d'innocence,
Jamais tant de jeunesse avec tant de prudence,
Jamais tant de grandeur avec tant de bonté,
Jamais tant de sagesse avec tant de beauté.

Mille climats divers qu'on vit sous la puissance
De tous les demi-dieux dont elle prit naissance,
Cédant à son mérite autant qu'à leur devoir,
Se trouveront un jour unis sous son pouvoir.

Ce qu'eurent de grandeurs et la France et l'Espagne,
Les droits de Charles-Quint, les droits de Charlemagne,
En elle avec leur sang heureusement transmis,
Rendront tout l'univers à son trône soumis.
Mais un titre plus grand, un plus noble partage
Qui l'élève plus haut, qui lui plaît davantage,
Un nom qui tient en soi les plus grands noms unis,
C'est le nom glorieux d'épouse de Louis.

LE SIÈCLE D'ARGENT.

Quel destin fait briller, avec tant d'injustice,
Dans le siècle de fer un astre si propice ?

LE SIÈCLE D'OR.

Ah ! ne murmure point contre l'ordre des dieux.
Loin de s'enorgueillir d'un don si précieux,
Ce siècle, qui du ciel a mérité la haine,
En devrait augurer sa ruine prochaine,
Et voir qu'une vertu qu'il ne peut suborner,
Vient moins pour l'ennoblir que pour l'exterminer.

Sitôt qu'elle paraît dans cette heureuse terre,
Vois comme elle en bannit les fureurs de la guerre ;

Comment, depuis ce jour, d'infatigables mains
Travaillent sans relâche au bonheur des humains ;
Par quels secrets ressorts un héros se prépare
A chasser les horreurs d'un siècle si barbare,
Et me faire revivre avec tous les plaisirs
Qui peuvent contenter les innocents désirs.

LE SIÈCLE DE FER.

Je sais quels ennemis ont entrepris ma perte ;
Leurs desseins sont connus ; leur trame est découverte ;
Mais mon cœur n'en est pas à tel point abattu...

APOLLON.

Contre tant de grandeur, contre tant de vertu,
Tous les monstres d'enfer, unis pour ta défense,
Ne feraient qu'une faible et vaine résistance.
L'univers, opprimé de ton joug rigoureux,
Va goûter, par ta fuite, un destin plus heureux.
Il est temps de céder à la loi souveraine
Que t'imposent les vœux de cette auguste reine ;
Il est temps de céder aux travaux glorieux
D'un roi favorisé de la terre et des cieux.
Mais ici trop longtemps ce différend m'arrête ;
A de plus doux combats cette lice s'apprête,
Allons la faire ouvrir, et ployons des lauriers
Pour couronner le front de nos fameux guerriers.

Tous ces récits achevés, la course de bague commença, en laquelle, après que le roi eut fait admirer l'adresse et la grâce qu'il a en cet exercice, comme en tous les autres, et après plusieurs belles courses de tous les chevaliers, le duc de Guise, les marquis de Soyecourt et de la Vallière demeurèrent à la dispute, dont ce dernier emporta le prix, qui fut une épée d'or enrichie de diamants, avec des boucles de baudrier de valeur, que donna la reine mère, et dont elle l'honora de sa main.

La nuit vint cependant à la fin des courses, par la justesse qu'on avait eue à les commencer ; et un nombre infini de lumières ayant éclairé tout ce beau lieu, l'on vit entrer dans la même place :

Trente-quatre concertants fort bien vêtus, qui devaient précéder les Saisons, et faisaient le plus agréable concert du monde.

Pendant que les Saisons se chargeaient des mets délicieux qu'elles devaient porter, pour servir devant Leurs Majestés la magnifique collation qui était préparée, les douze Signes du Zodiaque, et les quatre Saisons, dansèrent dans le rond une des plus belles entrées de ballet qu'on eût encore vues.

Le Printemps parut ensuite sur un cheval d'Espagne, représenté par Mlle Duparc, qui, avec le sexe et les avantages d'une femme, faisait voir l'adresse d'un homme. Son habit était vert, en broderie d'argent et de fleurs au naturel.

L'Été le suivait, représenté par le sieur Duparc, sur un éléphant couvert d'une riche housse.

L'Automne, aussi avantageusement vêtu, représenté par le sieur de la Thorilllère, venait après, monté sur un chameau.

L'Hiver, représenté par le sieur Béjart, suivait sur un ours.

Leur suite était composée de quarante-huit personnes, qui portaient toutes sur leurs têtes de grands bassins pour la collation.

Les douze premiers, couverts de fleurs, portaient, comme des jardiniers, des corbeilles peintes de vert et d'argent, garnies d'un grand nombre de porcelaines, si remplies de confitures et d'autres choses délicieuses de la saison, qu'ils étaient courbés sous cet agréable faix.

Douze autres, comme moissonneurs, vêtus d'habits conformes à cette profession, mais fort riches, portaient des bassins de cette couleur incarnate qu'on remarque au soleil levant, et suivaient l'Été.

Douze, vêtus en vendangeurs, étaient couverts de feuilles de vigne et de grappes de raisin, et portaient dans des paniers feuille-morte, remplis de petits bassins de cette même couleur, divers autres fruits et confitures, à la suite de l'Automne.

Les douze derniers étaient des vieillards gelés, dont les fourrures et la démarche marquaient la froideur et la faiblesse, portant, dans des bassins couverts d'une glace et d'une neige si bien contrefaites qu'on les eût prises pour la chose même, ce qu'ils devaient contribuer à la collation, et suivaient l'Hiver.

Quatorze concertants de Pan et de Diane précédaient ces deux divinités avec une agréable harmonie de flûtes et de musettes.

Elles venaient ensuite sur une machine fort ingénieuse, en forme d'une petite montagne ou roche ombragée de plusieurs arbres; mais ce qui était plus surprenant, c'est qu'on la voyait portée en l'air, sans que l'artifice qui la faisait mouvoir se pût découvrir à la vue.

Vingt autres personnes les suivaient, portant des viandes de la ménagerie de Pan et de la chasse de Diane.

Dix-huit pages du roi, fort richement vêtus, qui devaient servir les dames à table, faisaient les derniers de cette troupe : laquelle étant rangée, Pan, Diane et les Saisons se présentant devant la reine, le Printemps lui adressa le premier ces vers :

LE PRINTEMPS à la reine.

Entre toutes les fleurs nouvellement écloses
  Dont mes jardins sont embellis,
Méprisant les jasmins, les œillets et les roses,
Pour payer mon tribut, j'ai fait choix de ces lys,
Que, dès vos premiers ans, vous avez tant chéris.
Louis les fait briller du couchant à l'aurore.
Tout l'univers charmé les respecte et les craint;
Mais leur règne est plus doux et plus puissant encore
  Quand ils brillent sur votre teint.

L'ÉTÉ.

Surpris un peu trop promptement,
J'apporte à cette fête un léger ornement;
  Mais avant que ma saison passe,
  Je ferai faire à vos guerriers,
  Dans les campagnes de la Thrace,
  Une ample moisson de lauriers.

L'AUTOMNE.

Le Printemps, orgueilleux de la beauté des fleurs
  Qui lui tombèrent en partage,
Prétend de cette fête avoir tout l'avantage,
Et nous croit obscurcir par ses vives couleurs;

Mais vous vous souviendrez, princesse sans seconde,
De ce fruit précieux qu'a produit ma saison,
    Et qui croît dans votre maison,
Pour faire quelque jour les délices du monde [1].

L'HIVER.

La neige, les glaçons, que j'apporte en ces lieux,
    Sont des mets les moins précieux;
    Mais ils sont des plus nécessaires
Dans une fête où mille objets charmants,
    De leurs œillades meurtrières,
    Font naître tant d'embrasements.

DIANE, à la reine.

Nos bois, nos rochers, nos montagnes,
    Tous nos chasseurs, et mes compagnes,
Qui m'ont toujours rendu des honneurs souverains,
Depuis que parmi nous ils vous ont vu paraître,
    Ne veulent plus me reconnaître;
Et, chargés de présents, viennent avecque moi
Vous porter ce tribut pour marque de leur foi.
    Les habitants légers de cet heureux bocage,
De tomber dans vos rets font leur sort le plus doux,
    Et n'estiment rien davantage
    Que l'heur de périr de vos coups.
Amour, dont vous avez la grâce et le visage,
    A le même secret que vous.

PAN.

Jeune divinité, ne vous étonnez pas,
Lorsque nous vous offrons en ce fameux repas
    L'élite de nos bergeries;
    Si nos troupeaux goûtent en paix
    Les herbages de nos prairies,
Nous devons ce bonheur à vos divins attraits.

---

[1] Allusion au Dauphin, né le 1er novembre 1661.

Ces récits achevés, une grande table, en forme de croissant, ronde du côté où l'on devait couvrir, et garnie de fleurs de celui où elle était creuse, vint à se découvrir.

Trente-six violons, très-bien vêtus, parurent derrière sur un petit théâtre, pendant que MM. de la Marche et Parfait, père, frère et fils, contrôleurs généraux, sous les noms de l'Abondance, de la Joie, de la Propreté et de la Bonne Chère, la firent couvrir par les Plaisirs, par les Jeux, par les Ris et par les Délices.

Leurs Majestés s'y mirent en cet ordre, qui prévint tous les embarras qui eussent pu naître pour les rangs.

La Reine mère était assise au milieu de la table, et avait à sa main droite :

LE ROI.

Mlle d'Alençon.

Mme la Princesse.

Mlle d'Elbeuf.

Mme de Béthune.

Mme la duchesse de Créqui.

MONSIEUR.

Mme la duchesse de Saint-Aignan.

Mme la maréchale du Plessis.

Mme la maréchale d'Étampes.

Mme de Gourdon.

Mme de Montespan.

Mme d'Humières.

Mlle de Brancas.

Mme d'Armagnac.

Mme la comtesse de Soissons.

Mme la princesse de Bade.

Mlle de Grançay.

De l'autre côté étaient assises :

LA REINE.

Mme de Carignan.

Mme de Flaix.

Mme la duchesse de Foix.

Mme de Brancas.

Mme de Froullay.

Mme la duchesse de Navailles.

Mlle d'Ardennes.

Mlle de Coëtlogon.

Mme de Crussol.

Mme de Montausier.

MADAME.

Mme le princesse Bénédicte.

Mme la Duchesse.

Mme de Rouvroy.

Mlle de la Mothe.

Mme de Marsé.

Mlle de la Vallière.

Mlle d'Artigny.

Mlle du Bellay.

Mlle de Dampierre.

Mlle de Fiennes.

La somptuosité de cette collation passait tout ce qu'on en pourrait écrire, tant par l'abondance que par la délicatesse des choses qui y furent servies. Elle faisait aussi le plus bel objet qui puisse tomber sous les sens; puisque, dans la nuit, auprès de la verdeur de ces hautes palissades, un nombre infini de chandeliers peints de vert et d'argent, portant chacun vingt-quatre bougies, et deux cents flambeaux de cire blanche, tenus par autant de personnes vêtues en masques, rendaient une clarté presque aussi grande et plus agréable que celle du jour. Tous les chevaliers, avec leurs casques couverts de plumes de différentes couleurs, et leurs habits de la course, étaient appuyés sur la barrière; et ce grand nombre d'officiers richement vêtus qui servaient, en augmentaient encore la beauté, et rendaient ce rond une chose enchantée, duquel, après la collation, Leurs Majestés et toute la cour sortirent par le portique opposé à la barrière, et, dans un grand nombre de galesches fort ajustées, reprirent le chemin du château.

FIN DE LA PREMIÈRE JOURNÉE.

DEUXIÈME JOURNÉE.

Lorsque la nuit du second jour fut venue, Leurs Majestés se rendirent dans un autre rond environné de palissades comme le premier, et sur la même ligne, s'avançant toujours vers le lac, où l'on feignait que le palais d'Alcine était bâti.

Le dessein de cette seconde fête était que Roger et les chevaliers de sa quadrille, après avoir fait des merveilles aux courses que, par l'ordre de la belle magicienne, ils avaient faites en faveur de la reine, continuaient en ce même dessein pour le divertissement suivant; et que, l'île flottante n'ayant point éloigné le rivage de la France, ils donnaient à Sa Majesté le plaisir d'une comédie dont la scène était en Élide.

Le roi fit donc couvrir de toiles, en si peu de temps qu'on avai. lieu de s'en étonner, tout ce rond d'une espèce de dôme, pour défendre contre le vent le grand nombre de flambeaux et de bougies qui devaient éclairer le théâtre, dont la décoration était fort agréable. Aussitôt qu'on eut tiré la toile, un grand concert de plusieurs instruments se fit entendre, et l'Aurore, représentée par Mlle Hilaire, ouvrit la scène et chanta ce récit [1] :

---

[1] Avec ce récit s'ouvre le premier intermède de la comédie-ballet. Ce qui suit est l'œuvre de Molière, sauf les arguments et les explications qui accompagnent le texte.

PREMIER INTERMÈDE.

SCÈNE I.

RÉCIT DE L'AURORE.

Quand l'amour à vos yeux offre un choix agréable,
    Jeunes beautés, laissez-vous enflammer;
Moquez-vous d'affecter cet orgueil indomptable,
    Dont on vous dit qu'il est beau de s'armer.
        Dans l'âge où l'on est aimable,
        Rien n'est si beau que d'aimer.
Soupirez librement pour un amant fidèle,
    Et bravez ceux qui voudraient vous blâmer.
Un cœur tendre est aimable, et le nom de cruelle
    N'est pas un nom à se faire estimer;
        Dans le temps où l'on est belle,
        Rien n'est si beau que d'aimer.

SCÈNE II.

VALETS DE CHIENS et MUSICIENS.

Pendant que l'Aurore chantait ce récit, quatre valets de chiens étaient couchés sur l'herbe, dont l'un (sous la figure de Lyciscas, représenté par le sieur de Molière, excellent acteur, de l'invention duquel étaient les vers et toute la pièce), se trouvait au milieu de deux, et un autre à ses pieds, qui étaient les sieurs Estival, Don et Blondel, de la musique du roi, dont les voix étaient admirables. Ceux-ci en se réveillant, à l'arrivée de l'Aurore et sitôt qu'elle eut chanté, s'écrièrent en concert :

Holà! holà! Debout, debout, debout.

Pour la chasse ordonnée il faut préparer tout;
Holà! ho! debout, vite debout.

PREMIER.

Jusqu'aux plus sombres lieux le jour se communique.

DEUXIÈME.

L'air sur les fleurs en perles se résout.

TROISIÈME.

Les rossignols commencent leur musique,
Et leurs petits concerts retentissent partout.

TOUS ENSEMBLE.

Sus, sus, debout, vite, debout.

(A Lyciscas endormi.)

Qu'est-ce ci, Lyciscas? Quoi! tu ronfles encore,
Toi qui promettais tant de devancer l'Aurore?
Allons, debout, vite, debout.
Pour la chasse ordonnée il faut préparer tout.
Debout, vite, debout! dépêchons, debout.

LYCISCAS, en s'éveillant.

Par la morbleu! vous êtes de grands braillards, vous
autres, et vous avez la gueule ouverte de bon matin.

MUSICIENS.

Ne vois-tu pas le jour qui se répand partout?
Allons, debout, Lyciscas, debout!

LYCISCAS.

Hé! laissez-moi dormir encore un peu, je vous conjure.

MUSICIENS.

Non, non, debout, Lyciscas, debout.

LYCISCAS.

Je ne vous demande plus qu'un petit quart d'heure.

MUSICIENS.

Point, point, debout, vite, debout.

LYCISCAS.

Hé! je vous prie.

MUSICIENS.

Debout.

LYCISCAS.

Un moment.

MUSICIENS.

Debout.

LYCISCAS.

De grâce.

MUSICIENS.

Debout.

LYCISCAS.

Hé !

MUSICIENS.

Debout.

LYCISCAS.

Je...

MUSICIENS.

Debout.

LYCISCAS.

J'aurai fait incontinent.

MUSICIENS.

Non, non, debout, Lyciscas, debout.
Pour la chasse ordonnée il faut préparer tout.
Vite, debout, dépêchons, debout.

LYCISCAS.

Hé bien! laissez-moi, je vais me lever. Vous êtes d'é-
tranges gens de me tourmenter comme cela. Vous serez
cause que je ne me porterai pas bien de toute la journée;
car, voyez-vous, le sommeil est nécessaire à l'homme; et,
lorsqu'on ne dort pas sa réfection, il arrive... que... on
n'est... (Il se rendort.)

PREMIER.

Lyciscas!

DEUXIÈME.

Lyciscas!

TROISIÈME.

Lyciscas!

TOUS ENSEMBLE.

Lyciscas!

LYCISCAS.

Diable soit les brailleurs. Je voudrais que vous eussiez la gueule pleine de bouillie bien chaude.

MUSICIENS.

Debout, debout;
Vite, debout; dépêchons, debout.

LYCISCAS.

Ah! quelle fatigue de ne pas dormir son soûl.

PREMIER.

Holà! ho!

DEUXIÈME.

Holà! ho!

TROISIÈME.

Holà! ho!

TOUS ENSEMBLE.

Ho! ho! ho! ho! ho!

LYCISCAS.

Ho! ho! ho! ho! La peste soit des gens avec leurs chiens de hurlements! Je me donne au diable si je ne vous assomme. Mais voyez un peu quel diable d'enthousiasme il leur prend de me venir chanter aux oreilles comme cela. Je...

MUSICIENS.

Debout.

LYCISCAS.

Encore?

MUSICIENS.

Debout.

LYCISCAS.

Le diable vous emporte!

MUSICIENS.

Debout.

LYCISCAS, se levant.

Quoi! toujours? A-t-on jamais vu une pareille furie de
chanter? Par la sambleu! j'enrage. Puisque me voilà éveillé,
il faut que j'éveille les autres, et que je les tourmente comme
on m'a fait. Allons, ho, messieurs, debout, debout, vite;
c'est trop dormir. Je vais faire un bruit de diable partout.
(Il crie de toute sa force.) Debout, debout, debout! Allons vite, ho!
ho! ho! ho! debout! debout! Pour la chasse ordonnée, il
faut préparer tout : debout! debout! Lyciscas, debout! Ho!
ho! ho! ho! ho!

Lyciscas s'étant levé avec toutes les peines du monde, et s'étant mis à crier de
toute sa force, plusieurs cors et trompes de chasse se firent entendre, et con-
certés avec les violons commencèrent l'air d'une entrée, sur laquelle six valets
de chiens dansèrent avec beaucoup de justesse et de disposition, reprenant à
certaines cadences le son de leurs cors et trompes. C'étaient les sieurs Paysan,
Chicanneau, Noblet, Pesan, Bonard et la Pierre.

FIN DU PREMIER INTERMÈDE.

LA PRINCESSE D'ÉLIDE.

COMÉDIE GALANTE

MÊLÉE DE MUSIQUE ET D'ENTRÉES DE BALLET.

8 mai 1664.

PERSONNAGES.

LA PRINCESSE D'ÉLIDE.

AGLANTE, cousine de la princesse.

CYNTHIE, cousine de la princesse.

PHILIS, suivante de la princesse.

IPHITAS, père de la princesse.

EURYALE, prince d'Ithaque.

ARISTOMÈNE, prince de Messène.

THÉOCLE, prince de Pyle.

ARBATE, gouverneur du prince d'Ithaque.

MORON, plaisant de la princesse.

LYCAS, suivant d'Iphitas.

Noms des acteurs qui ont joué d'original dans *la Princesse d'Élide :*

LA PRINCESSE D'ÉLIDE.	Mlle Molière.
AGLANTE.	Mlle Duparc.
CYNTHIE.	Mlle Debrie.
PHILIS.	Mlle Béjart.
IPHITAS.	Hubert.
EURYALE.	La Grange.
ARISTOMÈNE.	Du Croisy.
THÉOCLE.	Béjart.
ARBATE.	La Thorillière.
MORON.	Molière.
LYCAS.	Prévost.

La scène est en Élide.

LA PRINCESSE D'ÉLIDE.

ACTE PREMIER.

ARGUMENT.

Cette chasse qui se préparait ainsi était celle d'un prince d'Élide, lequel étant d'humeur galante et magnifique, et souhaitant que la princesse sa fille se résolût à aimer et à penser au mariage, qui était fort contre son inclination, avait fait venir en sa cour les princes d'Ithaque, de Messène et de Pyle, afin que dans l'exercice de la chasse qu'elle aimait fort, et dans d'autres jeux, comme des courses de chars et semblables magnificences, quelqu'un de ces princes pût lui plaire et devenir son époux.

SCÈNE I.

Euryale, prince d'Ithaque, amoureux de la princesse d'Élide, et Arbate son gouverneur, lequel, indulgent à la passion du prince, le loue de son amour au lieu de l'en blâmer, en des termes fort galants.

EURYALE, ARBATE.

ARBATE.

Ce silence rêveur, dont la sombre habitude
Vous fait à tous moments chercher la solitude;

Ces longs soupirs que laisse échapper votre cœur,
Et ces fixes regards si chargés de langueur,
Disent beaucoup, sans doute, à des gens de mon âge;
Et je pense, seigneur, entendre ce langage;
Mais, sans votre congé, de peur de trop risquer,
Je n'ose m'enhardir jusques à l'expliquer.

EURYALE.

Explique, explique, Arbate, avec toute licence,
Ces soupirs, ces regards, et ce morne silence.
Je te permets ici de dire que l'Amour
M'a rangé sous ses lois, et me brave à son tour;
Et je consens encor que tu me fasses honte
Des faiblesses d'un cœur qui souffre qu'on le dompte.

ARBATE.

Moi, vous blâmer, seigneur, des tendres mouvements
Où je vois qu'aujourd'hui penchent vos sentiments!
Le chagrin des vieux jours ne peut aigrir mon âme
Contre les doux transports de l'amoureuse flamme;
Et, bien que mon sort touche à ses derniers soleils,
Je dirai que l'amour sied bien à vos pareils;
Que ce tribut qu'on rend aux traits d'un beau visage,
De la beauté d'une âme est un clair témoignage,
Et qu'il est malaisé que, sans être amoureux
Un jeune prince soit et grand et généreux.
C'est une qualité que j'aime en un monarque;
La tendresse du cœur est une grande marque
Que d'un prince à votre âge on peut tout présumer,
Dès qu'on voit que son âme est capable d'aimer.
Oui, cette passion, de toutes la plus belle,
Traîne dans un esprit cent vertus après elle;
Aux nobles actions elle pousse les cœurs,
Et tous les grands héros ont senti ses ardeurs.
Devant mes yeux, seigneur, a passé votre enfance,
Et j'ai de vos vertus vu fleurir l'espérance;
Mes regards observaient en vous des qualités

Où je reconnaissais le sang dont vous sortez ;
J'y découvrais un fonds d'esprit et de lumière ;
Je vous trouvais bien fait, l'air grand et l'âme fière.
Votre cœur, votre adresse, éclataient chaque jour ;
Mais je m'inquiétais de ne voir point d'amour ;
Et, puisque les langueurs d'une plaie invincible
Nous montrent que votre âme à ses traits est sensible,
Je triomphe, et mon cœur, d'allégresse rempli,
Vous regarde à présent comme un prince accompli.

EURYALE.

Si de l'Amour un temps j'ai bravé la puissance,
Hélas ! mon cher Arbate, il en prend bien vengeance ;
Et, sachant dans quels maux mon cœur s'est abîmé,
Toi-même tu voudrais qu'il n'eût jamais aimé.
Car enfin, vois le sort où mon astre me guide :
J'aime, j'aime ardemment la princesse d'Élide ;
Et, tu sais quel orgueil, sous des traits si charmants,
Arme contre l'amour ses jeunes sentiments,
Et comment elle fuit en cette illustre fête
Cette foule d'amants qui briguent sa conquête.
Ah ! qu'il est bien peu vrai que ce qu'on doit aimer,
Aussitôt qu'on le voit, prend droit de nous charmer,
Et qu'un premier coup d'œil allume en nous les flammes
Où le ciel, en naissant, a destiné nos âmes !
A mon retour d'Argos, je passai dans ces lieux,
Et ce passage offrit la princesse à mes yeux ;
Je vis tous les appas dont elle est revêtue,
Mais de l'œil dont on voit une belle statue.
Leur brillante jeunesse observée à loisir
Ne porta dans mon âme aucun secret désir,
Et d'Ithaque en repos je revis le rivage,
Sans m'en être en deux ans rappelé nulle image.
Un bruit vient cependant à répandre à ma cour
Le célèbre mépris qu'elle fait de l'amour ;
On publie en tous lieux que son âme hautaine

Garde pour l'hyménée une invincible haine,
Et qu'un arc à la main, sur l'épaule un carquois,
Comme une autre Diane elle hante les bois,
N'aime rien que la chasse, et de toute la Grèce
Fait soupirer en vain l'héroïque jeunesse.
Admire nos esprits, et la fatalité!
Ce que n'avaient point fait sa vue et sa beauté,
Le bruit de ses fiertés en mon âme fit naître
Un transport inconnu dont je ne fus point maître :
Ce dédain si fameux eut des charmes secrets
A me faire avec soin rappeler tous ses traits;
Et mon esprit, jetant de nouveaux yeux sur elle,
M'en refit une image et si noble et si belle,
Me peignit tant de gloire et de telles douceurs
A pouvoir triompher de toutes ses froideurs,
Que mon cœur, aux brillants d'une telle victoire,
Vit de sa liberté s'évanouir la gloire :
Contre une telle amorce il eut beau s'indigner,
Sa douceur sur mes sens prit tel droit de régner,
Qu'entraîné par l'effort d'une occulte puissance,
J'ai d'Ithaque en ces lieux fait voile en diligence ;
Et je couvre un effet de mes vœux enflammés
Du désir de paraître à ces jeux renommés,
Où l'illustre Iphitas[1], père de la princesse,
Assemble la plupart des princes de la Grèce.

ARBATE.

Mais à quoi bon, seigneur, les soins que vous prenez?
Et pourquoi ce secret où vous vous obstinez?
Vous aimez, dites-vous, cette illustre princesse,
Et venez à ses yeux signaler votre adresse ;
Et nuls empressements, paroles, ni soupirs,
Ne l'ont instruite encor de vos brûlants désirs?
Pour moi je n'entends rien à cette politique

---

[1] Iphitus, roi d'Élide, dont Molière a changé le nom en celui d'Iphitas.

Qui ne veut point souffrir que votre cœur s'explique ;
Et je ne sais quel fruit peut prétendre un amour
Qui fuit tous les moyens de se produire au jour.

EURYALE.

Et que ferai-je, Arbate, en déclarant ma peine
Qu'attirer les dédains de cette âme hautaine,
Et me jeter au rang de ces princes soumis
Que le titre d'amants lui peint en ennemis !
Tu vois les souverains de Messène et de Pyle
Lui faire de leurs cœurs un hommage inutile,
Et de l'éclat pompeux des plus grandes vertus,
En appuyer en vain les respects assidus :
Ce rebut de leurs soins, sous un triste silence,
Retient de mon amour toute la violence :
Je me tiens condamné dans ces rivaux fameux,
Et je lis mon arrêt au mépris qu'on fait d'eux.

ARBATE.

Et c'est dans ce mépris et dans cette humeur fière
Que votre âme à ses vœux doit voir plus de lumière,
Puisque le sort vous donne à conquérir un cœur
Que défend seulement une jeune froideur,
Et qui n'impose point à l'ardeur qui vous presse
De quelque attachement l'invincible tendresse.
Un cœur préoccupé résiste puissamment ;
Mais, quand une âme est libre, on la force aisément,
Et toute la fierté de son indifférence
N'a rien dont ne triomphe un peu de patience.
Ne lui cachez donc plus le pouvoir de ses yeux,
Faites de votre flamme un éclat glorieux ;
Et, bien loin de trembler de l'exemple des autres,
Du rebut de leurs vœux fortifiez les vôtres.
Peut-être, pour toucher ses sévères appas,
Aurez-vous des secrets que ces princes n'ont pas ;
Et, si de ses fiertés l'impérieux caprice

Ne vous fait éprouver un destin plus propice,
Au moins est-ce un bonheur en ces extrémités,
Que de voir avec soi ses rivaux rebutés.

EURYALE.

J'aime à te voir presser cet aveu de ma flamme :
Combattant mes raisons, tu chatouilles mon âme;
Et, par ce que j'ai dit, je voulais pressentir
Si de ce que j'ai fait tu pourrais m'applaudir :
Car enfin, puisqu'il faut t'en faire confidence,
On doit à la princesse expliquer mon silence,
Et peut-être, au moment que je t'en parle ici,
Le secret de mon cœur, Arbate, est éclairci.
Cette chasse, où, pour fuir la foule qui l'adore,
Tu sais qu'elle est allée au lever de l'aurore,
Est le temps que Moron, pour déclarer mon feu,
A pris...

ARBATE.

Moron, seigneur !

EURYALE.

Ce choix t'étonne un peu;
Par son titre de fou tu crois le bien connaître;
Mais sache qu'il l'est moins qu'il ne le veut paraître :
Et que, malgré l'emploi qu'il exerce aujourd'hui[1],
Il a plus de bon sens que tel qui rit de lui.
La princesse se plaît à ses bouffonneries :
Il s'en est fait aimer par cent plaisanteries,
Et peut, dans cet accès, dire et persuader
Ce que d'autres que lui n'oseraient hasarder;
Je le vois propre enfin à ce que j'en souhaite :
Il a pour moi, dit-il, une amitié parfaite,

---

[1] L'emploi de fou de cour n'était pas encore supprimé à l'époque où Molière composa *la Princesse d'Élide*. L'Angeli était le fou de Louis XIV.

Et veut, dans mes États ayant reçu le jour,
Contre tous mes rivaux appuyer mon amour.
Quelque argent mis en main pour soutenir ce zèle...

SCÈNE II.

Moron, représenté par le sieur de Molière, arrive, et ayant le souvenir d'un furieux sanglier devant lequel il avait fui à la chasse, demande du secours, et rencontrant Euryale et Arbate, se met au milieu d'eux, pour plus de sûreté, après leur avoir témoigné sa peur, et leur disant cent choses plaisantes sur son peu de bravoure.

EURYALE, ARBATE, MORON.

MORON, sans être vu.

Au secours ! sauvez-moi de la bête cruelle!

EURYALE.

Je pense ouïr sa voix.

MORON, sans être vu.

A moi! de grâce, à moi!

EURYALE.

C'est lui-même. Où court-il avec un tel effroi?

MORON, entrant sans voir personne.

Où pourrai-je éviter ce sanglier redoutable?
Grands dieux! préservez-moi de sa dent effroyable!
Je vous promets, pourvu qu'il ne m'attrape pas,
Quatre livres d'encens, et deux veaux des plus gras.

(Rencontrant Euryale, que dans sa frayeur il prend pour le sanglier qu'il évite.)

Ah! je suis mort.

EURYALE.

Qu'as-tu ?

MORON.

Je vous croyais la bête
Dont à me diffamer[1] j'ai vu la gueule prête,

---

[1] *Diffamer*, pour dévorer, déchirer.

Seigneur, et je ne puis revenir de ma peur.

EURYALE.

Qu'est-ce?

MORON.

Oh! que la princesse est d'une étrange humeur!
Et qu'à suivre la chasse et ses extravagances
Il nous faut essuyer de sottes complaisances!
Quel diable de plaisir trouvent tous les chasseurs
De se voir exposés à mille et mille peurs?
Encore si c'était qu'on ne fût qu'à la chasse
Des lièvres, des lapins, et des jeunes daims, passe :
Ce sont des animaux d'un naturel fort doux,
Et qui prennent toujours la fuite devant nous.
Mais aller attaquer de ces bêtes vilaines
Qui n'ont aucun respect pour les faces humaines,
Et qui courent les gens qui les veulent courir,
C'est un sot passe-temps que je ne puis souffrir.

EURYALE.

Dis-nous donc ce que c'est.

MORON, en se tournant.

Le pénible exercice
Où de notre princesse a volé le caprice!
J'en aurais bien juré qu'elle aurait fait le tour ;
Et la course des chars se faisant en ce jour,
Il fallait affecter ce contre-temps de chasse
Pour mépriser ces jeux avec meilleure grâce,
Et faire voir... Mais chut. Achevons mon récit,
Et reprenons le fil de ce que j'avais dit.
Qu'ai-je dit?

EURYALE.

Tu parlais d'exercice pénible.

MORON.

Ah! oui. Succombant donc à ce travail horrible
(Car en chasseur fameux j'étais enharnaché,
Et dès le point du jour je m'étais découché),

Je me suis écarté de tous en galant homme,
Et, trouvant un lieu propre à dormir d'un bon somme,
J'essayais ma posture, et m'ajustant bientôt,
Prenais déjà mon ton pour ronfler comme il faut,
Lorsqu'un murmure affreux m'a fait lever la vue,
Et j'ai, d'un vieux buisson de la forêt touffue,
Vu sortir un sanglier d'une énorme grandeur
Pour...

EURYALE.

    Qu'est-ce?

MORON.

                    Ce n'est rien. N'ayez point de frayeur,
Mais laissez-moi passer entre vous deux, pour cause,
Je serai mieux en main pour vous conter la chose.
J'ai donc vu ce sanglier, qui, par nos gens chassé,
Avait d'un air affreux tout son poil hérissé;
Ses deux yeux flamboyants ne lançaient que menace,
Et sa gueule faisait une laide grimace,
Qui, parmi de l'écume, à qui l'osait presser,
Montrait de certains crocs... je vous laisse à penser.
A ce terrible aspect j'ai ramassé mes armes;
Mais le faux[1] animal, sans en prendre d'alarmes,
Est venu droit à moi, qui ne lui disais mot.

ARBATE.

Et tu l'as de pied ferme attendu?

MORON.

                        Quelque sot.
J'ai jeté tout par terre et couru comme quatre.

ARBATE.

Fuir devant un sanglier, ayant de quoi l'abattre!
Ce trait, Moron, n'est pas généreux...

MORON.

                            J'y consens;
Il n'est pas généreux, mais il est de bon sens.

---

[1] *Faux*, dans le sens de *méchant, traître* et *déloyal.*

ARBATE.

Mais, par quelques exploits si l'on ne s'éternise...

MORON.

Je suis votre valet, et j'aime mieux qu'on dise :
« C'est ici qu'en fuyant sans se faire prier,
Moron sauva ses jours des fureurs d'un sanglier, »
Que si l'on y disait : « Voilà l'illustre place
Où le brave Moron, d'une héroïque audace,
Affrontant d'un sanglier l'impétueux effort,
Par un coup de ses dents vit terminer son sort. »

EURYALE.

Fort bien.

MORON.

Oui. J'aime mieux, n'en déplaise à la gloire,
Vivre au monde deux jours, que mille ans dans l'histoire.

EURYALE.

En effet, ton trépas fâcherait tes amis;
Mais si, de ta frayeur ton esprit est remis,
Puis-je te demander si du feu qui me brûle?...

MORON.

Il ne faut point, seigneur, que je vous dissimule;
Je n'ai rien fait encore, et n'ai point rencontré
De temps pour lui parler qui fût selon mon gré.
L'office de bouffon a des prérogatives;
Mais souvent on rabat nos libres tentatives.
Le discours de vos feux est un peu délicat,
Et c'est chez la princesse une affaire d'État.
Vous savez de quel titre elle se glorifie,
Et qu'elle a dans la tête une philosophie
Qui déclare la guerre au conjugal lien,
Et vous traite l'Amour de déité de rien.
Pour n'effaroucher point son humeur de tigresse,
Il me faut manier la chose avec adresse :
Car on doit regarder comme l'on parle aux grands,
Et vous êtes parfois d'assez fâcheuses gens.

Laissez-moi doucement conduire cette trame.
Je me sens là pour vous un zèle tout de flamme ;
Vous êtes né mon prince, et quelques autres nœuds
Pourraient contribuer au bien que je vous veux.
Ma mère, dans son temps, passait pour assez belle,
Et naturellement n'était pas fort cruelle ;
Feu votre père alors, ce prince généreux,
Sur la galanterie était fort dangereux,
Et je sais qu'Elpénor, qu'on appelait mon père,
A cause qu'il était le mari de ma mère,
Comptait pour grand honneur aux pasteurs d'aujourd'hui
Que le prince autrefois était venu chez lui,
Et que, durant ce temps, il avait l'avantage
De se voir salué de tous ceux du village.
Baste. Quoi qu'il en soit, je veux par mes travaux...
Mais voici la princesse et deux de vos rivaux.

SCÈNE III.

La princesse d'Élide parut ensuite, avec les princes de Messène et de Pyle, lesquels firent remarquer en eux des caractères bien différents de celui du prince
d'Ithaque, et lui cédèrent dans le cœur de la princesse tous les avantages qu'il
y pouvait désirer. Cette aimable princesse ne témoigna pas pourtant que le
mérite de ce prince eût fait aucune impression sur son esprit, et qu'elle l'eût
quasi remarqué : elle témoigna toujours, comme une autre Diane, n'aimer que
la chasse et les forêts, et lorsque le prince de Messène voulut lui faire valoir
le service qu'il lui avait rendu en la défaisant d'un fort grand sanglier qui
l'avait attaquée, elle lui dit que, sans diminuer rien de sa reconnaissance, elle
trouvait son secours d'autant moins considérable, qu'elle en avait tué toute seule
d'aussi furieux, et fût peut-être bien encore venue à bout de celui-ci.

LA PRINCESSE ET SA SUITE, ARISTOMÈNE, THÉOCLE,
EURYALE, ARBATE, MORON.

ARISTOMÈNE.

Reprochez-vous, madame, à nos justes alarmes
Ce péril dont tous deux avons sauvé vos charmes ?

J'aurais pensé, pour moi, qu'abattre sous nos coups
Ce sanglier qui portait sa fureur jusqu'à vous,
Était une aventure, ignorant votre chasse,
Dont à nos bons destins nous dussions rendre grâce;
Mais, à cette froideur, je connais clairement
Que je dois concevoir un autre sentiment,
Et quereller du sort la fatale puissance
Qui me fait avoir part à ce qui vous offense.

THÉOCLE.

Pour moi, je tiens, madame, à sensible bonheur
L'action où pour vous a volé tout mon cœur,
Et ne puis consentir, malgré votre murmure,
A quereller le sort d'une telle aventure.
D'un objet odieux je sais que tout déplaît;
Mais, dût votre courroux être plus grand qu'il n'est,
C'est extrême plaisir, quand l'amour est extrême,
De pouvoir d'un péril affranchir ce qu'on aime.

LA PRINCESSE.

Et pensez-vous, seigneur, puisqu'il me faut parler,
Qu'il eût eu, ce péril, de quoi tant m'ébranler?
Que l'arc et que le dard, pour moi si pleins de charmes,
Ne soient entre mes mains que d'inutiles armes?
Et que je fasse enfin mes plus fréquents emplois
De parcourir nos monts, nos plaines et nos bois,
Pour n'oser, en chassant, concevoir l'espérance
De suffire moi seule à ma propre défense?
Certes, avec le temps, j'aurais bien profité
De ces soins assidus dont je fais vanité,
S'il fallait que mon bras, dans une telle quête,
Ne pût pas triompher d'une chétive bête!
Du moins, si pour prétendre à de sensibles coups,
Le commun de mon sexe est trop mal avec vous,
D'un étage plus haut accordez-moi la gloire;
Et me faites tous deux cette grâce de croire,
Seigneurs, que, quel que fût le sanglier d'aujourd'hui,

J'en ai mis bas, sans vous, de plus méchants que lui.

THÉOCLE.

Mais, madame...

LA PRINCESSE.

Hé bien ! soit. Je vois que votre envie
Est de persuader que je vous dois la vie;
J'y consens. Oui, sans vous, c'était fait de mes jours.
Je rends de tout mon cœur grâce à ce grand secours,
Et je vais de ce pas au prince, pour lui dire
Les bontés que pour moi votre amour vous inspire.

SCÈNE IV.

EURYALE, ARBATE, MORON.

MORON.

Eh ! a-t-on jamais vu de plus farouche esprit?
De ce vilain sanglier l'heureux trépas l'aigrit.
Oh ! comme volontiers j'aurais d'un beau salaire
Récompensé tantôt qui m'en eût su défaire !

ARBATE, à Euryale.

Je vous vois tout pensif, seigneur, de ses dédains;
Mais ils n'ont rien qui doive empêcher vos desseins.
Son heure doit venir, et c'est à vous, possible,
Qu'est réservé l'honneur de la rendre sensible.

MORON.

Il faut qu'avant la course elle apprenne vos feux.
Et je...

EURYALE.

Non. Ce n'est plus, Moron, ce que je veux;
Garde-toi de rien dire, et me laisse un peu faire;
J'ai résolu de prendre un chemin tout contraire.
Je vois trop que son cœur s'obstine à dédaigner

Tous ces profonds respects qui pensent la gagner;
Et le dieu qui m'engage à soupirer pour elle,
M'inspire pour la vaincre une adresse nouvelle.
Oui, c'est lui d'où me vient ce soudain mouvement,
Et j'en attends de lui l'heureux événement.

ARBATE.

Peut-on savoir, seigneur, par où votre espérance...

EURYALE.

Tu le vas voir. Allons, et garde le silence.

FIN DU PREMIER ACTE.

DEUXIÈME INTERMÈDE.

~ ARGUMENT.

L'agréable Moron laissa aller le prince pour parler de sa passion naissante aux bois et aux rochers, et faisant retentir partout le beau nom de sa bergère Philis; un écho ridicule lui répondant bizarrement, il y prit si grand plaisir, que, riant de cent manières, il fit répondre autant de fois cet écho, sans témoigner d'en être ennuyé : mais un ours vint interrompre ce beau divertissement, et le surprit si fort par cette vue peu attendue, qu'il donna de sensibles marques de sa peur; elle lui fit faire devant l'ours toutes les soumissions dont il se put aviser pour l'adoucir. Enfin se jetant à un arbre pour y monter, comme il vit que l'ours y voulait grimper aussi bien que lui, il cria au secours d'une voix si haute, qu'elle attira huit paysans armés de bâtons à deux bouts et d'épieux, pendant qu'un autre ours parut ensuite du premier. Il se fit un combat qui finit par la mort d'un ours et par la fuite de l'autre.

SCÈNE I.

MORON.

Jusqu'au revoir; pour moi, je reste ici, et j'ai une petite conversation à faire avec ces arbres et ces rochers.

Bois, prés, fontaines, fleurs, qui voyez mon teint blême,
Si vous ne le savez, je vous apprends que j'aime.

Philis est l'objet charmant
Qui tient mon cœur à l'attache,
Et je devins son amant
La voyant traire une vache.
Ses doigts, tout pleins de lait et plus blancs mille fois,
Pressaient les bouts du pis d'une grâce admirable.
Ouf ! Cette idée est capable
De me réduire aux abois.

Ah ! Philis ! Philis ! Philis !
Ah ! hem ! ah, ah, ah ! Hi, hi, hi, hi ! ho, ho, ho, ho !
Voilà un écho qui est bouffon ! Hom, hom, hom ! Ha, ha,
ha, ha, ha !
Hu, hu, hu ! Voilà un écho qui est bouffon !

SCÈNE II.

UN OURS, MORON.

MORON, apercevant un ours qui vient à ui.

Ah ! monsieur l'ours, je suis votre serviteur de tout mon
cœur. De grâce, épargnez-moi; je vous assure que je ne
vaux rien du tout à manger; je n'ai que la peau et les os,
et je vois de certaines gens là-bas qui seraient bien mieux
votre affaire. Eh ! eh ! eh ! monseigneur, tout doux, s'il vous
plaît. Là, (Il caresse l'ours, et tremble de frayeur.) là, là, là ! Ah ! monseigneur, que votre altesse est jolie et bien faite ! elle a
tout à fait l'air galant et la taille la plus mignonne du
monde. Ah ! beau poil ! belle tête ! beaux yeux brillants et
bien fendus ! Ah ! beau petit nez ! belle petite bouche ! petites
quenottes jolies ! Ah ! belle gorge ! belles petites menottes !
petits ongles bien faits ! (L'ours se lève sur ses pattes de derrière.) A l'aide !
au secours ! je suis mort ! Miséricorde ! Pauvre Moron ! Ah !
mon Dieu ! Hé ! vite à moi, je suis perdu. (Les chasseurs paraissent,
et Moron monte sur un arbre.)

MORON, aux chasseurs.

Eh! messieurs, ayez pitié de moi. (Les chasseurs combattent l'ours.)
Bon! messieurs! tuez-moi ce vilain animal-là. O ciel! daigne
les assister! Bon! le voilà qui fuit; le voilà qui s'arrête et
qui se jette sur eux. Bon! en voilà un qui vient de lui
donner un coup dans la gueule. Les voilà tous à l'entour de
lui. Courage! ferme, allons, mes amis! Bon! poussez fort!
Encore! Ah! le voilà qui est à terre; c'en est fait, il est
mort. Descendons maintenant pour lui donner cent coups.
(Moron descend de l'arbre.) Serviteur, messieurs; je vous rends grâce
de m'avoir délivré de cette bête. Maintenant que vous l'avez
tuée, je m'en vais l'achever, et en triompher avec vous.

Ces heureux chasseurs n'eurent pas plutôt remporté cette victoire, que Moron,
devenu brave par l'éloignement du péril, voulut aller donner mille coups à la
bête qui n'était plus en état de se défendre, et fit tout ce qu'un fanfaron, qui
n'aurait pas été trop hardi, eût pu faire en cette occasion; et les chasseurs,
pour témoigner leur joie, dansèrent une fort belle entrée. C'étaient M. Manceau,
les sieurs Chicanneau, Baltazard, Noblet, Bonard, Magny et la Pierre.

FIN DU DEUXIÈME INTERMÈDE

ACTE DEUXIÈME.

—

ARGUMENT.

Le prince d'Ithaque et la princesse eurent une conversation fort
galante sur la course des chars qui se préparait. Elle avait dit auparavant à une des princesses, ses parentes, que l'insensibilité du
prince d'Ithaque lui donnait de la peine et lui était honteuse :
qu'encore qu'elle ne voulût rien aimer, il était bien fâcheux de voir
qu'il n'aimait rien, et que, quoiqu'elle eût résolu de n'aller point
voir les courses, elle s'y voulait rendre dans le dessein de tâcher à
triompher de la liberté d'un homme qui la chérissait si fort. Il
était facile de juger que le mérite de ce prince produisait son effet
ordinaire, que ses belles qualités avaient touché ce cœur superbe,
et commencé à fondre une partie de cette glace qui avait résisté
jusques alors à toutes les ardeurs de l'amour; et plus il affectait
(par le conseil de Moron, qu'il avait gagné, et qui connaissait fort
le cœur de la princesse) de paraître insensible, quoiqu'il ne fût
que trop amoureux, plus la princesse se mettait dans la tête
de l'engager, quoiqu'elle n'eût pas fait dessein de s'engager elle-
même. Les princes de Messène et de Pyle prirent lors congé d'elle
pour s'aller préparer aux courses, et lui parlant de l'espérance
qu'ils avaient de vaincre, par le désir qu'ils sentaient de lui plaire.
Celui d'Ithaque lui témoigna, au contraire, que, n'ayant jamais
rien aimé, il allait essayer à vaincre pour sa propre satisfaction,
ce qui la piqua encore davantage à vouloir soumettre un cœur
déjà assez soumis, mais qui savait déguiser ses sentiments le mieux
du monde.

SCÈNE I.

LA PRINCESSE, AGLANTE, CYNTHIE.

LA PRINCESSE.

Oui, j'aime à demeurer dans ces paisibles lieux;
On n'y découvre rien qui·n'enchante les yeux;
Et de tous nos palais la savante structure
Cède aux simples beautés qu'y forme la nature.
Ces arbres, ces rochers, cette eau, ces gazons frais,
Ont pour moi des appas à ne lasser jamais.

AGLANTE.

Je chéris comme vous ces retraites tranquilles,
Où l'on se vient sauver de l'embarras des villes.
De mille objets charmants ces lieux sont embellis;
Et ce qui doit surprendre, est qu'aux portes d'Élis
La douce passion de fuir la multitude
Rencontre une si belle et vaste solitude.
Mais, à vous dire vrai, dans ces jours éclatants
Vos retraites ici me semblent hors de temps;
Et c'est fort maltraiter l'appareil magnifique
Que chaque prince a fait pour la fête publique.
Ce spectacle pompeux de la course des chars
Devait bien mériter l'honneur de vos regards.

LA PRINCESSE.

Quel droit ont-ils chacun d'y vouloir ma présence,
Et que dois-je, après tout, à leur magnificence?
Ce sont soins que produit l'ardeur de m'acquérir,
Et mon cœur est le prix qu'ils veulent tous courir.
Mais, quelque espoir qui flatte un projet de la sorte,
Je me tromperai fort, si pas un d'eux l'emporte.

CYNTHIE.

Jusques à quand ce cœur veut-il s'effaroucher
Des innocents desseins qu'on a de le toucher,
Et regarder les soins que pour vous on se donne
Comme autant d'attentats contre votre personne?
Je sais qu'en défendant le parti de l'amour,
On s'expose chez vous à faire mal sa cour;
Mais ce que par le sang j'ai l'honneur de vous être
S'oppose aux duretés que vous faites paraître,
Et je ne puis nourrir d'un flatteur entretien
Vos résolutions de n'aimer jamais rien.
Est-il rien de plus beau que l'innocente flamme
Qu'un mérite éclatant allume dans une âme?
Et serait-ce un bonheur de respirer le jour,
Si d'entre les mortels on bannissait l'amour?
Non, non, tous les plaisirs se goûtent à le suivre,
Et vivre sans aimer n'est pas proprement vivre.

AVIS.

Le dessein de l'auteur était de traiter ainsi toute la comédie. Mais un commandement du roi, qui pressa cette affaire, l'obligea d'achever tout le reste en prose, et de passer légèrement sur plusieurs scènes, qu'il aurait étendues davantage, s'il avait eu plus de loisir.

AGLANTE.

Pour moi, je tiens que cette passion est la plus agréable affaire de la vie; qu'il est nécessaire d'aimer pour vivre heureusement, et que tous les plaisirs sont fades s'il ne s'y mêle un peu d'amour.

LA PRINCESSE.

Pouvez-vous bien toutes deux, étant ce que vous êtes, prononcer ces paroles? et ne devez-vous pas rougir d'appuyer une passion qui n'est qu'erreur, que faiblesse et qu'emportement, et dont tous les désordres ont tant de répugnance avec la gloire de notre sexe? J'en prétends soutenir l'honneur jusqu'au dernier moment de ma vie, et ne veux point du tout me commettre à ces gens qui font les esclaves auprès de nous pour devenir un jour nos tyrans. Toutes ces larmes, tous ces soupirs, tous ces hommages, tous ces respects, sont des embûches qu'on tend à notre cœur et qui souvent l'engagent à commettre des lâchetés. Pour moi, quand je regarde certains exemples et les bassesses épouvantables où cette passion ravale les personnes sur qui elle étend sa puissance, je sens tout mon cœur qui s'émeut; et je ne puis souffrir qu'une âme qui fait profession d'un peu de fierté ne trouve pas une honte horrible à de telles faiblesses.

CYNTHIE.

Eh! madame, il est de certaines faiblesses qui ne sont point honteuses et qu'il est beau même d'avoir dans les plus hauts degrés de gloire. J'espère que vous changerez un jour de pensée; et, s'il plaît au ciel, nous verrons votre cœur avant qu'il soit peu...

LA PRINCESSE.

Arrêtez. N'achevez pas ce souhait étrange. J'ai une horreur trop invincible pour ces sortes d'abaissements, et si jamais j'étais capable d'y descendre, je serais personne, sans doute, à ne me le point pardonner.

AGLANTE.

Prenez garde, madame; l'Amour sait se venger des mépris que l'on fait de lui, et peut-être...

LA PRINCESSE.

Non, non. Je brave tous ses traits, et le grand pouvoir qu'on lui donne n'est rien qu'une chimère et qu'une excuse

des faibles cœurs, qui le font invincible pour autoriser leur
faiblesse.

CYNTHIE.

Mais enfin toute la terre reconnaît sa puissance, et vous
voyez que les dieux mêmes sont assujettis à son empire. On
nous fait voir que Jupiter n'a pas aimé pour une fois, et que
Diane même, dont vous affectez tant l'exemple, n'a pas rougi
de pousser des soupirs d'amour.

LA PRINCESSE.

Les croyances publiques sont toujours mêlées d'erreur.
Les dieux ne sont point faits comme les fait le vulgaire, et
c'est leur manquer de respect que de leur attribuer les faiblesses des hommes.

SCÈNE II.

LA PRINCESSE, AGLANTE, CYNTHIE, PHILIS, MORON.

AGLANTE.

Viens, approche, Moron, viens nous aider à défendre l'amour
contre les sentiments de la princesse.

LA PRINCESSE.

Voilà votre parti fortifié d'un grand défenseur.

MORON.

Ma foi! madame, je crois qu'après mon exemple il n'y a
plus rien à dire, et qu'il ne faut plus mettre en doute le
pouvoir de l'amour. J'ai bravé ses armes assez longtemps et
fait de mon drôle comme un autre; mais enfin ma fierté a
baissé l'oreille, et (il montre Philis.) vous avez une traîtresse qui
m'a rendu plus doux qu'un agneau. Après cela, on ne
doit plus faire aucun scrupule d'aimer, et, puisque j'ai bien
passé par là, il peut bien y en passer d'autres.

CYNTHIE.

Quoi! Moron se mêle d'aimer?

MORON.

Fort bien.

CYNTHIE.

Et de vouloir être aimé?

MORON.

Et pourquoi non? Est-ce qu'on n'est pas assez bien fait pour cela? Je pense que ce visage est assez passable, et que, pour le bel air, Dieu merci, nous ne le cédons à personne.

CYNTHIE.

Sans doute, on aurait tort...

SCÈNE III.

LA PRINCESSE, AGLANTE, CYNTHIE, PHILIS,
MORON, LYCAS.

LYCAS.

Madame, le prince votre père vient vous trouver ici, et conduit avec lui les princes de Pyle et d'Ithaque, et celui de Messène.

LA PRINCESSE.

O ciel! que prétend-il faire en me les amenant? Aurait-il résolu ma perte, et voudrait-il bien me forcer au choix de quelqu'un d'eux?

SCÈNE IV.

IPHITAS, EURYALE, ARISTOMÈNE, THÉOCLE,
LA PRINCESSE, AGLANTE, CYNTHIE, PHILIS, MORON.

LA PRINCESSE, à Iphitas.

Seigneur, je vous demande la licence de prévenir par deux
paroles la déclaration des pensées que vous pouvez avoir. Il
y a deux vérités, seigneur, aussi constantes l'une que l'autre,
et dont je puis vous assurer également : l'une, que vous avez
un absolu pouvoir sur moi, et que vous ne sauriez m'ordonner rien où je ne réponde aussitôt par une obéissance
aveugle; l'autre, que je regarde l'hyménée ainsi que le trépas,
et qu'il m'est impossible de forcer cette aversion naturelle.
Me donner un mari, et me donner la mort, c'est une même
chose; mais votre volonté va la première, et mon obéissance
m'est bien plus chère que ma vie. Après cela, parlez, seigneur, prononcez librement ce que vous voulez.

IPHITAS.

Ma fille, tu as tort de prendre de telles alarmes; et je me
plains de toi, qui peux mettre dans ta pensée que je sois
assez mauvais père pour vouloir faire violence à tes sentiments, et me servir tyranniquement de la puissance que
le ciel me donne sur toi. Je souhaite, à la vérité, que ton
cœur puisse aimer quelqu'un. Tous mes vœux seraient satisfaits, si cela pouvait arriver : et je n'ai proposé les fêtes et
les jeux que je fais célébrer ici, qu'afin d'y pouvoir attirer
tout ce que la Grèce a d'illustre, et que parmi cette noble
jeunesse tu puisses enfin rencontrer où arrêter tes yeux et
déterminer tes pensées. Je ne demande, dis-je, au ciel autre
bonheur que celui de te voir un époux. J'ai, pour obtenir
cette grâce, fait encore ce matin un sacrifice à Vénus; et, si

je sais bien expliquer le langage des dieux, elle m'a promis un miracle. Mais, quoi qu'il en soit, je veux en user avec toi en père qui chérit sa fille. Si tu trouves où attacher tes vœux, ton choix sera le mien, et je ne considérerai ni intérêt d'État ni avantages d'alliance; si ton cœur demeure insensible, je n'entreprendrai point de le forcer; mais au moins sois complaisante aux civilités qu'on te rend, et ne m'oblige point à faire les excuses de ta froideur. Traite ces princes avec l'estime que tu leur dois, reçois avec reconnaissance les témoignages de leur zèle, et viens voir cette course où leur adresse va paraître.

THÉOCLE, à la princesse.

Tout le monde va faire des efforts pour remporter le prix de cette course. Mais, à vous dire vrai, j'ai peu d'ardeur pour la victoire, puisque ce n'est pas votre cœur qu'on y doit disputer.

ARISTOMÈNE.

Pour moi, madame, vous êtes le seul prix que je me propose partout. C'est vous que je crois disputer dans ces combats d'adresse, et je n'aspire maintenant à remporter l'honneur de cette course que pour obtenir un degré de gloire qui m'approche de votre cœur.

EURYALE.

Pour moi, madame, je n'y vais point du tout avec cette pensée. Comme j'ai fait toute ma vie profession de ne rien aimer, tous les soins que je prends ne vont point où tendent les autres. Je n'ai aucune prétention sur votre cœur, et le seul honneur de la course est tout l'avantage où j'aspire.

Ils la quittent.)

SCÈNE V.

LA PRINCESSE, AGLANTE, CYNTHIE, PHILIS, MORON.

LA PRINCESSE.

D'où sort cette fierté où l'on ne s'attendait point? Princesses, que dites-vous de ce jeune prince? Avez-vous remarqué
de quel ton il l'a pris?

AGLANTE.

Il est vrai que cela est un peu fier.

MORON, à part.

Ah! quelle brave botte il vient là de lui porter!

LA PRINCESSE.

Ne trouvez-vous pas qu'il y aurait plaisir d'abaisser son
orgueil, et de soumettre un peu ce cœur qui tranche tant du
brave?

CYNTHIE.

Comme vous êtes accoutumée à ne jamais recevoir que des
hommages et des adorations de tout le monde, un compliment pareil au sien doit vous surprendre, à la vérité.

LA PRINCESSE.

Je vous avoue que cela m'a donné de l'émotion, et que
je souhaiterais fort de trouver les moyens de châtier cette
hauteur. Je n'avais pas beaucoup d'envie de me trouver à
cette course; mais j'y veux aller exprès, et employer toute
chose pour lui donner de l'amour.

CYNTHIE.

Prenez garde, madame. L'entreprise est périlleuse; et,
lorsqu'on veut donner de l'amour, on court risque d'en recevoir.

LA PRINCESSE.

Ah! n'appréhendez rien, je vous prie. Allons, je vous
réponds de moi.

FIN DU DEUXIÈME ACTE.

TROISIÈME INTERMÈDE.

SCÈNE I.

MORON, PHILIS.

MORON.

Philis, demeure ici.

PHILIS.

Non. Laisse-moi suivre les autres.

MORON.

Ah! cruelle! si c'était Tircis qui t'en priât, tu demeurerais bien vite.

PHILIS.

Cela se pourrait faire, et je demeure d'accord que je trouve bien mieux mon compte avec l'un qu'avec l'autre; car il me divertit avec sa voix, et toi, tu m'étourdis de ton caquet. Lorsque tu chanteras aussi bien que lui, je te promets de t'écouter.

MORON.

Hé! demeure un peu.

PHILIS.

Je ne saurais.

MORON.

De grâce!

PHILIS.

Point, te dis-je.

MORON, retenant Philis.

Je ne te laisserai point aller...

PHILIS.

Ah! que de façons!

MORON.

Je ne te demande qu'un moment à être avec toi.

PHILIS.

Eh bien! oui, j'y demeurerai, pourvu que tu me promettes une chose.

MORON.

Et quelle?

PHILIS.

De ne me point parler du tout.

MORON.

Hé! Philis.

PHILIS.

A moins que de cela, je ne demeurerai point avec toi.

MORON.

Veux-tu me...?

PHILIS.

Laisse-moi aller.

MORON.

Hé bien! oui, demeure. Je ne te dirai mot.

PHILIS.

Prends-y bien garde, au moins; car, à la moindre parole, je prends la fuite.

MORON.

Soit. (Après avoir fait une scène de gestes.) Ah! Philis! Hé!...

SCÈNE II.

MORON, seul.

Elle s'enfuit, et je ne saurais l'attraper. Voilà ce que c'est. Si je savais chanter, j'en ferais bien mieux mes affaires. La plupart des femmes aujourd'hui se laissent prendre par les oreilles; elles sont cause que tout le monde se mêle de musique, et l'on ne réussit auprès d'elles que par les petites chansons et les petits vers qu'on leur fait entendre. Il faut que j'apprenne à chanter pour faire comme les autres. Bon, voici justement mon homme.

SCÈNE III.

UN SATYRE, MORON.

LE SATYRE chante

La, la, la.

MORON.

Ah! satyre, mon ami, tu sais bien ce que tu m'as promis, il y a longtemps. Apprends-moi à chanter, je te prie.

LE SATYRE.

Je le veux. Mais auparavant, écoute une chanson que je viens de faire.

MORON, bas, à part.

Il est si accoutumé à chanter, qu'il ne saurait parler d'autre façon. (Haut). Allons, chante, j'écoute.

LE SATYRE chante.

Je portais....

MORON.

Une chanson, dis-tu?

LE SATYRE.

Je port...

MORON.

Une chanson à chanter?

LE SATYRE.

Je port...

MORON.

Chanson amoureuse? Peste!

LE SATYRE.

Je portais dans une cage
Deux moineaux que j'avais pris,
Lorsque la jeune Chloris,
Fit, dans un sombre bocage,
Briller, à mes yeux surpris,
Les fleurs de son beau visage.
Hélas! dis-je aux moineaux, en recevant les coups
De ses yeux si savants à faire des conquêtes,
Consolez-vous, pauvres petites bêtes,
Celui qui vous a pris est bien plus pris que vous.

Moron ne fut pas satisfait de cette chanson, quoiqu'il la trouvât jolie; il en demanda une plus passionnée, et, priant le satyre de lui dire celle qu'il lui avait
ouï chanter quelques jours auparavant, il continua ainsi :

Dans vos chants si doux
Chantez à ma belle,
Oiseaux, chantez tous
Ma peine mortelle.
Mais si la cruelle
Se met en courroux
Au récit fidèle
Des maux que je sens pour elle,
Oiseaux, taisez-vous.

Cette seconde chanson ayant touché Moron fort sensiblement, il pria le satyre de
la lui apprendre à chanter, et lui dit :

MORON.

Ah! qu'elle est belle! Apprends-la-moi.

LE SATYRE.

La, la, la, la.

MORON.

La, la, la, la.

LE SATYRE.

Fa, fa, fa, fa.

MORON.

Fat toi-même.

Le satyre s'en mit en colère, et peu à peu se mettant en posture d'en venir à des coups de poing, les violons reprirent un air, sur lequel plusieurs satyres dansèrent une plaisante entrée.

FIN DU TROISIÈME INTERMÈDE.

ACTE TROISIÈME.

———

ARGUMENT.

La princesse d'Élide était cependant dans d'étranges inquiétudes : le prince d'Ithaque avait gagné le prix des courses; elle avait, dans la suite de ce divertissement, fait des merveilles à chanter et à la danse sans qu'il parût que les dons de la nature et de l'art eussent été quasi remarqués par le prince d'Ithaque. Elle en fit de grandes plaintes à la princesse sa parente; elle en parla à Moron, qui fit passer cet insensible pour un brutal; et enfin, le voyant arriver lui-même, elle ne put s'empêcher de lui en toucher fort sérieusement quelque chose : il lui répondit ingénument qu'il n'aimait rien, et que hors l'amour de sa liberté et les plaisirs qu'il trouvait si agréables de la solitude et de la chasse, rien ne le touchait.

———

SCÈNE I.

LA PRINCESSE, AGLANTE, CYNTHIE, PHILIS.

CYNTHIE.

Il est vrai, madame, que ce jeune prince a fait voir une adresse non commune, et que l'air dont il a paru a été quelque chose de surprenant. Il sort vainqueur de cette course. Mais je doute fort qu'il en sorte avec le même cœur qu'il y a porté ; car enfin vous lui avez tiré des traits dont il est difficile de se défendre, et, sans parler de tout le reste, la grâce de votre danse et la douceur de votre voix ont eu des charmes aujourd'hui à toucher les plus insensibles.

LA PRINCESSE.

Le voici qui s'entretient avec Moron ; nous saurons un peu de quoi il lui parle. Ne rompons point encore leur entretien, et prenons cette route pour revenir à leur rencontre.

SCÈNE II.

EURYALE, ARBATE, MORON.

EURYALE.

Ah! Moron, je te l'avoue, j'ai été enchanté ; et jamais tant de charmes n'ont frappé tout ensemble mes yeux et mes oreilles! Elle est adorable en tout temps, il est vrai ; mais ce moment l'a emporté sur tous les autres, et des grâces nouvelles ont redoublé l'éclat de ses beautés. Jamais son visage ne s'est paré de plus vives couleurs, ni ses yeux ne se sont armés de traits plus vifs et plus perçants. La douceur de sa voix a voulu se faire paraître dans un air tout charmant qu'elle a daigné chanter ; et les sons merveilleux qu'elle formait passaient jusqu'au fond de mon âme, et tenaient tous mes sens dans un ravissement à ne pouvoir en revenir. Elle a fait éclater ensuite une disposition toute divine, et ses pieds amoureux sur l'émail d'un tendre gazon traçaient d'aimables caractères qui m'enlevaient hors de moi-même, et m'attachaient par des nœuds invincibles aux doux et justes mouvements dont tout son corps suivait les mouvements de l'harmonie. Enfin, jamais âme n'a eu de plus puissantes émotions que la mienne ; et

j'ai pensé plus de vingt fois oublier ma résolution, pour me
jeter à ses pieds, et lui faire un aveu sincère de l'ardeur
que je sens pour elle.

MORON.

Donnez-vous-en bien de garde, seigneur, si vous m'en
voulez croire. Vous avez trouvé la meilleure invention du
monde, et je me trompe fort si elle ne vous réussit. Les
femmes sont des animaux d'un naturel bizarre; nous les
gâtons par nos douceurs , et je crois tout de bon que nous
les verrions nous courir, sans tous ces respects et ces soumissions où les hommes les acoquinent.

ARBATE.

Seigneur, voici la princesse qui s'est un peu éloignée de
sa suite.

MORON.

Demeurez ferme, au moins, dans le chemin que vous avez
pris. Je m'en vais voir ce qu'elle me dira. Cependant pro-
menez-vous ici dans ces petites routes, sans faire aucun
semblant d'avoir envie de la joindre; et, si vous l'abordez,
demeurez avec elle le moins qu'il vous sera possible.

SCÈNE III.

LA PRINCESSE, MORON.

LA PRINCESSE.

Tu as donc familiarité, Moron, avec le prince d'Ithaque?

MORON.

Ah! madame, il y a longtemps que nous nous connaissons.

LA PRINCESSE.

D'où vient qu'il n'est pas venu jusqu'ici, et qu'il a pris
cette autre route quand il m'a vue?

MORON.

C'est un homme bizarre, qui ne se plaît qu'à entretenir ses pensées.

LA PRINCESSE.

Étais-tu tantôt au compliment qu'il m'a fait?

MORON.

Oui, madame, j'y étais; et je l'ai trouvé un peu impertinent, n'en déplaise à sa principauté.

LA PRINCESSE.

Pour moi, je le confesse, Moron, cette fuite m'a choquée;
et j'ai toutes les envies du monde de l'engager, pour rabattre
un peu son orgueil.

MORON.

Ma foi, madame, vous ne feriez pas mal; il le mériterait
bien; mais, à vous dire vrai, je doute fort que vous y
puissiez réussir.

LA PRINCESSE.

Comment?

MORON.

Comment? C'est le plus orgueilleux petit vilain que vous
ayez jamais vu. Il lui semble qu'il n'y a personne au monde
qui le mérite, et que la terre n'est pas digne de le porter.

LA PRINCESSE.

Mais encore, ne t'a-t-il point parlé de moi?

MORON.

Lui? Non.

LA PRINCESSE.

Il ne t'a rien dit de ma voix et de ma danse?

MORON.

Pas le moindre mot.

LA PRINCESSE.

Certes, ce mépris est choquant, et je ne puis souffrir cette
hauteur étrange de ne rien estimer.

MORON.

Il n'estime et n'aime que lui.

LA PRINCESSE.

Il n'y a rien que je ne fasse pour le soumettre comme il faut.

MORON.

Nous n'avons point de marbre dans nos montagnes qui soit plus dur et plus insensible que lui.

LA PRINCESSE.

Le voilà.

MORON.

Voyez-vous comme il passe, sans prendre garde à vous?

LA PRINCESSE.

De grâce, Moron, va le faire aviser que je suis ici, et l'oblige à me venir aborder.

SCÈNE IV.

LA PRINCESSE, EURYALE, ARBATE, MORON.

MORON, allant au-devant d'Euryale, et lui parlant bas.

Seigneur, je vous donne avis que tout va bien. La princesse souhaite que vous l'abordiez; mais songez bien à continuer votre rôle, et, de peur de l'oublier, ne soyez pas longtemps avec elle.

LA PRINCESSE.

Vous êtes bien solitaire, seigneur; et c'est une humeur bien extraordinaire que la vôtre, de renoncer ainsi à notre sexe, et de fuir, à votre âge, cette galanterie dont se piquent tous vos pareils.

EURYALE.

Cette humeur, madame, n'est pas si extraordinaire qu'on n'en trouvât des exemples sans aller loin d'ici, et vous ne sauriez condamner la résolution que j'ai prise de n'aimer jamais rien, sans condamner aussi vos sentiments.

LA PRINCESSE.

Il y a grande différence, et ce qui sied bien à un sexe ne sied pas bien à l'autre. Il est beau qu'une femme soit insensible, et conserve son cœur exempt des flammes de l'amour ; mais ce qui est vertu en elle, devient un crime dans un homme, et, comme la beauté est le partage de notre sexe, vous ne sauriez ne nous point aimer, sans nous dérober les hommages qui nous sont dus, et commettre une offense dont nous devons toutes nous ressentir.

EURYALE.

Je ne vois pas, madame, que celles qui ne veulent point aimer doivent prendre aucun intérêt à ces sortes d'offenses.

LA PRINCESSE.

Ce n'est pas une raison, seigneur ; et, sans vouloir aimer, on est toujours bien aise d'être aimée.

EURYALE.

Pour moi, je ne suis pas de même ; et, dans le dessein où je suis de ne rien aimer, je serais fâché d'être aimé.

LA PRINCESSE.

Et la raison ?

EURYALE.

C'est qu'on a obligation à ceux qui nous aiment, et que je serais fâché d'être ingrat.

LA PRINCESSE.

Si bien donc que, pour fuir l'ingratitude, vous aimeriez qui vous aimerait ?

EURYALE.

Moi, madame ? Point du tout. Je dis bien que je serais fâché d'être ingrat, mais je me résoudrais plutôt de l'être que d'aimer.

LA PRINCESSE.

Telle personne vous aimerait peut-être, que votre cœur...

EURYALE.

Non, madame. Rien n'est capable de toucher mon cœur. Ma liberté est la seule maîtresse à qui je consacre mes

vœux ; et, quand le ciel emploierait ses soins à composer
une beauté parfaite, quand il emploierait en elle tous les
dons les plus merveilleux et du corps et de l'âme, enfin
quand il exposerait à mes yeux un miracle d'esprit, d'adresse
et de beauté, et que cette personne m'aimerait avec toutes
les tendresses imaginables, je vous l'avoue franchement, je
ne l'aimerais pas.

LA PRINCESSE, à part.

A-t-on jamais rien vu de tel?

MORON, à la princesse.

Peste soit du petit brutal! J'aurais bien envie de lui bailler un coup de poing.

LA PRINCESSE, à part.

Cet orgueil me confond, et j'ai un tel dépit, que je ne
me sens pas.

MORON, bas, au prince.

Bon courage, seigneur. Voilà qui va le mieux du monde.

EURYALE, bas, à Moron.

Ah! Moron, je n'en puis plus! et je me suis fait des
efforts étranges.

LA PRINCESSE, à Euryale.

C'est avoir une insensibilité bien grande, que de parler
comme vous faites.

EURYALE.

Le ciel ne m'a pas fait d'une autre humeur. Mais,
madame, j'interromps votre promenade, et mon respect
doit m'avertir que vous aimez la solitude.

SCÈNE V.

LA PRINCESSE, MORON.

MORON.

Il ne vous en doit rien, madame, en dureté de cœur.

LA PRINCESSE.

Je donnerais volontiers tout ce que j'ai au monde, pour avoir l'avantage d'en triompher.

MORON.

Je le crois.

LA PRINCESSE.

Ne pourrais-tu, Moron, me servir dans un tel dessein?

MORON.

Vous savez bien, madame, que je suis tout à votre service.

LA PRINCESSE.

Parle-lui de moi dans tes entretiens; vante lui adroitement ma personne et les avantages de ma naissance, et tâche d'ébranler ses sentiments par la douceur de quelque espoir. Je te permets de dire tout ce que tu voudras, pour tâcher à me l'engager.

MORON.

Laissez-moi faire.

LA PRINCESSE.

C'est une chose qui me tient au cœur. Je souhaite ardemment qu'il m'aime.

MORON.

Il est bien fait, oui, ce petit pendard-là; il a bon air, bonne physionomie, et je crois qu'il serait assez le fait d'une jeune princesse.

LA PRINCESSE.

Enfin, tu peux tout espérer de moi, si tu trouves moyen d'enflammer pour moi son cœur.

MORON.

Il n'y a rien qui ne se puisse faire. Mais, madame, s'il venait à vous aimer, que feriez-vous, s'il vous plaît?

LA PRINCESSE.

Ah! ce serait lors que je prendrais plaisir à triompher pleinement de sa vanité, à punir son mépris par mes froideurs, et à exercer sur lui toutes les cruautés que je pourrais imaginer.

MORON.

Il ne se rendra jamais.

LA PRINCESSE.

Ah! Moron, il faut faire en sorte qu'il se rende.

MORON.

Non. Il n'en fera rien. Je le connais, ma peine serait inutile.

LA PRINCESSE.

Si faut-il pourtant tenter toute chose, et éprouver si son âme est entièrement insensible. Allons. Je veux lui parler, et suivre une pensée qui vient de me venir.

FIN DU TROISIÈME ACTE.

QUATRIÈME INTERMÈDE.

SCÈNE I.

PHILIS, TIRCIS.

PHILIS.

Viens, Tircis. Laissons-les aller, et me dis un peu ton martyre de la façon que tu sais faire. Il y a longtemps que tes yeux me parlent, mais je suis plus aise d'ouïr ta voix.

TIRCIS , en chantant.

Tu m'écoutes, hélas! dans ma triste langueur :
Mais je n'en suis pas mieux, ô beauté sans pareille!
    Et je touche ton oreille,
    Sans que je touche ton cœur.

PHILIS.

Va, va, c'est déjà quelque chose que de toucher l'oreille, et le temps amène tout : Chante-moi cependant quelque plainte nouvelle que tu aies composée pour moi.

SCÈNE II.

MORON, PHILIS, TIRCIS.

MORON.

Ah! ah! je vous y prends, cruelle. Vous vous écartez des autres pour ouïr mon rival!

PHILIS.

Oui, je m'écarte pour cela. Je te le dis encore : je me plais
avec lui, et l'on écoute volontiers les amants, lorsqu'ils se
plaignent aussi agréablement qu'il fait. Que ne chantes-tu
comme lui? Je prendrais plaisir à t'écouter.

MORON.

Si je ne sais chanter, je sais faire autre chose ; et quand...

PHILIS.

Tais-toi. Je veux l'entendre. Dis, Tircis, ce que tu voudras.

MORON.

Ah! cruelle!...

PHILIS.

Silence, dis-je, ou je me mettrai en colère.

TIRCIS chante.

Arbres épais, et vous, prés émaillés,
La beauté dont l'hiver vous avait dépouillés
    Par le printemps vous est rendue.
    Vous reprenez tous vos appas ,
    Mais mon âme ne reprend pas
    La joie, hélas! que j'ai perdue!

MORON.

Morbleu! que n'ai-je de la voix! Ah! nature marâtre!
pourquoi ne m'as-tu pas donné de quoi chanter comme à un
autre?

PHILIS.

En vérité, Tircis, il ne se peut rien de plus agréable, et
tu l'emportes sur tous les rivaux que tu as.

MORON.

Mais pourquoi est-ce que je ne puis pas chanter? N'ai-je
pas un estomac, un gosier et une langue comme un autre?
Oui, oui, allons. Je veux chanter aussi, et te montrer que
l'amour fait faire toutes choses. Voici une chanson que j'ai
faite pour toi.

PHILIS.

Oui, dis. Je veux bien t'écouter pour la rareté du fait.

MORON.

Courage, Moron. Il n'y a qu'à avoir de la hardiesse. (Il chante.)

> Ton extrême rigueur
> S'acharne sur mon cœur.
> Ah! Philis, je trépasse :
> Daigne me secourir.
> En seras-tu plus grasse
> De m'avoir fait mourir?

Vivat! Moron.

PHILIS.

Voilà qui est le mieux du monde. Mais, Moron, je souhaiterais bien d'avoir la gloire que quelque amant fût mort pour moi. C'est un avantage dont je n'ai pas encore joui : et je trouve que j'aimerais de tout mon cœur une personne qui m'aimerait assez pour se donner la mort.

MORON.

Tu aimerais une personne qui se tuerait pour toi?

PHILIS.

Oui.

MORON.

Il ne faut que cela pour te plaire?

PHILIS.

Non.

MORON.

Voilà qui est fait. Je te veux montrer que je me sais tuer quand je veux.

TIRCIS chante.

> Ah! quelle douceur extrême,
> De mourir pour ce qu'on aime.

MORON, à Tircis.

C'est un plaisir que vous aurez quand vous voudrez.

TIRCIS chante.

> Courage! Moron. Meurs promptement,
> En généreux amant.

MORON, à Tircis.

: Je vous prie de vous mêler de vos affaires, et de me laisser
tuer à ma fantaisie. Allons, je vais faire honte à tous les
amants. (A Philis.) Tiens, je ne suis pas homme à faire tant
de façons. Vois ce poignard. Prends bien garde comme je
vais me percer le cœur. (Se riant de Tircis.) Je suis votre serviteur; quelque niais.

PHILIS.

Allons, Tircis; viens-t'en me redire à l'écho ce que tu m'as
chanté.

FIN DU QUATRIÈME INTERMÈDE.

ACTE QUATRIÈME.

———

ARGUMENT.

La princesse espérant, par une feinte, pouvoir découvrir les sentiments du prince d'Ithaque, elle lui fit confidence qu'elle aimait le prince de Messène : au lieu d'en paraître affligé, il lui rendit la pareille, et lui fit connaître que la princesse sa parente lui avait donné dans la vue, et qu'il la demanderait en mariage au roi son père. A cette atteinte imprévue, cette princesse perdit toute sa constance, et quoiqu'elle essayât à se contraindre devant lui, aussitôt qu'il fut sorti, elle demanda avec tant d'empressement à sa cousine de ne recevoir point les services de ce prince, et de ne l'épouser jamais, qu'elle ne put le lui refuser. Elle s'en plaignit même à Moron, qui, lui ayant dit assez franchement qu'elle l'aimait donc, en fut chassé de sa présence.

———

SCÈNE I.

LA PRINCESSE, EURYALE, MORON.

LA PRINCESSE.

Prince, comme jusqu'ici nous avons fait paraître une conformité de sentiments, et que le ciel a semblé mettre en nous mêmes attachements pour notre liberté, et même aversion pour l'amour, je suis bien aise de vous ouvrir mon cœur, et de vous faire confidence d'un changement dont vous serez surpris. J'ai toujours regardé l'hymen comme une chose affreuse, et j'avais fait serment d'abandonner plutôt la vie, que de me résoudre jamais à perdre cette liberté, pour qui j'avais des tendresses si grandes ; mais, enfin, un moment a dissipé toutes ces résolutions. Le mérite d'un prince m'a frappé aujourd'hui les yeux ; et mon âme tout d'un coup, comme par un miracle, est devenue sensible aux traits de cette passion que j'avais toujours méprisée. J'ai trouvé d'abord des raisons pour autoriser ce changement, et je puis l'appuyer de ma volonté de répondre aux ardentes sollicitations d'un père, et aux vœux de tout un État : mais, à vous dire vrai, je suis en peine du jugement que vous ferez de moi, et je voudrais savoir si vous condamnerez, ou non, le dessein que j'ai de me donner un époux.

EURYALE.

Vous pourriez faire un tel choix, madame, que je l'approuverais sans doute.

LA PRINCESSE.

Qui croyez-vous, à votre avis, que je veuille choisir ?

EURYALE.

Si j'étais dans votre cœur, je pourrais vous le dire ; mais, comme je n'y suis pas, je n'ai garde de vous répondre.

LA PRINCESSE.

Devinez pour voir, et nommez quelqu'un.

EURYALE.

J'aurais trop peur de me tromper.

LA PRINCESSE.

Mais, encore, pour qui souhaiteriez-vous que je me déclarasse ?

EURYALE.

Je sais bien, à vous dire vrai, pour qui je le souhaiterais, mais, avant que de m'expliquer, je dois savoir votre pensée.

LA PRINCESSE.

Hé bien ! prince, je veux bien vous la découvrir. Je suis sûre que vous allez approuver mon choix ; et, pour ne vous

point tenir en suspens davantage, le prince de Messène est
celui de qui le mérite s'est attiré mes vœux.

EURYALE, à part.

O ciel !

LA PRINCESSE, bas, à Moron.

Mon invention a réussi, Moron. Le voilà qui se trouble.

MORON, à la princesse.

Bon, madame. (Au prince.) Courage, seigneur. (A la princesse.) Il
en tient. (Au prince.) Ne vous défaites pas.

LA PRINCESSE, à Euryale.

Ne trouvez-vous pas que j'ai raison, et que ce prince a
tout le mérite qu'on peut avoir ?

MORON, bas, au prince.

Remettez-vous et songez à répondre.

LA PRINCESSE.

D'où vient, prince, que vous ne dites mot, et semblez
interdit ?

EURYALE.

Je le suis, à la vérité ; et j'admire, madame, comme le
ciel a pu former deux âmes aussi semblables en tout que les
nôtres, deux âmes en qui l'on ait vu une plus grande conformité de sentiments, qui aient fait éclater dans le même
temps une résolution à braver les traits de l'Amour, et qui,
dans le même moment, aient fait paraître une égale facilité
à perdre le nom d'insensibles. Car enfin, madame, puisque
votre exemple m'autorise, je ne feindrai point de vous dire
que l'amour aujourd'hui s'est rendu maître de mon cœur, et
qu'une des princesses vos cousines, l'aimable et belle Aglante,
a renversé d'un coup d'œil tous les projets de ma fierté. Je
suis ravi, madame, que, par cette égalité de défaite, nous
n'ayons rien à nous reprocher l'un à l'autre ; et je ne doute
point que, comme je vous loue infiniment de votre choix,
vous n'approuviez aussi le mien. Il faut que ce miracle éclate
aux yeux de tout le monde, et nous ne devons point différer
à nous rendre tous deux contents. Pour moi, madame, je

vous sollicite de vos suffrages, pour obtenir celle que je souhaite, et vous trouverez bon que j'aille de ce pas en faire la
demande au prince votre père.

MORON, bas, à Euryale.

Ah! digne, ah! brave cœur!

SCÈNE II.

LA PRINCESSE, MORON.

LA PRINCESSE.

Ah! Moron, je n'en puis plus; et ce coup, que je n'attendais pas, triomphe absolument de toute ma fermeté.

MORON.

Il est vrai que le coup est surprenant, et j'avais cru d'abord
que votre stratagème avait fait son effet.

LA PRINCESSE.

Ah! ce m'est un dépit à me désespérer, qu'une autre ait
l'avantage de soumettre ce cœur que je voulais soumettre.

SCÈNE III.

LA PRINCESSE, AGLANTE, MORON.

LA PRINCESSE.

Princesse, j'ai à vous prier d'une chose qu'il faut absolument que vous m'accordiez. Le prince d'Ithaque vous aime,
et veut vous demander au prince mon père.

AGLANTE.

Le prince d'Ithaque, madame?

LA PRINCESSE.

Oui. Il vient de m'en assurer lui-même, et m'a demandé

mon suffrage pour vous obtenir ; mais je vous conjure de rejeter cette proposition, et de ne point prêter l'oreille à tout ce qu'il pourra vous dire.

AGLANTE.

Mais, madame, s'il était vrai que ce prince m'aimât effectivement, pourquoi, n'ayant aucun dessein de vous engager, ne voudriez-vous pas souffrir?...

LA PRINCESSE.

Non, Aglante. Je vous le demande. Faites-moi ce plaisir, je vous prie, et trouvez bon que, n'ayant pu avoir l'avantage de le soumettre, je lui dérobe la joie de vous obtenir.

AGLANTE.

Madame, il faut vous obéir ; mais je croirais que la conquête d'un tel cœur ne serait pas une victoire à dédaigner.

LA PRINCESSE.

Non, non, il n'aura pas la joie de me braver entièrement.

SCÈNE IV.

LA PRINCESSE, ARISTOMÈNE, AGLANTE, MORON.

ARISTOMÈNE.

Madame, je viens à vos pieds rendre grâce à l'Amour de mes heureux destins, et vous témoigner, avec mes transports, le ressentiment où je suis des bontés surprenantes dont vous daignez favoriser le plus soumis de vos captifs.

LA PRINCESSE.

Comment ?

ARISTOMÈNE.

Le prince d'Ithaque, madame, vient de m'assurer tout à l'heure que votre cœur avait eu la bonté de s'expliquer en ma faveur, sur ce célèbre choix qu'attend toute la Grèce.

LA PRINCESSE.

Il vous a dit qu'il tenait cela de ma bouche ?

ARISTOMÈNE.

Oui, madame.

LA PRINCESSE.

C'est un étourdi ; et vous êtes un peu trop crédule, prince,
d'ajouter foi si promptement à ce qu'il vous a dit. Une pareille nouvelle méritait bien, ce me semble, qu'on en doutât
un peu de temps ; et c'est tout ce que vous pourriez faire
de la croire, si je vous l'avais dite moi-même.

ARISTOMÈNE.

Madame, si j'ai été trop prompt à me persuader...

LA PRINCESSE.

De grâce, prince, brisons là ce discours ; et, si vous voulez
m'obliger, souffrez que je puisse jouir de deux moments de
solitude.

SCÈNE V.

LA PRINCESSE, AGLANTE, MORON.

LA PRINCESSE.

Ah ! qu'en cette aventure le ciel me traite avec une rigueur
étrange ! Au moins, princesse, souvenez-vous de la prière
que je vous ai faite.

· AGLANTE.

Je vous l'ai dit déjà, madame, il faut vous obéir.

SCÈNE VI.

LA PRINCESSE, MORON.

MORON.

Mais, madame, s'il vous aimait, vous n'en voudriez point, et cependant vous ne voulez pas qu'il soit à une autre. C'est faire justement comme le chien du jardinier.

LA PRINCESSE.

Non, je ne puis souffrir qu'il soit heureux avec une autre; et, si la chose était, je crois que j'en mourrais de déplaisir.

MORON.

Ma foi, madame, avouons la dette. Vous voudriez qu'il fût à vous; et, dans toutes vos actions, il est aisé de voir que vous aimez un peu ce jeune prince.

LA PRINCESSE.

Moi, je l'aime? O ciel! je l'aime? Avez-vous l'insolence de prononcer ces paroles? Sortez de ma vue, impudent, et ne vous présentez jamais devant moi.

MORON.

Madame...

LA PRINCESSE.

Retirez-vous d'ici, vous dis-je, ou je vous en ferai retirer d'une autre manière.

MORON, bas, à part

Ma foi, son cœur en a sa provision, et... (Il rencontre un regard de la princesse qui l'oblige à se retirer.)

SCÈNE VII.

LA PRINCESSE, seule.

De quelle émotion inconnue sens-je mon cœur atteint? et quelle inquiétude secrète est venue troubler tout d'un coup la tranquillité de mon âme? Ne serait-ce point aussi ce qu'on vient de me dire? et, sans en rien savoir, n'aimerais-je point ce jeune prince? Ah! si cela était, je serais personne à me désespérer! mais il est impossible que cela soit, et je vois bien que je ne puis pas l'aimer. Quoi! je serais capable de cette lâcheté! J'ai vu toute la terre à mes pieds avec la plus grande insensibilité du monde; les respects, les hommages et les soumissions n'ont jamais pu toucher mon âme, et la fierté et le dédain en auraient triomphé! J'ai méprisé tous ceux qui m'ont aimée, et j'aimerais le seul qui me méprise! Non, non, je sais bien que je ne l'aime pas. Il n'y a pas de raison à cela. Mais, si ce n'est pas de l'amour que ce que je sens maintenant, qu'est-ce donc que ce peut être? Et d'où vient ce poison qui me court par toutes les veines, et ne me laisse point en repos avec moi-même? Sors de mon cœur, qui que tu sois, ennemi qui te caches. Attaque-moi visiblement, et deviens à mes yeux la plus affreuse bête de tous nos bois, afin que mon dard et mes flèches me puissent défaire de toi.

FIN DU QUATRIÈME ACTE.

CINQUIÈME INTERMÈDE.

———

SCÈNE I.

LA PRINCESSE, seule.

O vous ! admirables personnes, qui, par la douceur de
vos chants, avez l'art d'adoucir les plus fâcheuses inquiétudes, approchez-vous d'ici, de grâce ; et tâchez de charmer,
avec votre musique, le chagrin où je suis.

SCÈNE II.

LA PRINCESSE, CLIMÈNE, PHILIS.

(Climène et Philis chantent ce dialogue.)

CLIMÈNE.

Chère Philis, dis-moi, que crois-tu de l'amour ?

PHILIS.

Toi-même, qu'en crois-tu, ma compagne fidèle ?

CLIMÈNE.

On m'a dit que sa flamme est pire qu'un vautour,
Et qu'on souffre, en aimant, une peine cruelle.

PHILIS.

On m'a dit qu'il n'est point de passion plus belle,
Et que ne pas aimer, c'est renoncer au jour.

CLIMÈNE.

A qui des deux donnerons-nous victoire?

PHILIS.

Qu'en croirons-nous, ou le mal, ou le bien?

TOUTES DEUX ENSEMBLE.

Aimons, c'est le vrai moyen
De savoir ce qu'on en doit croire.

PHILIS.

Cloris vante partout l'amour et ses ardeurs.

CLIMÈNE.

Amarante pour lui verse en tous lieux des larmes.

PHILIS.

Si de tant de tourments il accable les cœurs,
    D'où vient qu'on aime à lui rendre les armes?

CLIMÈNE.

Si sa flamme, Philis, est si pleine de charmes,
Pourquoi nous défend-on d'en goûter les douceurs?

PHILIS.

A qui des deux donnerons-nous victoire?

CLIMÈNE.

Qu'en croirons-nous, ou le mal, ou le bien?

TOUTES DEUX ENSEMBLE.

Aimons, c'est le vrai moyen
De savoir ce qu'on en doit croire.

LA PRINCESSE les interrompit dans cet endroit et leur dit :

Achevez seules, si vous voulez. Je ne saurais demeurer
en repos; et, quelque douceur qu'aient vos chants, ils ne
font que redoubler mon inquiétude.

FIN DU CINQUIÈME INTERMÈDE.

ACTE CINQUIÈME.

ARGUMENT.

Il se passait dans le cœur du prince de Messène des choses bien différentes. La joie que lui avait donnée le prince d'Ithaque en lui apprenant malicieusement qu'il était aimé de la princesse, l'avait obligé de l'aller trouver avec une inconsidération que rien qu'une extrême amour ne pouvait excuser; mais il en avait été reçu d'une manière bien différente à ce qu'il espérait. Elle lui demanda qui lui avait appris cette nouvelle, et quand elle eut su que ç'avait été le prince d'Ithaque, cette connaissance augmenta cruellement son mal et lui fit dire à demi désespérée : « C'est un étourdi; » et ce mot étourdit si fort le prince de Messène, qu'il sortit tout confus sans lui pouvoir répondre. La princesse, d'un autre côté, alla trouver le roi son père, qui venait de paraître avec le prince d'Ithaque, et qui lui témoignait, non-seulement la joie qu'il aurait eue de le voir entrer dans son alliance, mais même l'opinion qu'il commençait d'avoir que sa fille ne le haïssait pas. Elle ne fut pas plutôt auprès de lui que, se jetant à ses pieds, elle lui demanda, pour plus grande faveur qu'elle pût jamais recevoir, que le prince d'Ithaque n'épousât jamais la princesse Aglante. Ce qu'il lui promit solennellement; mais il lui dit que, si elle ne voulait point qu'il fût à une autre, il fallait qu'elle le prît pour elle. Elle lui répondit : Il ne le voudrait pas; — mais d'une manière si passionnée, qu'il était aisé de connaître les sentiments de son cœur. Alors le prince, quittant toute sorte de feinte, lui confessa son amour et le stratagème dont il s'était servi pour venir au point où il se voyait alors par la connaissance de son humeur. La princesse lui donnant la main, le roi se tourna vers les deux princes de Messène et de Pyle, et leur demanda si ses deux parentes, dont le mérite n'était pas moindre que la qualité, ne seraient point capables de les consoler de leur disgrâce; ils lui répondirent que l'honneur de son alliance faisant tous leurs souhaits, ils ne pouvaient espérer une plus heureuse fortune. Alors la joie fut si grande dans le palais qu'elle se répandit par tous les environs.

SCÈNE I.

IPHITAS, EURYALE, AGLANTE, CYNTHIE, MORON.

MORON, à Iphitas.

Oui, seigneur, ce n'est point raillerie; j'en suis ce qu'on appelle disgracié. Il m'a fallu tirer mes chausses au plus vite, et jamais vous n'avez vu un emportement plus brusque que le sien.

IPHITAS, à Euryale.

Ah! prince, que je devrai de grâces à ce stratagème amoureux, s'il faut qu'il ait trouvé le secret de toucher son cœur!

EURYALE.

Quelque chose, seigneur, que l'on vienne de vous en dire, je n'ose encore, pour moi, me flatter de ce doux espoir; mais enfin, si ce n'est pas à moi trop de témérité que d'oser aspirer à l'honneur de votre alliance, si ma personne et mes États...

IPHITAS.

Prince, n'entrons point dans ces compliments. Je trouve en vous de quoi remplir tous les souhaits d'un père; et, si vous avez le cœur de ma fille, il ne vous manque rien.

SCÈNE II.

LA PRINCESSE, IPHITAS, EURYALE, AGLANTE,
CYNTHIE, MORON.

LA PRINCESSE.

O ciel! que vois-je ici?

IPHITAS, à Euryale.

Oui, l'honneur de votre alliance m'est d'un prix très-
considérable, et je souscris aisément de tous mes suffrages à
la demande que vous me faites.

LA PRINCESSE, à Iphitas.

Seigneur, je me jette à vos pieds pour vous demander
une grâce. Vous m'avez toujours témoigné une tendresse
extrême, et je crois vous devoir bien plus par les bontés
que vous m'avez fait voir, que par le jour que vous m'avez
donné. Mais, si jamais vous avez eu de l'amitié pour moi,
je vous en demande aujourd'hui la plus sensible preuve que
vous me puissiez accorder; c'est de n'écouter point, seigneur, la demande de ce prince, et de ne pas souffrir que
la princesse Aglante soit unie avec lui.

IPHITAS.

Et par quelle raison, ma fille, voudrais-tu t'opposer à
cette union?

LA PRINCESSE.

Par la raison que je hais ce prince et que je veux, si je
puis, traverser ses desseins.

IPHITAS.

Tu le hais, ma fille?

LA PRINCESSE.

Oui, et de tout mon cœur, je vous l'avoue.

IPHITAS.

Et que t'a-t-il fait?

LA PRINCESSE.

Il m'a méprisée.

IPHITAS.

Et comment?

LA PRINCESSE.

Il ne m'a pas trouvée assez bien faite pour m'adresser ses vœux.

IPHITAS.

Et quelle offense te fait cela? Tu ne veux accepter personne.

LA PRINCESSE.

N'importe. Il me devait aimer comme les autres, et me laisser au moins la gloire de le refuser. Sa déclaration me fait un affront; et ce m'est une honte sensible, qu'à mes yeux, et au milieu de votre cour, il a recherché une autre que moi.

IPHITAS.

Mais quel intérêt dois-tu prendre à lui?

LA PRINCESSE.

J'en prends, seigneur, à me venger de son mépris; et, comme je sais bien qu'il aime Aglante avec beaucoup d'ardeur, je veux empêcher, s'il vous plaît, qu'il ne soit heureux avec elle.

IPHITAS.

Cela te tient donc bien au cœur?

LA PRINCESSE.

Oui, seigneur, sans doute; et, s'il obtient ce qu'il demande, vous me verrez expirer à vos yeux.

IPHITAS.

Va, va, ma fille, avoue franchement la chose. Le mérite de ce prince t'a fait ouvrir les yeux, et tu l'aimes enfin, quoi que tu puisses dire.

LA PRINCESSE.

Moi, seigneur?

IPHITAS.

Oui, tu l'aimes.

LA PRINCESSE.

Je l'aime, dites-vous? et vous m'imputez cette lâcheté!
O ciel! quelle est mon infortune! Puis-je bien, sans mourir,
entendre ces paroles? Et faut-il que je sois si malheureuse,
qu'on me soupçonne de l'aimer? Ah! si c'était un autre que
vous, seigneur, qui me tînt ce discours, je ne sais pas ce
que je ne ferais point!

IPHITAS.

Eh bien! oui, tu ne l'aimes pas. Tu le hais, j'y consens,
et je veux bien, pour te contenter, qu'il n'épouse pas la
princesse Aglante.

LA PRINCESSE.

Ah! seigneur, vous me donnez la vie!

IPHITAS.

Mais, afin d'empêcher qu'il ne puisse être jamais à elle,
il faut que tu le prennes pour toi.

LA PRINCESSE.

Vous vous moquez, seigneur, et ce n'est pas ce qu'il demande.

EURYALE.

Pardonnez-moi, madame, je suis assez téméraire pour
cela, et je prends à témoin le prince votre père, si ce n'est
pas vous que j'ai demandée. C'est trop vous tenir dans l'erreur; il faut lever le masque, et, dussiez-vous vous en prévaloir contre moi, découvrir à vos yeux les véritables sentiments de mon cœur. Je n'ai jamais aimé que vous, et
jamais je n'aimerai que vous. C'est vous, madame, qui
m'avez enlevé cette qualité d'insensible que j'avais toujours
affectée; et tout ce que j'ai pu vous dire n'a été qu'une feinte
qu'un mouvement secret m'a inspirée, et que je n'ai suivie qu'avec toutes les violences imaginables. Il fallait qu'elle

cessât bientôt, sans doute, et je m'étonne seulement qu'elle ait pu durer la moitié d'un jour; car, enfin, je mourais, je brûlais dans l'âme, quand je vous déguisais mes sentiments, et jamais cœur n'a souffert une contrainte égale à la mienne. Que si cette feinte, madame, a quelque chose qui vous offense, je suis tout prêt de mourir pour vous en venger; vous n'avez qu'à parler, et ma main sur-le-champ fera gloire d'exécuter l'arrêt que vous prononcerez.

LA PRINCESSE.

Non, non, prince, je ne vous sais pas mauvais gré de m'avoir abusée, et, tout ce que vous m'avez dit, je l'aime bien mieux une feinte, que non pas une vérité.

IPHITAS.

Si bien donc, ma fille, que tu veux bien accepter ce prince pour époux?

LA PRINCESSE.

Seigneur, je ne sais pas encore ce que je veux. Donnez-moi le temps d'y songer, je vous prie, et m'épargnez un peu la confusion où je suis.

IPHITAS.

Vous jugez, prince, ce que cela veut dire, et vous vous pouvez fonder là-dessus.

EURYALE.

Je l'attendrai tant qu'il vous plaira, madame, cet arrêt de ma destinée; et, s'il me condamne à la mort, je le suivrai sans murmure.

IPHITAS.

Viens, Moron. C'est ici un jour de paix, et je te remets en grâce avec la princesse.

MORON.

Seigneur, je serai meilleur courtisan une autre fois, et je me garderai bien de dire ce que je pense.

SCÈNE III.

ARISTOMÈNE, THÉOCLE, IPHITAS, LA PRINCESSE,
EURYALE, AGLANTE, CYNTHIE, MORON.

IPHITAS, aux princes de Messène et de Pyle.

Je crains bien, princes, que le choix de ma fille ne soit
pas en votre faveur; mais voilà deux princesses qui peuvent
bien vous consoler de ce petit malheur.

ARISTOMÈNE.

Seigneur, nous savons prendre notre parti; et si ces aimables princesses n'ont point trop de mépris pour des cœurs
qu'on a rebutés, nous pouvons revenir par elles à l'honneur
de votre alliance.

SCÈNE IV.

IPHITAS, LA PRINCESSE, AGLANTE, CYNTHIE,
PHILIS, EURYALE, ARISTOMÈNE, THÉOCLE, MORON.

PHILIS, à Iphitas.

Seigneur, la déesse Vénus vient d'annoncer partout le
changement du cœur de la princesse. Tous les pasteurs et
toutes les bergères en témoignent leur joie par des danses
et des chansons; et, si ce n'est point un spectacle que vous
méprisiez, vous allez voir l'allégresse publique se répandre
jusques ici.

FIN DU CINQUIÈME ACTE.

SIXIÈME INTERMÈDE.

CHŒUR DE PASTEURS ET DE BERGÈRES
QUI DANSENT.

Quatre bergers et deux bergères héroïques, représentés, les premiers par les sieurs le Gros, Estival, Don et Blondel, et les deux bergères par Mlle de la Barre et Mlle Hilaire, se prenant par la main, chantèrent cette chanson à danser à laquelle les autres répondirent :

CHANSON.

Usez mieux, ô beautés fières !
Du pouvoir de tout charmer :
Aimez, aimables bergères ;
Nos cœurs sont faits pour aimer.
Quelque fort qu'on s'en défende,
Il y faut venir un jour ;
Il n'est rien qui ne se rende
Aux doux charmes de l'amour.

Songez de bonne heure à suivre
Le plaisir de s'enflammer ;
Un cœur ne commence à vivre
Que du jour qu'il sait aimer.
Quelque fort qu'on s'en défende,
Il y faut venir un jour ;
Il n'est rien qui ne se rende
Aux doux charmes de l'amour.

Pendant que ces aimables personnes dansaient, il sortit de dessous le théâtre la machine d'un grand arbre chargé de seize faunes, dont huit jouèrent de la flûte, et les autres du violon, avec un concert le plus agréable du monde. Trente violons leur répondaient de l'orchestre, avec six autres concertants de clavecins et de thuorbes, qui étaient les sieurs d'Anglebert, Richard, Itier, la Barre le cadet, Tissu et le Moine.

Et quatre bergers et quatre bergères vinrent danser une fort belle entrée, à laquelle les faunes, descendant de l'arbre, se mêlèrent de temps en temps.

Et toute cette scène fut si grande, si remplie et si agréable, qu'il ne s'était encore rien vu de plus beau en ballet.

Aussi fit-elle une avantageuse conclusion aux divertissements de ce jour, que toute la cour ne loua pas moins que celui qui l'avait précédé, se retirant avec une satisfaction qui lui fit bien espérer de la suite d'une fête si complète.

Les bergers étaient les sieurs Chicanneau, du Pron, Noblet et la Pierre.

Et les bergères, les sieurs Balthazard, Magny, Arnald et Bonard.

FIN DE LA PRINCESSE D'ÉLIDE.

LES PLAISIRS DE L'ILE ENCHANTÉE.

TROISIÈME JOURNÉE.

Plus on s'avançait vers le grand rond d'eau qui représentait le lac sur lequel était autrefois bâti le palais d'Alcine, plus on s'approchait de la fin des divertissements de l'Ile enchantée, comme s'il n'eût pas été juste que tant de braves chevaliers demeurassent plus longtemps dans une oisiveté qui eût fait tort à leur gloire.

On feignait donc, suivant toujours le premier dessein, que, le ciel ayant résolu de donner la liberté à ces guerriers, Alcine en eût des pressentiments qui la remplirent de terreur et d'inquiétude. Elle voulut apporter tous les remèdes possibles pour prévenir ce malheur, et fortifier en toutes manières un lieu qui pût renfermer tout son repos et sa joie.

On fit paraître sur ce rond d'eau, dont l'étendue et la forme sont extraordinaires, un rocher situé au milieu d'une île couverte de divers animaux, comme s'ils eussent voulu en défendre l'entrée.

Deux autres îles plus longues, mais d'une moindre largeur, paraissaient aux deux côtés de la première; et toutes trois, aussi bien que les bords du rond d'eau, étaient si fort éclairées, que ces lumières faisaient naître un nouveau jour dans l'obscurité de la nuit.

Leurs Majestés, étant arrivées, n'eurent pas plutôt pris leurs places, que l'une des deux îles qui paraissaient aux côtés de la première fut toute couverte de violons fort bien vêtus.

L'autre, qui était opposée, le fut en même temps de trompettes et de timbaliers, dont les habits n'étaient pas moins riches.

Mais ce qui surprit davantage, fut de voir sortir Alcine de derrière le rocher, portée par un monstre marin d'une grandeur prodigieuse.

Deux des nymphes de sa suite, sous les noms de Célie et de Dircé, partirent au même temps à sa suite; et, se mettant à ses côtés sur de grandes baleines, elles s'approchèrent du bord du rond d'eau; et Alcine commença des vers auxquels ses compagnes répondirent, et qui furent à la louange de la reine, mère du roi.

ALCINE, CÉLIE, DIRCÉ.

ALCINE.

Vous à qui je fis part de ma félicité,
Pleurez avecque moi dans cette extrémité.

CÉLIE.

Quel est donc le sujet des soudaines alarmes
Qui de vos yeux charmants font couler tant de larmes?

ALCINE.

Si je pense en parler, ce n'est qu'en frémissant.
Dans les sombres horreurs d'un songe menaçant,
Un spectre m'avertit, d'une voix éperdue,
Que pour moi des enfers la force est suspendue;
Qu'un céleste pouvoir arrête leur secours,
Et que ce jour sera le dernier de mes jours.
Ce que versa de triste, au point de ma naissance,
Des astres ennemis la maligne influence,
Et tout ce que mon art m'a prédit de malheurs,
En ce songe fut peint de si vives couleurs,
Qu'à mes yeux éveillés sans cesse il représente
Le pouvoir de Mélisse et l'heur de Bradamante.
J'avais prévu ces maux, mais les charmants plaisirs

Qui semblaient en ces lieux prévenir nos désirs,
Nos superbes palais, nos jardins, nos campagnes,
L'agréable entretien de nos chères compagnes,
Nos jeux et nos chansons, les concerts des oiseaux,
Le parfum des zéphyrs, le murmure des eaux,
De nos tendres amours les douces aventures,
M'avaient fait oublier ces funestes augures,
Quand le songe cruel dont je me sens troubler,
Avec tant de fureur les vint renouveler.
Chaque instant je crois voir mes forces terrassées,
Mes gardes égorgés et mes prisons forcées;
Je crois voir mille amants, par mon art transformés,
D'une égale fureur à ma perte animés,
Quitter en même temps leurs troncs et leurs feuillages,
Dans le juste dessein de venger leurs outrages;
Et je crois voir enfin mon aimable Roger
De mes fers méprisés prêt à se dégager.

CÉLIE.

La crainte en votre esprit s'est acquis trop d'empire.
Vous régnez seule ici, pour vous seule on soupire;
Rien n'interrompt le cours de vos contentements,
Que les accents plaintifs de vos tristes amants;
Logistille et ses gens, chassés de nos campagnes,
Tremblent encor de peur, cachés dans leurs montagnes;
Et le nom de Mélisse, en ces lieux inconnu,
Par vos augures seuls jusqu'à nous est venu.

DIRCÉ.

Ah! ne nous flattons point. Ce fantôme effroyable
M'a tenu cette nuit un discours tout semblable.

ALCINE.

Hélas! de nos malheurs qui peut encor douter?

CÉLIE.

J'y vois un grand remède, et facile à tenter;
Une reine paraît, dont le secours propice
Nous saura garantir des efforts de Mélisse.

Partout de cette reine on vante la bonté;
Et l'on dit que son cœur, de qui la fermeté
Des flots les plus mutins méprisa l'insolence,
Contre le vœu des siens est toujours sans défense.

ALCINE.

Il est vrai, je la vois. En ce pressant danger,
A nous donner secours tâchons de l'engager.
Disons-lui qu'en tous lieux la voix publique étale
Les charmantes beautés de son âme royale;
Disons que sa vertu, plus haute que son rang,
Sait relever l'éclat de son auguste sang,
Et que de notre sexe elle a porté la gloire
Si loin, que l'avenir aura peine à le croire;
Que du bonheur public son grand cœur amoureux
Fit toujours des périls un mépris généreux;
Que de ses propres maux son âme à peine atteinte,
Pour les maux de l'État garda toute sa crainte;
Disons que ses bienfaits versés à pleines mains,
Lui gagnent le respect et l'amour des humains,
Et qu'aux moindres dangers dont elle est menacée,
Toute la terre en deuil se montre intéressée.
Disons qu'au plus haut point de l'absolu pouvoir,
Sans faste et sans orgueil, sa grandeur s'est fait voir;
Qu'aux temps les plus fâcheux, sa sagesse constante,
Sans crainte a soutenu l'autorité penchante,
Et, dans le calme heureux, par ses travaux acquis,
Sans regret, la remit dans les mains de son fils.
Disons par quel respect, par quelle complaisance,
De ce fils glorieux l'amour la récompense.
Vantons les longs travaux, vantons les justes lois
De ce fils reconnu pour le plus grand des rois,
Et comment cette mère, heureusement féconde,
Ne donnant que deux fois, a donné tant au monde.
Enfin, faisons parler nos soupirs et nos pleurs,
Pour la rendre sensible à nos vives douleurs;

Et nous pourrons trouver, au fort de notre peine,
Un refuge paisible aux pieds de cette reine.

DIRCÉ.

Je sais bien que son cœur, noblement généreux,
Écoute avec plaisir la voix des malheureux;
Mais on ne voit jamais éclater sa puissance,
Qu'à repousser le tort qu'on fait à l'innocence.
Je sais qu'elle peut tout; mais je n'ose penser
Que jusqu'à nous défendre on la vît s'abaisser.
De nos douces erreurs elle peut être instruite;
Et rien n'est plus contraire à sa rare conduite.
Son zèle si connu pour le culte des dieux
Doit rendre à sa vertu nos respects odieux;
Et, loin qu'à son abord mon effroi diminue,
Malgré moi, je le sens qui redouble à sa vue.

ALCINE.

Ah! ma propre frayeur suffit pour m'affliger.
Loin d'aigrir mon ennui, cherche à le soulager;
Et tâche de fournir à mon âme oppressée
De quoi parer aux maux dont elle est menacée.
Redoublons cependant les gardes du palais;
Et s'il n'est point pour nous d'asile désormais,
Dans notre désespoir cherchons notre défense,
Et ne nous rendons pas au moins sans résistance.

———

ALCINE : Mlle Duparc. CÉLIE : Mlle Debrie. DIRCÉ : Mlle Molière.

Lorsqu'ils eurent achevé, et qu'Alcine se fut retirée pour aller
redoubler les gardes du palais, le concert des violons se fit entendre, pendant que, le frontispice du palais venant à s'ouvrir
avec un merveilleux artifice, et des tours à s'élever à vue d'œil,
quatre géants, d'une grandeur démesurée, vinrent à paraître avec

quatre nains, qui, par l'opposition de leur petite taille, faisaient paraître celle des géants encore plus excessive. Ces colosses étaient commis à la garde du palais, et ce fut par eux que commença la première entrée du ballet.

———

BALLET DU PALAIS D'ALCINE.

PREMIÈRE ENTRÉE.

QUATRE GÉANTS ET QUATRE NAINS.

Géants : les sieurs Manceau, Vagnard, Pesan et Joubert.

Nains : les deux petits Des-Airs, le petit Vagnard et le petit Tutin.

DEUXIÈME ENTRÉE.

Huit Maures, chargés par Alcine de la garde du dedans, en font une exacte visite, avec chacun deux flambeaux.

Maures : les sieurs d'Heureux, Beauchamp, Molière, la Marre, le Chantre, de Gan, du Pron et Mercier.

TROISIÈME ENTRÉE.

Cependant un dépit amoureux oblige six des chevaliers qu'Alcine retenait auprès d'elle à tenter la sortie de ce palais; mais, la fortune ne secondant pas les efforts qu'ils font dans leur désespoir, ils sont vaincus, après un grand combat, par autant de monstres qui les attaquent.

SIX CHEVALIERS ET SIX MONSTRES.

Chevaliers : M. de Souville, les sieurs Raynal, Des-Airs l'aîné, Des-Airs le second, de Lorge et Balthazard.

Monstres : les sieurs Chicanneau, Noblet, Arnald, Desbrosses, Desonets et la Pierre.

QUATRIÈME ENTRÉE.

Alcine, alarmée de cet accident, invoque de nouveau tous ses
Esprits, et leur demande secours : il s'en présente deux à elle,
qui font des sauts avec une force et une agilité merveilleuses.

Démons agiles : les sieurs Saint-André et Magny.

CINQUIÈME ENTRÉE.

D'autres démons viennent encore, et semblent assurer la magicienne qu'ils n'oublieront rien pour son repos.

Autres démons sauteurs : les sieurs Tutin, la Brodière, Pesan
et Bureau.

SIXIÈME ET DERNIÈRE ENTRÉE.

Mais à peine commence-t-elle à se rassurer, qu'elle voit paraître,
auprès de Roger et de quelques chevaliers de sa suite, la sage
Mélisse, sous la forme d'Atlas. Elle court aussitôt pour empêcher
l'effet de son intention ; mais elle arrive trop tard. Mélisse a déjà
mis au doigt de ce brave chevalier la fameuse bague qui détruit
les enchantements. Lors un coup de tonnerre, suivi de plusieurs
éclairs, marque la destruction du palais, qui est aussitôt réduit
en cendres par un feu d'artifice qui met fin à cette aventure et
aux divertissements de l'Ile enchantée.

Alcine : Mlle Duparc. Mélisse : le sieur de Lorge. Roger : le
sieur Beauchamp.

Chevaliers : les sieurs d'Heureux, Raynal, du Pron et Desbrosses.

Écuyers : les sieurs la Marre, le Chantre, de Gan et Mercier.

———

Il semblait que le ciel, la terre et l'eau fussent tout en feu,
et que la destruction du superbe palais d'Alcine, comme la liberté
des chevaliers qu'elle y retenait en prison, ne se pût accomplir

que par des prodiges et des miracles. La hauteur et le nombre des fusées volantes, celles qui roulaient sur le rivage, et celles qui ressortaient de l'eau après s'y être enfoncées, faisaient un spectacle si grand et si magnifique, que rien ne pouvait mieux terminer les enchantements qu'un si beau feu d'artifice, lequel ayant enfin cessé après un bruit et une longueur extraordinaires, les coups de boîtes qui l'avaient commencé redoublèrent encore.

Alors toute la cour, se retirant, confessa qu'il ne se pouvait rien voir de plus achevé que ces trois fêtes; et c'est assez avouer qu'il ne s'y pouvait rien ajouter, que de dire que, les trois journées ayant eu chacune ses partisans, comme chacune ses beautés particulières, on ne convint pas du prix qu'elles devaient emporter entre elles, bien qu'on demeurât d'accord qu'elles pouvaient justement le disputer à toutes celles qu'on avait vues jusques alors et les surpasser peut-être.

FIN DE LA TROISIÈME JOURNÉE

QUATRIÈME JOURNÉE.

———

Mais, quoique les fêtes comprises dans le sujet des *Plaisirs de l'Ile enchantée* fussent terminées, tous les divertissements de Versailles ne l'étaient pas; et la magnificence et la galanterie du roi en avaient encore réservé pour les autres jours, qui n'étaient pas moins agréables.

Le samedi, dixième, Sa Majesté voulut courre les têtes. C'est un exercice que peu de gens ignorent, et dont l'usage est venu d'Allemagne, fort bien inventé pour faire voir l'adresse d'un chevalier, tant à bien mener son cheval dans les passades de guerre qu'à bien se servir d'une lance, d'un dard et d'une épée. Si quelqu'un ne les a point vu courre, il en trouvera ici la description, étant moins communes que la bague, et seulement ici depuis peu d'années; et ceux qui en ont eu le plaisir ne s'ennuieront pas pourtant d'une narration si peu étendue.

Les chevaliers entrent l'un après l'autre dans la lice, la lance à la main, et un dard sous la cuisse droite; et, après que l'un d'eux a couru et emporté une tête de gros carton peinte, et de la forme de celle d'un Turc, il donne sa lance à un page; et, faisant la demi-volte, il revient à toute bride à la seconde tête, qui a la couleur et la forme d'un Maure, l'emporte avec le dard qu'il lui jette en passant; puis reprenant une javeline, peu différente de la forme du dard, dans une troisième passade, il la darde dans un bouclier où est peinte une tête de Méduse; et, achevant sa demi-volte, il tire l'épée dont il emporte, en passant toujours à toute bride, une tête élevée à un demi-pied de terre; puis, faisant place à un autre, celui qui, en ses courses, en a emporté le plus, gagne le prix.

Toute la cour s'étant placée sur une balustrade de fer doré, qui régnait autour de l'agréable maison de Versailles, et qui regarde sur le fossé dans lequel on avait dressé la lice avec des barrières, le roi s'y rendit suivi des mêmes chevaliers qui avaient couru la bague ; les ducs de Saint-Aignan et de Noailles y continuaient leurs premières fonctions, l'un de maréchal du camp et l'autre de juge des courses. Il s'en fit plusieurs, fort belles et heureuses ; mais l'adresse du roi lui fit emporter hautement, ensuite du prix de la course des dames, encore celui que donnait la reine : c'était une rose de diamants de grand prix, que le roi, après l'avoir gagnée, redonna libéralement à courre aux autres chevaliers, et que le marquis de Coaslin disputa contre le marquis de Soyecourt, et la gagna.

FIN DE LA QUATRIÈME JOURNÉE.

CINQUIÈME JOURNÉE.

Le dimanche, au lever du roi, quasi toute la conversation tourna sur les belles courses du jour précédent, et donna lieu à un grand défi entre le duc de Saint-Aignan, qui n'avait point encore couru, et le marquis de Soyecourt, qui fut remis au lendemain, pour ce que le maréchal duc de Grammont, qui pariait pour ce marquis, était obligé de partir pour Paris, d'où il ne devait revenir que le jour d'après.

Le roi mena toute la cour, cette après-dînée, à sa ménagerie, dont on admira les beautés particulières, et le nombre presque incroyable d'oiseaux de toutes sortes parmi lesquels il y en a beaucoup de fort rares. Il serait inutile de parler de la collation qui suivit ce divertissement, puisque, huit jours durant, chaque repas pouvait passer pour un festin des plus grands qu'on puisse faire.

Et le soir Sa Majesté fit représenter sur l'un de ces théâtres doubles de son salon, que son esprit universel a lui-même inventés, la comédie des *Fâcheux*, faite par le sieur de Molière, mêlée d'entrées de ballet et fort ingénieuse.

FIN DE LA CINQUIÈME JOURNÉE.

SIXIÈME JOURNÉE.

Le bruit du défi, qui se devait courir le lundi, douzième, fit faire une infinité de gageures d'assez grande valeur, quoique celle des deux chevaliers ne fût que de cent pistoles; et, comme le duc, par une heureuse audace, donnait une tête à ce marquis fort adroit, beaucoup tenaient pour ce dernier, qui, s'étant rendu un peu plus tard chez le roi, y trouva un cartel pour le presser, lequel, pour n'être qu'en prose, on n'a point mis en ce discours

Le duc de Saint-Aignan avait aussi fait voir à quelques-uns de ses amis, comme un heureux présage de sa victoire, ces quatre vers :

AUX DAMES.

> Belles, vous direz en ce jour,
> Si vos sentiments sont les nôtres,
> Qu'être vainqueur du grand Soyecourt,
> C'est être vainqueur de dix autres;

faisant toujours allusion à son nom de Guidon le Sauvage, que l'aventure de l'Ile périlleuse rendit victorieux de dix chevaliers.

Aussitôt que le roi eut dîné, il conduisit les reines, Monsieur, Madame, et toutes les dames, dans un lieu où on devait tirer une loterie, afin que rien ne manquât à la galanterie de ces fêtes. C'étaient des pierreries, des ameublements, de l'argenterie et autres choses semblables; et, quoique le sort ait accoutumé de décider de ces présents, il s'accorda sans doute avec le désir de Sa Majesté quand il fit tomber le gros lot entre les mains de la reine; chacun sortant de ce lieu-là fort content, pour aller voir les courses qui s'allaient commencer.

Enfin Guidon et Olivier parurent sur les rangs, à 5 heures du soir, fort proprement vêtus et bien montés.

Le roi, avec toute sa cour, les honora de sa présence ; et Sa Majesté lut même les articles des courses afin qu'il n'y eût aucune contestation entre eux. Le succès en fut heureux au duc de Saint-Aignan, qui gagna le défi.

Le soir, Sa Majesté fit jouer les trois premiers actes d'une comédie nommée *Tartuffe*, que le sieur de Molière avait faite contre les hypocrites ; mais, quoiqu'elle eût été trouvée fort divertissante, le roi connut tant de conformité entre ceux qu'une véritable dévotion met dans le chemin du ciel, et ceux qu'une vaine ostentation de bonnes œuvres n'empêche pas d'en commettre de mauvaises, que son extrême délicatesse pour les choses de la religion ne put souffrir cette ressemblance du vice avec la vertu, qui pouvaient être pris l'un pour l'autre. Et, quoiqu'on ne doutât point des bonnes intentions de l'auteur, il la défendit pourtant en public et se priva soi-même de ce plaisir, pour n'en pas laisser abuser à d'autres moins capables d'en faire un juste discernement.

FIN DE LA SIXIÈME JOURNÉE

SEPTIÈME JOURNÉE.

Le mardi, treizième, le roi voulut encore courre les têtes, comme à un jeu ordinaire que devait gagner celui qui en ferait le plus. Sa Majesté eut encore le prix de la course des dames, le duc de Saint-Aignan celui du jeu; et ayant eu l'honneur d'entrer pour le second à la dispute avec Sa Majesté, l'adresse incomparable du roi lui fit encore avoir ce prix; et ce ne fut pas sans un étonnement, duquel on ne pouvait se défendre, qu'on en vit gagner quatre à Sa Majesté en deux fois qu'elle avait couru les têtes.

On joua le même soir la comédie du Mariage forcé, encore de la façon du même sieur de Molière, mêlée d'entrées de ballet et de récits; puis le roi prit le chemin de Fontainebleau le mercredi, quatorzième. Toute la cour se trouva si satisfaite de ce qu'elle avait vu que chacun crut qu'on ne pouvait se passer de le mettre par écrit pour en donner la connaissance à ceux qui n'avaient pu voir des fêtes si diversifiées et si agréables, où l'on a pu admirer tout à la fois le projet avec le succès, la libéralité avec la politesse, le grand nombre avec l'ordre, et la satisfaction de tous; où les soins infatigables de M. de Colbert s'employèrent en tous ces divertissements, malgré ses importantes affaires; où le duc de Saint-Aignan joignit l'action à l'invention du dessein : où les beaux vers du président de Périgny à la louange des reines furent si justement pensés, si agréablement tournés, et récités avec tant d'art; où ceux que M. de Benserade fit pour les chevaliers eurent une approbation générale; où la vigilance exacte

de M. Bontemps[1], et l'application de M. de Launay[2] ne laissèrent
manquer d'aucune des choses nécessaires; enfin, où chacun a
marqué si avantageusement son dessein de plaire au roi, dans le
temps où Sa Majesté ne pensait elle-même qu'à plaire; et où ce
qu'on a vu ne saurait jamais se perdre dans la mémoire des spectateurs, quand on n'aurait pas pris le soin de conserver par cet
écrit le souvenir de toutes ces merveilles.

FIN DE LA SEPTIÈME ET DERNIÈRE JOURNÉE.

[1] Premier valet de chambre de Louis XIV.
[2] Intendant des menus plaisirs.

DON JUAN

ou

LE FESTIN DE PIERRE.

COMÉDIE EN CINQ ACTES.

15 février 1665.

PERSONNAGES.

DON JUAN, fils de don Louis.

SGANARELLE, valet de don Juan.

ELVIRE, femme de don Juan.

GUSMAN, écuyer d'Elvire.

DON CARLOS, ⎫
DON ALONSE, ⎰ frères d'Elvire.

DON LOUIS, père de don Juan.

CHARLOTTE, ⎫
MATHURINE, ⎰ paysannes.

PIERROT, paysan, amant de Charlotte.

LA STATUE DU COMMANDEUR.

LA VIOLETTE, ⎫
RAGOTIN, ⎰ valets de don Juan.

M. DIMANCHE, marchand.

LA RAMÉE, spadassin.

UN PAUVRE[1].

SUITE DE DON JUAN.

SUITE DE DON CARLOS ET DE DON ALONSE, frères.

UN SPECTRE.

Noms des acteurs qui ont joué d'original dans *le Festin de Pierre :*

DON JUAN.	La Grange.
SGANARELLE.	Molière.
ELVIRE.	Mⁱˡᵉ Duparc.
DON LOUIS.	Béjart.
CHARLOTTE.	Mⁱˡᵉ Molière.
MATHURINE.	Mⁱˡᵉ Debrie.
PIERROT.	Hubert.
M. DIMANCHE.	Du Croisy.
LA RAMÉE.	Debrie.

La scène est en Sicile.

[1] Dans l'édition de 1682, ce pauvre est désigné sous le nom de *Francisque.*

DON JUAN

ou

LE FESTIN DE PIERRE.

ACTE PREMIER.

Le théâtre représente un palais.

SCÈNE I.

SGANARELLE, GUSMAN.

SGANARELLE, tenant une tabatière.

Quoi que puisse dire Aristote et toute la philosophie, il n'est rien d'égal au tabac : c'est la passion des honnêtes gens, et qui vit sans tabac n'est pas digne de vivre. Non-seulement il réjouit et purge les cerveaux humains, mais encore il instruit les âmes à la vertu, et l'on apprend avec lui à devenir honnête homme. Ne voyez-vous pas bien, dès qu'on en prend, de quelle manière obligeante on en use avec tout le monde, et comme on est ravi d'en donner à droite et à gauche, partout où l'on se trouve? On n'attend pas même qu'on en demande, et l'on court au-devant du souhait des gens; tant il est vrai que le tabac inspire des sentiments d'honneur et de vertu à tous ceux qui en prennent. Mais c'est assez de cette matière, reprenons un peu notre discours. Si bien donc, cher Gusman, que done Elvire, ta maîtresse, surprise de notre départ, s'est mise en campagne après nous; et son cœur, que mon maître a su toucher trop fortement, n'a pu vivre, dis-tu, sans le venir chercher ici. Veux-tu qu'entre nous je te dise ma pensée? J'ai peur qu'elle ne soit mal payée de son amour, que son voyage en cette ville produise peu de fruit, et que vous eussiez autant gagné à ne bouger de là.

GUSMAN.

Et la raison encore? Dis-moi, je te prie, Sganarelle, qui peut t'inspirer une peur d'un si mauvais augure? Ton maître t'a-t-il ouvert son cœur là-dessus, et t'a-t-il dit qu'il eût pour nous quelque froideur qui l'ait obligé à partir?

SGANARELLE.

Non pas; mais à vue de pays, je connais à peu près le train des choses, et sans qu'il m'ait encore rien dit, je gagerais presque que l'affaire va là. Je pourrais peut-être me tromper; mais enfin, sur de tels sujets, l'expérience m'a pu donner quelques lumières.

GUSMAN.

Quoi! ce départ si peu prévu serait une infidélité de don Juan? Il pourrait faire cette injure aux chastes feux de done Elvire?

SGANARELLE.

Non, c'est qu'il est jeune encore, et qu'il n'a pas le courage...

GUSMAN.

Un homme de sa qualité ferait une action si lâche?

SGANARELLE.

Hé! oui, sa qualité! La raison en est belle; et c'est par là qu'il s'empêcherait des choses!

GUSMAN.

Mais les saints nœuds du mariage le tiennent engagé.

SGANARELLE.

Hé! mon pauvre Gusman, mon ami, tu ne sais pas encore, crois-moi, quel homme est don Juan.

GUSMAN.

Je ne sais pas, de vrai, quel homme il peut être, s'il faut qu'il nous ait fait cette perfidie; et je ne comprends point comme, après tant d'amour et tant d'impatience témoignée, tant d'hommages pressants, de vœux, de soupirs et de larmes, tant de lettres passionnées, de protestations ardentes et de serments réitérés, tant de transports enfin, et tant d'emportements qu'il a fait paraître, jusqu'à forcer, dans sa passion, l'obstacle sacré d'un couvent, pour mettre done Elvire en sa puissance; je ne comprends pas, dis-je, comme, après tout cela, il aurait le cœur de pouvoir manquer à sa parole.

SGANARELLE.

Je n'ai pas grande peine à le comprendre, moi; et, si tu connaissais le pèlerin, tu trouverais la chose assez facile pour lui. Je ne dis pas qu'il ait changé de sentiments pour done Elvire, je n'en ai point de certitude encore. Tu sais que, par son ordre, je partis avant lui; et, depuis son arrivée, il ne m'a point entretenu; mais par précaution, je t'apprends, *inter nos*, que tu vois en don Juan, mon maître, le plus grand scélérat que la terre ait jamais porté, un enragé, un chien, un diable, un turc, un hérétique, qui ne croit ni ciel, ni enfer, ni loup-garou, qui passe cette vie en véritable bête brute, un pourceau d'Épicure, un vrai Sardanapale, qui ferme l'oreille à toutes les remontrances chrétiennes qu'on lui peut faire, et traite de billevesées tout ce que nous croyons. Tu me dis qu'il a épousé ta maîtresse; crois qu'il aurait plus fait pour sa passion, et qu'avec elle il aurait encore épousé toi, son chien et son chat. Un mariage ne lui coûte rien à contracter; il ne se

sert point d'autres piéges pour attraper les belles; et c'est
un épouseur à toutes mains. Dame, demoiselle, bourgeoise,
paysanne, il ne trouve rien de trop chaud ni de trop froid
pour lui; et si je te disais le nom de toutes celles qu'il a
épousées en divers lieux, ce serait un chapitre a durer jusqu'au soir. Tu demeures surpris et changes de couleur à ce
discours : ce n'est là qu'une ébauche du personnage; et
pour en achever le portrait, il faudrait bien d'autres coups
de pinceau. Suffit qu'il faut que le courroux du ciel l'accable
quelque jour; qu'il me vaudrait bien mieux d'être au diable
que d'être à lui, et qu'il me fait voir tant d'horreurs, que
je souhaiterais qu'il fût déjà je ne sais où. Mais un grand
seigneur méchant homme est une terrible chose; il faut que
je lui sois fidèle, en dépit que j'en aie; la crainte en moi
fait l'office du zèle, bride mes sentiments, et me réduit
d'applaudir bien souvent à ce que mon âme déteste. Le
voilà qui vient se promener dans ce palais, séparons-nous.
Écoute, au moins : je t'ai fait cette confidence avec franchise, et cela m'est sorti un peu bien vite de la bouche;
mais, s'il fallait qu'il en vînt quelque chose à ses oreilles,
je dirais hautement que tu aurais menti.

SCÈNE II.

DON JUAN, SGANARELLE.

DON JUAN.

Quel homme te parlait là? Il a bien l'air, ce me semble,
du bon Gusman de done Elvire.

SGANARELLE.

C'est quelque chose aussi à peu près de cela.

DON JUAN.

Quoi! c'est lui?

SGANARELLE.

Lui-même.

DON JUAN.

Et depuis quand est-il en cette ville?

SGANARELLE.

D'hier au soir.

DON JUAN.

Et quel sujet l'amène?

SGANARELLE.

Je crois que vous jugez assez ce qui le peut inquiéter.

DON JUAN.

Notre départ, sans doute?

SGANARELLE.

Le bon homme en est tout mortifié, et m'en demandait le sujet?

DON JUAN.

Et quelle réponse as-tu faite?

SGANARELLE.

Que vous ne m'en avez rien dit.

DON JUAN.

Mais encore, quelle est ta pensée là-dessus? Que t'imagines-tu de cette affaire?

SGANARELLE.

Moi? Je crois, sans vous faire tort, que vous avez quelque nouvel amour en tête.

DON JUAN.

Tu le crois?

SGANARELLE.

Oui.

DON JUAN.

Ma foi, tu ne te trompes pas, et je dois t'avouer qu'un autre objet a chassé Elvire de ma pensée.

SGANARELLE.

Hé! mon Dieu! je sais mon don Juan sur le bout du doigt, et connais votre cœur pour le plus grand coureur

du monde ; il se plaît à se promener de liens en liens, et
n'aime guère à demeurer en place.

DON JUAN.

Et ne trouves-tu pas, dis-moi, que j'ai raison d'en user
de la sorte?

SGANARELLE.

Hé! monsieur...

DON JUAN.

Quoi? Parle.

SGANARELLE.

Assurément que vous avez raison, si vous le voulez ; on
ne peut pas aller là contre. Mais, si vous ne vouliez pas,
ce serait peut-être une autre affaire.

DON JUAN.

Hé bien! je te donne la liberté de parler, et de me dire
tes sentiments.

SGANARELLE.

En ce cas, monsieur, je vous dirai franchement que je
n'approuve point votre méthode, et que je trouve fort
vilain d'aimer de tous côtés, comme vous faites.

DON JUAN.

Quoi! tu veux qu'on se lie à demeurer au premier objet
qui nous prend, qu'on renonce au monde pour lui, et
qu'on n'ait plus d'yeux pour personne? La belle chose de
vouloir se piquer d'un faux honneur d'être fidèle, de s'en-
sevelir pour toujours dans une passion, et d'être mort dès sa
jeunesse à toutes les autres beautés qui nous peuvent frapper
les yeux! Non, non, la constance n'est bonne que pour des
ridicules; toutes les belles ont droit de nous charmer, et
l'avantage d'être rencontrée la première ne doit point dérober aux autres les justes prétentions qu'elles ont toutes sur
nos cœurs. Pour moi, la beauté me ravit partout où je la
trouve, et je cède facilement à cette douce violence dont
elle nous entraîne. J'ai beau être engagé, l'amour que j'ai
pour une belle n'engage point mon âme à faire une injus-

tice aux autres; je conserve des yeux pour voir le mérite
de toutes, et rends à chacune les hommages et les tributs
où la nature nous oblige. Quoi qu'il en soit, je ne puis refuser mon cœur à tout ce que je vois d'aimable; et dès
qu'un beau visage me le demande, si j'en avais dix mille,
je les donnerais tous. Les inclinations naissantes, après tout,
ont des charmes inexplicables, et tout le plaisir de l'amour
est dans le changement. On goûte une douceur extrême à
réduire, par cent hommages, le cœur d'une jeune beauté,
à voir de jour en jour les petits progrès qu'on y fait, à
combattre, par des transports, par des larmes et des soupirs, l'innocente pudeur d'une âme qui a peine à rendre les
armes, à forcer pied à pied toutes les petites résistances
qu'elle nous oppose, à vaincre les scrupules dont elle se
fait un honneur, et la mener doucement où nous avons
envie de la faire venir. Mais lorsqu'on en est maître une
fois, il n'y a plus rien à dire ni rien à souhaiter; tout le
beau de la passion est fini, et nous nous endormons dans
la tranquillité d'un tel amour, si quelque objet nouveau ne
vient réveiller nos désirs, et présenter à notre cœur les
charmes attrayants d'une conquête à faire. Enfin il n'est
rien de si doux que de triompher de la résistance d'une
belle personne; et j'ai, sur ce sujet, l'ambition des conquérants, qui volent perpétuellement de victoire en victoire, et
ne peuvent se résoudre à borner leurs souhaits. Il n'est rien
qui puisse arrêter l'impétuosité de mes désirs, je me sens un
cœur à aimer toute la terre; et, comme Alexandre, je souhaiterais qu'il y eût d'autres mondes pour y pouvoir étendre
mes conquêtes amoureuses.

SGANARELLE.

Vertu de ma vie, comme vous débitez! Il semble que
vous ayez appris cela par cœur, et vous parlez tout comme
un livre.

DON JUAN.

Qu'as-tu à dire là-dessus?

SGANARELLE.

Ma foi, j'ai à dire.., je ne sais que dire; car vous tournez les choses d'une manière, qu'il semble que vous avez raison; et cependant il est vrai que vous ne l'avez pas. J'avais les plus belles pensées du monde, et vos discours m'ont brouillé tout cela. Laissez faire; une autre fois je mettrai mes raisonnements par écrit, pour disputer avec vous.

DON JUAN.

Tu feras bien.

SGANARELLE.

Mais, monsieur, cela serait-il de la permission que vous m'avez donnée, si je vous disais que je suis tant soit peu scandalisé de la vie que vous menez?

DON JUAN.

Comment! quelle vie est-ce que je mène?

SGANARELLE.

Fort bonne. Mais, par exemple, de vous voir tous les mois vous marier comme vous faites.

DON JUAN.

Y a-t-il rien de plus agréable?

SGANARELLE.

Il est vrai. Je conçois que cela est fort agréable et fort divertissant, et je m'en accommoderais assez, moi, s'il n'y avait point de mal; mais, monsieur, se jouer ainsi d'un mystère sacré, et...

DON JUAN.

Va, va, c'est une affaire entre le ciel et moi, et nous la démêlerons bien ensemble, sans que tu t'en mettes en peine.

SGANARELLE.

Ma foi, monsieur, j'ai toujours ouï dire que c'est une méchante raillerie que de se railler du ciel, et que les libertins ne font jamais une bonne fin.

DON JUAN.

Holà! maître sot. Vous savez que je vous ai dit que je n'aime pas les faiseurs de remontrances.

SGANARELLE.

Je ne parle pas aussi à vous, Dieu m'en garde! Vous
savez ce que vous faites, vous, et, si vous êtes libertin,
vous avez vos raisons; mais il y a de certains petits impertinents dans le monde qui le sont sans savoir pourquoi,
qui font les esprits forts, parce qu'ils croient que cela leur
sied bien; et si j'avais un maître comme cela, je lui dirais
fort nettement, le regardant en face : Osez-vous bien ainsi
vous jouer au ciel, et ne tremblez-vous point de vous moquer, comme vous faites, des choses les plus saintes? C'est
bien à vous, petit ver de terre, petit myrmidon que vous
êtes (je parle au maître que j'ai dit), c'est bien à vous à
vouloir vous mêler de tourner en raillerie ce que tous les
hommes révèrent? Pensez-vous que pour être de qualité,
pour avoir une perruque blonde et bien frisée, des plumes
à votre chapeau, un habit bien doré, et des rubans couleur de feu (ce n'est pas à vous que je parle, c'est à
l'autre), pensez-vous, dis-je, que vous en soyez plus habile
homme, que tout vous soit permis, et qu'on n'ose vous
dire vos vérités? Apprenez de moi, qui suis votre valet,
que le ciel punit tôt ou tard les impies, qu'une méchante
vie amène une méchante mort, et que...

DON JUAN.

Paix!

SGANARELLE.

De quoi est-il question?

DON JUAN.

Il est question de te dire qu'une beauté me tient au
cœur, et qu'entraîné par ses appas, je l'ai suivie jusqu'en
cette ville.

SGANARELLE.

Et n'y craignez-vous rien, monsieur, de la mort de ce
commandeur que vous tuâtes il y a six mois?

DON JUAN.

Et pourquoi craindre? ne l'ai-je pas bien tué?

SGANARELLE.

Fort bien, le mieux du monde, et il aurait tort de se plaindre.

DON JUAN.

J'ai eu ma grâce de cette affaire.

SGANARELLE.

Oui, mais cette grâce n'éteint pas peut-être le ressentiment des parents et des amis, et...

DON JUAN.

Ah! n'allons point songer au mal qui nous peut arriver, et songeons seulement à ce qui nous peut donner du plaisir. La personne dont je te parle est une jeune fiancée, la plus agréable du monde, qui a été conduite ici par celui même qu'elle y vient épouser, et le hasard me fit voir ce couple d'amants trois ou quatre jours avant leur voyage. Jamais je n'ai vu deux personnes être si contents l'un de l'autre, et faire éclater plus d'amour. La tendresse visible de leurs mutuelles ardeurs me donna de l'émotion; j'en fus frappé au cœur, et mon amour commença par la jalousie. Oui, je ne pus souffrir d'abord de les voir si bien ensemble; le dépit alluma mes désirs, et je me figurai un plaisir extrême à pouvoir troubler leur intelligence, et rompre cet attachement, dont la délicatesse de mon cœur se tenait offensée; mais jusques ici tous mes efforts ont été inutiles, et j'ai recours au dernier remède. Cet époux prétendu doit aujourd'hui régaler sa maîtresse d'une promenade sur mer. Sans t'en avoir rien dit, toutes choses sont préparées pour satisfaire mon amour, et j'ai une petite barque et des gens, avec quoi fort facilement je prétends enlever la belle.

SGANARELLE.

Ah! monsieur...

DON JUAN.

Hein?

SGANARELLE.

C'est fort bien fait à vous, et vous le prenez comme il faut. Il n'est rien tel en ce monde que de se contenter.

DON JUAN.

Prépare-toi donc à venir avec moi, et prends soin toi-
même d'apporter toutes mes armes, afin que... (Apercevant done
Elvire.) Ah! rencontre fâcheuse. Traître! tu ne m'avais pas
dit qu'elle était ici elle-même.

SGANARELLE.

Monsieur, vous ne me l'avez pas demandé.

DON JUAN.

Est-elle folle, de n'avoir pas changé d'habit, et de venir
en ce lieu-ci avec son équipage de campagne?

SCÈNE III.

DONE ELVIRE, DON JUAN, SGANARELLE.

DONE ELVIRE.

Me feriez-vous la grâce, don Juan, de vouloir bien me
reconnaître? Et puis-je au moins espérer que vous daigniez
tourner le visage de ce côté?

DON JUAN.

Madame, je vous avoue que je suis surpris, et que je ne
vous attendais pas ici.

DONE ELVIRE.

Oui, je vois bien que vous ne m'y attendiez pas; et vous
êtes surpris, à la vérité, mais tout autrement que je ne l'espérais, et la manière dont vous le paraissez me persuade
pleinement ce que je refusais de croire. J'admire ma simplicité, et la faiblesse de mon cœur, à douter d'une trahison
que tant d'apparences me confirmaient. J'ai été assez bonne,
je le confesse, ou plutôt assez sotte, pour me vouloir
tromper moi-même, et travailler à démentir mes yeux et
mon jugement. J'ai cherché des raisons pour excuser à ma
tendresse le relâchement d'amitié qu'elle voyait en vous; et

je me suis forgé exprès cent sujets légitimes d'un départ si précipité, pour vous justifier du crime dont ma raison vous accusait. Mes justes soupçons chaque jour avaient beau me parler, j'en rejetais la voix qui vous rendait criminel à mes yeux, et j'écoutais avec plaisir mille chimères ridicules, qui vous peignaient innocent à mon cœur; mais enfin cet abord ne me permet plus de douter, et le coup d'œil qui m'a reçue m'apprend bien plus de choses que je ne voudrais en savoir. Je serais bien aise pourtant d'ouïr de votre bouche les raisons de votre départ. Parlez, don Juan, je vous prie, et voyons de quel air vous saurez vous justifier.

DON JUAN.

Madame, voilà Sganarelle qui sait pourquoi je suis parti.

SGANARELLE, bas, à don Juan.

Moi, monsieur, je n'en sais rien, s'il vous plaît.

DONE ELVIRE.

Hé bien! Sganarelle, parlez. Il n'importe de quelle bouche j'entende ces raisons.

DON JUAN, faisant signe à Sganarelle d'approcher.

Allons, parle donc à madame.

SGANARELLE, bas, à don Juan.

Que voulez-vous que je dise?

DONE ELVIRE.

Approchez, puisqu'on le veut ainsi, et me dites un peu les causes d'un départ si prompt.

DON JUAN.

Tu ne répondras pas?

SGANARELLE, bas, à don Juan.

Je n'ai rien à répondre. Vous vous moquez de votre serviteur.

DON JUAN.

Veux-tu répondre, te dis-je?

SGANARELLE.

Madame...

DONE ELVIRE.

Quoi?

SGANARELLE, se retournant vers son maître.

Monsieur...

DON JUAN, en le menaçant.

Si...

SGANARELLE.

Madame, les conquérants, Alexandre et les autres mondes sont cause de notre départ. Voilà, monsieur, tout ce que je puis dire.

DONE ELVIRE.

Vous plaît-il, don Juan, nous éclaircir ces beaux mystères?

DON JUAN.

Madame, à vous dire la vérité...

DONE ELVIRE.

Ah! que vous savez mal vous défendre pour un homme de cour, et qui doit être accoutumé à ces sortes de choses! J'ai pitié de vous voir la confusion que vous avez. Que ne vous armez-vous le front d'une noble effronterie! Que ne me jurez-vous que vous êtes toujours dans les mêmes sentiments pour moi, que vous m'aimez toujours avec une ardeur sans égale, et que rien n'est capable de vous détacher de moi que la mort? Que ne me dites-vous que des affaires de la dernière conséquence vous ont obligé à partir sans m'en donner avis; qu'il faut que, malgré vous, vous demeuriez ici quelque temps, et que je n'ai qu'à m'en retourner d'où je viens, assurée que vous suivrez mes pas le plus tôt qu'il vous sera possible; qu'il est certain que vous brûlez de me rejoindre, et qu'éloigné de moi vous souffrez ce que souffre un corps qui est séparé de son âme? Voilà comme il faut vous défendre, et non pas être interdit comme vous êtes.

DON JUAN.

Je vous avoue, madame, que je n'ai point le talent de dissimuler, et que je porte un cœur sincère. Je ne vous

dirai point que je suis toujours dans les mêmes sentiments
pour vous, et que je brûle de vous rejoindre, puisque enfin
il est assuré que je ne suis parti que pour vous fuir, non
point pour les raisons que vous pouvez vous figurer, mais par
un pur motif de conscience, et pour ne croire pas qu'avec
vous davantage je puisse vivre sans péché. Il m'est venu
des scrupules, madame, et j'ai ouvert les yeux de l'âme sur
ce que je faisais. J'ai fait réflexion que, pour vous épouser,
je vous ai dérobée à la clôture d'un couvent, que vous avez
rompu des vœux qui vous engageaient autre part, et que le
ciel est fort jaloux de ces sortes de choses. Le repentir m'a
pris, et j'ai craint le courroux céleste. J'ai cru que notre
mariage n'était qu'un adultère déguisé, qu'il nous attirerait
quelque disgrâce d'en haut, et qu'enfin je devais tâcher de
vous oublier, et vous donner moyen de retourner à vos
premières chaînes. Voudriez-vous, madame, vous opposer à
une si sainte pensée, et que j'allasse, en vous retenant, me
mettre le ciel sur les bras? que par...

DONE ELVIRE.

Ah ! scélérat, c'est maintenant que je te connais tout entier; et, pour mon malheur, je te connais lorsqu'il n'en est
plus temps, et qu'une telle connaissance ne peut plus me
servir qu'à me désespérer; mais sache que ton crime ne de-
meurera pas impuni, et que le même ciel dont tu te joues
me saura venger de ta perfidie.

DON JUAN.

Sganarelle, le ciel !

SGANARELLE.

Vraiment oui, nous nous moquons bien de cela, nous
autres.

DON JUAN.

Madame...

DONE ELVIRE.

Il suffit. Je n'en veux pas ouïr davantage, et je m'accuse
même d'en avoir trop entendu. C'est une lâcheté que de se

faire expliquer trop sa honte, et, sur de tels sujets, un noble
cœur, au premier mot, doit prendre son parti. N'attends
pas que j'éclate ici en reproches et en injures ; non, non,
je n'ai point un courroux à exhaler en paroles vaines, et
toute sa chaleur se réserve pour sa vengeance. Je te le dis
encore, le ciel te punira, perfide, de l'outrage que tu me
fais, et si le ciel n'a rien que tu puisses appréhender, appréhende du moins la colère d'une femme offensée.

SCÈNE IV.

DON JUAN, SGANARELLE.

SGANARELLE, à part.

Si le remords le pouvait prendre !

DON JUAN, après un moment de réflexion.

Allons songer à l'exécution de notre entreprise amoureuse.

SGANARELLE, seul.

Ah ! quel abominable maître me vois-je obligé de servir !

FIN DU PREMIER ACTE.

ACTE DEUXIÈME.

Le théâtre représente une campagne, au bord de la mer.

SCÈNE I.

CHARLOTTE, PIERROT.

CHARLOTTE.

Notre dinse[1]! Piarrot, tu t'es trouvé là bien à point.

PIERROT.

Parquienne! il ne s'en est pas fallu l'épaisseur d'une éplinque, qu'il ne se sayant nayés tous deux.

CHARLOTTE.

C'est donc le coup de vent d'à matin qui les avait ranvarsés dans la mar?

PIERROT.

Aga[2], guien, Charlotte, je m'en vas te conter tout fin drait comme cela est venu; car, comme dit l'autre, je les ai le premier avisés, avisés le premier je les ai. Enfin donc

---

[1] *Notre dinse*, est très-probablement la forme patoise de *Notre-Dame.* L'orthographe de ces scènes patoises est reproduite exactement d'après l'édition de 1682.

[2] *Aga* est une interjection d'admiration encore usitée dans quelques pays de France.

j'étions sur le bord de la mar, moi et le gros Lucas, et je
nous amusions à batifoler avec des mottes de tarre que je
nous jesquions à la tête; car, comme tu sais bian, le gros
Lucas aime à batifoler, et moi, par fouas, je batifole itou.
En batifolant donc, pisque batifoler y a, j'ai apparçu de
tout loin queuque chose qui grouillait dans gliau, et qui venait comme envars nous par secousse. Je voyais cela fixible-
ment, et pis tout d'un coup je voyais que je ne voyais plus
rien. « Hé ! Lucas, ç'ai-je fait, je pense que v'là des hommes
qui nageant là-bas. — Voire, ce m'a-t-il fait, t'as été au
trépassement d'un chat, t'as la vue trouble. — Palsan-
quenne ! ç'ai-je fait, je n'ai point la vue trouble, ce sont des
hommes. — Point du tout, ce m'a-t-il fait, t'as la barlue.
— Veux-tu gager, ç'ai-je fait, que je n'ai point la barlue,
ç'ai-je fait, et que ce sont deux hommes, ç'ai-je fait, qui
nageant droit ici, ç'ai-je fait? — Morquenne! ce m'a-t-il fait,
je gage que non. — Oh! çà, ç'ai-je fait, veux-tu gager dix
sols que si? — Je le veux bian, ce m'a-t-il fait; et, pour te
montrer, v'là argent su jeu, ce m'a-t-il fait. » Moi, je n'ai
point été ni fou, ni étourdi; j'ai bravement bouté à tarre
quatre pièces tapées, et cinq sols en doubles, jerniguenne!
aussi hardiment que si j'avais avalé un varre de vin; car je
sis hasardeux, moi, et je vas à la débandade. Je savais bian
ce que je faisais pourtant. Queuque gniais! Enfin donc, je
n'avons pas putôt eu gagé, que j'avons vu les deux hommes
tout à plain, qui nous faisiant signe de les aller querir; et
moi de tirer auparavant les enjeux. « Allons, Lucas, ç'ai-je
dit, tu vois bian qu'ils nous appelont; allons vite à leu
secours. — Non, ce m'a-t-il dit, ils m'ont fait pardre. » Oh!
donc, tanquia, qu'à la parfin, pour le faire court, je l'ai
tant sarmonné, que je nous sommes boutés dans une barque,
et pis j'avons tant fait cahin caha, que je les avons tirés de
gliau, et pis je les avons menés cheux nous auprès du feu;
et pis ils se sant dépouillés tout nus pour se sécher, et pis
il y en est venu encore deux de la même bande qui s'équiant

sauvés, tout seuls, et pis Mathurine est arrivée là, à qui l'en
a fait les doux yeux. V'là justement, Charlotte, comme tout
ça s'est fait.

CHARLOTTE.

Ne m'as-tu pas dit, Piarrot, qu'il y en a un qu'est bien
pu mieux fait que les autres ?

PIERROT.

Oui, c'est le maître. Il faut que ce soit queuque gros,
gros monsieur, car il a du dor à son habit tout depuis le
haut jusqu'en bas ; et ceux qui le servont sont des monsieux
eux-mêmes ; et stapandant, tout gros monsieur qu'il est, il
serait, par ma fique, nayé, si je n'aviomme été là.

CHARLOTTE.

Ardez[1] un peu !

PIERROT.

Oh! parquenne ! sans nous, il en avait pour sa maine de
fèves[2] ?

CHARLOTTE.

Est-il encore cheux toi tout nu, Piarrot?

PIERROT.

Nannain; ils l'avont r'habillé tout devant nous. Mon Quieu!
je n'en avais jamais vu s'habiller. Que d'histoires et d'engigorniaux[3] boutont ces messieus-là les courtisans ! Je me
pardrais là dedans, pour moi, et j'étais tout ébobi de voir
ça. Quien, Charlotte, ils avont des cheveux qui ne tenont
point à leu tête ; et ils boutont ça, après tout, comme un
gros bonnet de filasse. Ils ant des chemises qui ant des
manches où j'entrerions tout brandis, toi et moi. En glieu
d'haut-de-chausse, ils portont un garde-robe[4] aussi large

---

[1] *Ardez*, abréviation de *regardez*.

[2] Une *mine*, que Pierrot prononce *maine*, est une mesure de capacité
contenant la moitié d'un setier. Cette expression équivaut à celle-ci : *Il
en avait son compte.*

[3] *Engigorniaux*, petits engins, fanfreluches.

[4] On appelait *garde-robes* (au masculin) les larges tabliers que les vil-
lageoises portaient par-dessus leur jupon pour le conserver.

que d'ici à Pâques; en glieu de pourpoint, de petites bras-
sières. qui ne leu venont pas jusqu'au brichet[1]; et, en
glieu de rabats, un grand mouchoir de cou à réziau, aveuc
quatre grosses houpes de linge qui leu pendont sur l'esto-
maque. Ils avont itou d'autres petits rabats au bout des
bras, et de grands entonnois de passement aux jambes[2]; et,
parmi tout ça, tant de rubans, tant de rubans, que c'est
une vraie piquié. Ignia pas jusqu'aux souliers qui n'en
soyont farcis tout depis un bout jusqu'à l'autre; et ils sont
faits d'eune façon que je me romprais le cou aveuc.

CHARLOTTE.

Par ma fi! Piarrot, il faut que j'aille voir un peu ça.

PIERROT.

Oh! acoute un peu auparavant, Charlotte. J'ai queuque
autre chose à te dire, moi.

CHARLOTTE.

Hé bian! dis, qu'est-ce que c'est?

PIERROT.

Vois-tu, Charlotte, il faut, comme dit l'autre, que je dé-
bonde mon cœur. Je t'aime, tu le sais bian, et je sommes
pour être mariés ensemble; mais, marquenne! je ne suis
point satisfait de toi.

CHARLOTTE.

Quement? qu'est-ce que c'est donc qu'iglia?

PIERROT.

Iglia que tu me chagraignes l'esprit, franchement.

CHARLOTTE.

Et quement donc?

PIERROT.

Testiguenne! tu ne m'aimes point.

---

[1] Le creux qui est au haut de l'estomac.

[2] Les *entonnois de passement aux jambes* sont les canons qui avaient
la forme d'un entonnoir renversé.

CHARLOTTE.

Ah! ah! n'est-ce que ça?

PIERROT.

Oui, ce n'est que ça, et c'est bian assez.

CHARLOTTE.

Mon Quieu! Piarrot, tu me viens toujou dire la même chose.

PIERROT.

Je te dis toujou la même chose, parce que c'est toujou la même chose; et, si ce n'était pas toujou la même chose, je ne te dirais pas toujou la même chose.

CHARLOTTE.

Mais qu'est-ce qu'il te faut? que veux-tu?

PIERROT.

Jerniquenne! je veux que tu m'aimes.

CHARLOTTE.

Est-ce que je ne t'aime pas?

PIERROT.

Non, tu ne m'aimes pas, et si, je fais tout ce que je pis pour ça. Je t'achète, sans reproche, des rubans à tous les marciers qui passont; je me romps le cou à t'aller dénicher des marles; je fais jouer pour toi les vielleux quand ce vient ta fête; et tout ça comme si je me frappais la tête contre un mur. Vois-tu, ça n'est ni biau ni honnête de n'aimer pas les gens qui nous aimont.

CHARLOTTE.

Mais, mon Quieu! je t'aime aussi.

PIERROT.

Oui, tu m'aimes d'une belle dégaine!

CHARLOTTE.

Quement veux-tu donc qu'on fasse?

PIERROT.

Je veux que l'en fasse comme l'en fait, quand l'en aime comme il faut.

CHARLOTTE.

Ne t'aimé-je pas aussi comme il faut?

PIERROT.

Non. Quand ça est, ça se voit, et l'en fait mille petites singeries aux personnes quand on les aime du bon du cœur. Regarde la grosse Thomasse, comme alle est assottée du jeune Robain; alle est toujou autour de li à l'agacer, et ne le laisse jamais en repos. Toujou al li fait queuque niche, ou li baille queuque taloche en passant; et l'autre jour qu'il était assis sur un escabiau, al fut le tirer de dessous li, et le fit choir tout de son long par tarre. Jarni! vlà où l'en voit les gens qui aimont; mais toi, tu ne me dis jamais mot, t'es toujou là comme eune vraie souche de bois; et je passerais vingt fois devant toi, que tu ne te grouillerais pas pour me bailler le moindre coup, ou me dire la moindre chose. Ventrequenne! ça n'est pas bian, après tout; et t'es trop froide pour les gens.

CHARLOTTE.

Que veux-tu que j'y fasse? C'est mon himeur, et je ne me pis refondre.

PIERROT.

Ignia himeur qui quienne. Quand en a de l'amiquié pour les personnes, l'en en baille toujou queuque petite signifiance.

CHARLOTTE.

Enfin, je t'aime tout autant que je pis; et si tu n'es pas content de ça, tu n'as qu'à en aimer queuque autre.

PIERROT.

Hé bian! vlà pas mon compte? Testigué! si tu m'aimais, me dirais-tu ça?

CHARLOTTE.

Pourquoi me viens-tu aussi tarabuster l'esprit?

PIERROT.

Morqué! queu mal te fais-je? Je ne te demande qu'un peu d'amiquié

CHARLOTTE.

Hé bien! laisse faire aussi, et ne me presse point tant. Peut-être que ça viendra tout d'un coup sans y songer.

PIERROT.

Touche donc là, Charlotte.

CHARLOTTE , donnant sa main.

Hé bien! quien.

PIERROT.

Promets-moi donc que tu tâcheras de m'aimer davantage.

CHARLOTTE.

J'y ferai tout ce que je pourrai; mais il faut que ça vienne de lui-même. Pierrot, est-ce là ce monsieur?

PIERROT.

Oui, le vlà.

CHARLOTTE.

Ah! mon Quieu! qu'il est genti, et que c' aurait été dommage qu'il eût été nayé!

PIERROT.

Je revians tout à l'heure; je m'en vas boire chopaine, pour me rebouter tant soit peu de la fatigue que j'ais eue.

SCÈNE II.

DON JUAN, SGANARELLE, CHARLOTTE dans le fond du théâtre.

DON JUAN.

Nous avons manqué notre coup, Sganarelle, et cette bourrasque imprévue a renversé avec notre barque le projet que nous avions fait; mais, à te dire vrai, la paysanne que je viens de quitter répare ce malheur, et je lui ai trouvé des charmes qui effacent de mon esprit tout le chagrin que me donnait le mauvais succès de notre entreprise. Il ne faut pas que ce cœur m'échappe, et j'y ai déjà jeté des dispositions à ne pas me souffrir longtemps de pousser des soupirs.

SGANARELLE.

Monsieur, j'avoue que vous m'étonnez. A peine sommes-nous échappés d'un péril de mort, qu'au lieu de rendre grâce au ciel de la pitié qu'il a daigné prendre de nous, vous travaillez tout de nouveau à attirer sa colère par vos fantaisies accoutumées, et vos amours cr... (Don Juan prend un air menaçant.) Paix, coquin que vous êtes, vous ne savez ce que vous dites, et monsieur sait ce qu'il fait. Allons.

DON JUAN, apercevant Charlotte.

Ah! ah! d'où sort cette autre paysanne, Sganarelle? As-tu rien vu de plus joli? et ne trouves-tu pas, dis-moi, que celle-ci vaut bien l'autre?

SGANARELLE.

Assurément. (A part.) Autre pièce nouvelle.

DON JUAN, à Charlotte.

D'où me vient, la belle, une rencontre si agréable? Quoi! dans ces lieux champêtres, parmi ces arbres et ces rochers, on trouve des personnes faites comme vous êtes?

CHARLOTTE.

Vous voyez, monsieur.

DON JUAN.

Êtes-vous de ce village?

CHARLOTTE.

Oui, monsieur.

DON JUAN.

Et vous y demeurez?

CHARLOTTE.

Oui, monsieur.

DON JUAN.

Vous vous appelez?

CHARLOTTE.

Charlotte, pour vous servir.

DON JUAN.

Ah! la belle personne, et que ses yeux sont pénétrants.

CHARLOTTE.

Monsieur, vous me rendez toute honteuse.

DON JUAN.

Ah! n'ayez point de honte d'entendre dire vos vérités. Sganarelle, qu'en dis-tu? Peut-on rien voir de plus agréable? Tournez-vous un peu, s'il vous plaît. Ah! que cette taille est jolie! Haussez un peu la tête, de grâce. Ah! que ce visage est mignon! Ouvrez vos yeux entièrement. Ah! qu'ils sont beaux! Que je voie un peu vos dents, je vous prie. Ah! qu'elles sont amoureuses, et ces lèvres appétissantes! Pour moi, je suis ravi, et je n'ai jamais vu une si charmante personne.

CHARLOTTE.

Monsieur, cela vous plaît à dire, et je ne sais pas si c'est pour vous railler de moi.

DON JUAN.

Moi, me railler de vous! Dieu m'en garde! je vous aime trop pour cela, et c'est du fond du cœur que je vous parle.

CHARLOTTE.

Je vous suis bien obligée, si ça est.

DON JUAN.

Point du tout, vous ne m'êtes point obligée de tout ce que je dis; et ce n'est qu'à votre beauté que vous en êtes redevable.

CHARLOTTE.

Monsieur, tout ça est trop bien dit pour moi, et je n'ai pas d'esprit pour vous répondre.

DON JUAN.

Sganarelle, regarde un peu ses mains.

CHARLOTTE.

Fi! monsieur! elles sont noires comme je ne sais quoi.

DON JUAN.

Ah! que dites-vous là? Elles sont les plus belles du monde; souffrez que je les baise, je vous prie.

CHARLOTTE.

Monsieur, c'est trop d'honneur que vous me faites; et si j'avais su ça tantôt, je n'aurais pas manqué de les laver avec du son.

DON JUAN.

Hé! dites-moi un peu, belle Charlotte, vous n'êtes pas mariée, sans doute?

CHARLOTTE.

Non, monsieur; mais je dois bientôt l'être avec Piarrot, le fils de la voisine Simonette.

DON JUAN.

Quoi! une personne comme vous serait la femme d'un simple paysan! Non, non, c'est profaner tant de beautés, et vous n'êtes pas née pour demeurer dans un village. Vous méritez, sans doute, une meilleure fortune; et le ciel, qui le connaît bien, m'a conduit ici tout exprès pour empêcher ce mariage, et rendre justice à vos charmes; car enfin, belle Charlotte, je vous aime de tout mon cœur, et il ne tiendra qu'à vous que je ne vous arrache de ce misérable lieu, et ne vous mette dans l'état où vous méritez d'être. Cet amour est bien prompt, sans doute; mais quoi! c'est un effet, Charlotte, de votre grande beauté; et l'on vous aime autant en un quart d'heure, qu'on ferait une autre en six mois.

CHARLOTTE.

Aussi vrai, monsieur, je ne sais comment faire quand vous parlez. Ce que vous dites me fait aise, et j'aurais toutes les envies du monde de vous croire; mais on m'a toujou dit qu'il ne faut jamais croire les monsieux, et que vous autres courtisans êtes des enjoleux, qui ne songez qu'à abuser les filles.

DON JUAN.

Je ne suis pas de ces gens-là.

SGANARELLE, à part.

Il n'a garde.

CHARLOTTE.

Voyez-vous, monsieur, il n'y a pas plaisir à se laisser abuser. Je suis une pauvre paysanne; mais j'ai l'honneur en recommandation, et j'aimerais mieux me voir morte que de me voir déshonorée.

DON JUAN.

Moi, j'aurais l'âme assez méchante pour abuser une personne comme vous? je serais assez lâche pour vous déshonorer? Non, non, j'ai trop de conscience pour cela. Je vous aime, Charlotte, en tout bien et en tout honneur; et, pour vous montrer que je vous dis vrai, sachez que je n'ai point d'autre dessein que de vous épouser. En voulez-vous un plus grand témoignage? M'y voilà prêt, quand vous voudrez; et je prends à témoin l'homme que voilà, de la parole que je vous donne.

SGANARELLE.

Non, non, ne craignez point. Il se mariera avec vous tant que vous voudrez.

DON JUAN.

Ah! Charlotte, je vois bien que vous ne me connaissez pas encore. Vous me faites grand tort de juger de moi par les autres; et, s'il y a des fourbes dans le monde, des gens qui ne cherchent qu'à abuser des filles, vous devez me tirer du nombre, et ne pas mettre en doute la sincérité de ma foi; et puis votre beauté vous assure de tout. Quand on est faite comme vous, on doit être à couvert de toutes ces sortes de craintes : vous n'avez point l'air, croyez-moi, d'une personne qu'on abuse; et, pour moi, je vous l'avoue, je me percerais le cœur de mille coups, si j'avais eu la moindre pensée de vous trahir.

CHARLOTTE.

Mon Dieu! je ne sais si vous dites vrai ou non; mais vous faites que l'on vous croit.

DON JUAN.

Lorsque vous me croirez, vous me rendrez justice assurément, et je vous réitère encore la promesse que je vous ai faite. Ne l'acceptez-vous pas? et ne voulez-vous pas consentir à être ma femme?

CHARLOTTE.

Oui, pourvu que ma tante le veuille.

DON JUAN.

Touchez donc là, Charlotte, puisque vous le voulez bien de votre part.

CHARLOTTE.

Mais, au moins, monsieur, ne m'allez pas tromper, je vous prie! Il y aurait de la conscience à vous, et vous voyez comme j'y vais à la bonne foi.

DON JUAN.

Comment! il semble que vous doutiez encore de ma sincérité! Voulez-vous que je fasse des serments épouvantables? Que le ciel...

CHARLOTTE.

Mon Dieu! ne jurez point! je vous crois.

DON JUAN.

Donnez-moi donc un petit baiser pour gage de votre parole.

CHARLOTTE.

Oh! monsieur, attendez que je soyons mariés, je vous prie. Après ça, je vous baiserai tant que vous voudrez.

DON JUAN.

Hé bien! belle Charlotte, je veux tout ce que vous voulez; abandonnez-moi seulement votre main, et souffrez que, par mille baisers, je lui exprime le ravissement où je suis...

SCÈNE III.

DON JUAN, SGANARELLE, PIERROT, CHARLOTTE.

PIERROT, se mettant entre deux et poussant don Juan.

Tout doucement, monsieur; tenez-vous, s'il vous plaît. Vous vous échauffez trop, et vous pourriez gagner la purésie.

DON JUAN, repoussant rudement Pierrot.

Qui m'amène cet impertinent?

PIERROT, se mettant entre don Juan et Charlotte.

Je vous dis qu'ous vous tegniez, et qu'ous ne caressiais point nos accordées.

DON JUAN, continuant de repousser Pierrot.

Ah! que de bruit!

PIERROT.

Jerniquenne! ce n'est pas comme ça qu'il faut pousser les gens.

CHARLOTTE, prenant Pierrot par le bras.

Et laisse-le faire aussi, Piarrot.

PIERROT.

Quement! que je le laïsse faire? Je ne veux pas, moi.

DON JUAN.

Ah!

PIERROT.

Testiguenne! parce qu'ous êtes monsieur, ous viendrez caresser nos femmes à note barbe. Allez-v's-en caresser les vôtres.

DON JUAN.

Heu?

PIERROT.

Heu. (Don Juan lui donne un soufflet.) Testigué! ne me frappez pas. (Autre soufflet.) Oh! jernigué! (Autre soufflet.) Ventrequé! (Autre soufflet.)

Palsanqué! Morguenne! ça n'est pas bian de battre les gens, et ce n'est pas là la récompense de v's avoir sauvé d'être nayé.

CHARLOTTE.

Piarrot, ne te fâche point.

PIERROT.

Je me veux fâcher; et. t'es une vilaine, toi, d'endurer qu'on te cajole.

CHARLOTTE.

Oh! Piarrot, ce n'est pas ce que. tu penses. Ce monsieur veut m'épouser, et tu ne dois pas te bouter en colère.

PIERROT.

Quement? jerni! tu m'es promise.

CHARLOTTE. .

Ça n'y fait rien, Piarrot. Si tu m'aimes, ne dois-tu pas être bien aise que je devienne madame?

PIERROT.

Jerniqué! non. J'aime mieux te voir crevée que de te voir à un autre.

CHARLOTTE.

Va, va, Piarrot, ne te mets point en peine. Si je sis madame, je te ferai gagner queuque chose, et tu apporteras du beurre et du fromage cheux nous.

PIERROT.

Ventrequenne! je gni en porterai jamais, quand tu m'en poirais deux fois autant. Est-ce donc comme ça que t'écoutes ce qu'il te dit? Morquenne! si j'avais su ça tantôt, je me serais bian gardé de le tirer de gliau, et je gli aurais baillé un bon coup d'aviron sur la tête.

DON JUAN, s'approchant de Pierrot pour le frapper.

Qu'est-ce que vous dites?

PIERROT, s éloignant derrière Charlotte.

Jerniquenne ! je ne crains parsonne.

DON JUAN, passant du côté où est Pierrot.

Attendez-moi un peu.

PIERROT, *repassant de l'autre côté.*

Je me moque de tout, moi.

DON JUAN, *courant après Pierrot.*

Voyons cela.

PIERROT, *se sauvant encore derrière Charlotte.*

J'en avons bien vu d'autres.

DON JUAN.

Ouais.

SGANARELLE.

Hé! monsieur, laissez là ce pauvre misérable. C'est conscience de le battre. *(A Pierrot, en se mettant entre lui et don Juan.)* Écoute, mon pauvre garçon, retire-toi, et ne lui dis rien.

PIERROT, *passant devant Sganarelle, et regardant fièrement don Juan.*

Je veux lui dire, moi.

DON JUAN, *levant la main, pour donner un soufflet à Pierrot.*

Ah! je vous apprendrai. *(Pierrot baisse la tête, et Sganarelle reçoit le soufflet.)*

SGANARELLE, *regardant Pierrot.*

Peste soit du maroufle!

DON JUAN, *à Sganarelle.*

Te voilà payé de ta charité.

PIERROT.

Jarni! je vas dire à sa tante tout ce ménage-ci.

SCÈNE IV.

DON JUAN, CHARLOTTE, SGANARELLE.

DON JUAN, *à Charlotte.*

Enfin, je m'en vais être le plus heureux de tous les hommes, et je ne changerais pas mon bonheur à toutes les choses du monde. Que de plaisirs quand vous serez ma femme, et que...

SCÈNE V.

DON JUAN, MATHURINE, CHARLOTTE, SGANARELLE.

SGANARELLE, apercevant Mathurine.

Ah! ah!

MATHURINE, à don Juan

Monsieur, que faites-vous donc là avec Charlotte? Est-ce que vous lui parlez d'amour aussi?

DON JUAN, bas, à Mathurine.

Non. Au contraire, c'est elle qui me témoignait une envie d'être ma femme, et je lui répondais que j'étais engagé à vous.

CHARLOTTE, à don Juan.

Qu'est-ce que c'est donc que vous veut Mathurine?

DON JUAN, bas, à Charlotte.

Elle est jalouse de me voir vous parler, et voudrait bien que je l'épousasse; mais je lui dis que c'est vous que je veux.

MATHURINE.

Quoi! Charlotte...

DON JUAN, bas, à Mathurine.

Tout ce que vous lui direz sera inutile; elle s'est mis cela dans la tête.

CHARLOTTE.

Quement donc! Mathurine...

DON JUAN, bas, à Charlotte.

C'est en vain que vous lui parlerez; vous ne lui ôterez point cette fantaisie.

MATHURINE.

Est-ce que?...

DON JUAN, bas, à Mathurine.

Il n'y a pas moyen de lui faire entendre raison.

CHARLOTTE.

Je voudrais...

DON JUAN, bas, à Charlotte.

Elle est obstinée comme tous les diables.

MATHURINE.

Vrament...

DON JUAN, bas, à Mathurine.

Ne lui dites rien, c'est une folle.

CHARLOTTE.

Je pense...

DON JUAN, à Charlotte.

Laissez-la là, c'est une extravagante.

MATHURINE.

Non, non, il faut que je lui parle.

CHARLOTTE.

Je veux voir un peu ses raisons.

MATHURINE.

Quoi !...

DON JUAN, bas, à Mathurine.

Je gage qu'elle va vous dire que je lui ai promis de l'épouser.

CHARLOTTE.

Je...

DON JUAN, bas, à Charlotte.

Gageons qu'elle vous soutiendra que je lui ai donné parole de la prendre pour femme.

MATHURINE.

Holà! Charlotte, ça n'est pas bien de courir su le marché des autres.

CHARLOTTE.

Ça n'est pas honnête, Mathurine, d'être jalouse que monsieur me parle.

MATHURINE.

C'est moi que monsieur a vue la première.

CHARLOTTE.

S'il vous a vue la première, il m'a vue la seconde, et m'a promis de m'épouser.

DON JUAN, bas, à Mathurine.

Hé bien! que vous ai-je dit?

MATHURINE, à Charlotte.

Je vous baise les mains; c'est moi, et non pas vous, qu'il a promis d'épouser.

DON JUAN, bas, à Charlotte.

N'ai-je pas deviné?

CHARLOTTE.

A d'autres, je vous prie; c'est moi, vous dis-je.

MATHURINE.

Vous vous moquez des gens; c'est moi encore un coup.

CHARLOTTE.

Le vlà qui est pour le dire, si je n'ai pas raison.

MATHURINE.

Le vlà qui est pour me démentir, si je ne dis pas vrai.

CHARLOTTE.

Est-ce, monsieur, que vous lui avez promis de l'épouser?

DON JUAN, bas, à Charlotte.

Vous vous raillez de moi.

MATHURINE.

Est-il vrai, monsieur, que vous lui avez donné parole d'être son mari?

DON JUAN, bas, à Mathurine.

Pouvez-vous avoir cette pensée?

CHARLOTTE.

Vous voyez qu'al le soutient.

DON JUAN, bas, à Charlotte.

Laissez-la faire.

MATHURINE.

Vous êtes témoin comme al l'assure.

DON JUAN, bas, à Mathurine.

Laissez-la dire.

CHARLOTTE.

Non, non, il faut savoir la vérité.

MATHURINE.

Il est question de juger ça.

CHARLOTTE.

Oui, Mathurine, je veux que monsieur vous montre votre bec jaune.

MATHURINE.

Oui, Charlotte, je veux que monsieur vous rende un peu camuse.

CHARLOTTE.

Monsieur, videz la querelle s'il vous plaît.

MATHURINE.

Mettez-nous d'accord, monsieur.

CHARLOTTE, à Mathurine.

Vous allez voir.

MATHURINE, à Charlotte.

Vous allez voir vous-même.

CHARLOTTE, à don Juan.

Dites.

MATHURINE, à don Juan.

Parlez.

DON JUAN.

Que voulez-vous que je dise? Vous soutenez également toutes deux que je vous ai promis de vous prendre pour femme. Est-ce que chacune de vous ne sait pas ce qui en est, sans qu'il soit nécessaire que je m'explique davantage? Pourquoi m'obliger là-dessus à des redites? Celle à qui j'ai promis effectivement n'a-t-elle pas, en elle-même, de quoi se moquer des discours de l'autre, et doit-elle se mettre en peine, pourvu que j'accomplisse ma promesse? Tous les discours n'avancent point les choses. Il faut faire, et non pas dire; et les effets décident mieux que les paroles. Aussi, n'est-ce rien que par là que je vous veux mettre d'accord; et l'on verra, quand je me marierai, laquelle des deux a mon cœur. (Bas, à Mathurine.) Laissez-lui croire ce qu'elle voudra. (Bas, à Charlotte.) Laissez-la se flatter dans son imagination. (Bas, à Mathurine.) Je vous adore. (Bas, à Charlotte.) Je suis tout à vous. (Bas, à Mathurine.) Tous les visages sont laids auprès du vôtre. (Bas, à Charlotte.) On ne peut plus souffrir les autres quand on vous a vue. (Haut.) J'ai un petit ordre à donner, je viens vous retrouver dans un quart d'heure.

SCÈNE VI.

CHARLOTTE, MATHURINE, SGANARELLE.

CHARLOTTE, à Mathurine.

Je suis celle qu'il aime, au moins.

MATHURINE, à Charlotte.

C'est moi qu'il épousera.

SGANARELLE, arrêtant Charlotte et Mathurine.

Ah! pauvres filles que vous êtes, j'ai pitié de votre innocence, et je ne puis souffrir de vous voir courir à votre malheur. Croyez-moi l'une et l'autre : ne vous amusez point à tous les contes qu'on vous fait, et demeurez dans votre village.

SCÈNE VII.

DON JUAN, CHARLOTTE, MATHURINE, SGANARELLE.

DON JUAN, dans le fond du théâtre, à part.

Je voudrais bien savoir pourquoi Sganarelle ne me suit pas.

SGANARELLE.

Mon maître est un fourbe, il n'a dessein que de vous

abuser, et en a bien abusé d'autres; c'est l'épouseur du genre humain, et... (Apercevant don Juan.) Cela est faux; et quiconque vous dira cela, vous lui devez dire qu'il en a menti. Mon maître n'est point l'épouseur du genre humain, il n'est point un fourbe, il n'a pas dessein de vous tromper, et n'en a point abusé d'autres. Ah! tenez, le voilà, demandez-le plutôt à lui-même.

DON JUAN, regardant Sganarelle, et le soupçonnant d'avoir parlé.

Oui!

SGANARELLE.

Monsieur, comme le monde est plein de médisants, je vais au-devant des choses; et je leur disais que si quelqu'un leur venait dire du mal de vous, elles se gardassent bien de le croire, et ne manquassent pas de lui dire qu'il en aurait menti.

DON JUAN.

Sganarelle!

SGANARELLE, à Charlotte et à Mathurine.

Oui, monsieur est homme d'honneur; je le garantis tel.

DON JUAN.

Hon!

SGANARELLE.

Ce sont des impertinents.

SCÈNE VIII.

DON JUAN, LA RAMÉE, CHARLOTTE, MATHURINE, SGANARELLE.

LA RAMÉE, bas, à don Juan.

Monsieur, je viens vous avertir qu'il ne fait pas bon ici pour vous.

DON JUAN.

Comment?

LA RAMÉE.

Douze hommes à cheval vous cherchent, qui doivent arriver ici dans un moment : je ne sais pas par quel moyen . ils peuvent vous avoir suivi ; mais j'ai appris cette nouvelle d'un paysan qu'ils ont interrogé, et auquel ils vous ont dépeint. L'affaire presse, et le plus tôt que vous pourrez sortir d'ici sera le meilleur.

SCÈNE IX.

DON JUAN, CHARLOTTE, MATHURINE, SGANARELLE.

DON JUAN, à Charlotte et à Mathurine.

Une affaire pressante m'oblige de partir d'ici ; mais je vous prie de vous ressouvenir de la parole que je vous ai donnée, et de croire que vous aurez de mes nouvelles avant qu'il soit demain au soir.

SCÈNE X.

DON JUAN, SGANARELLE.

DON JUAN.

Comme la partie n'est pas égale, il faut user de stratagème, et éluder adroitement le malheur qui me cherche. Je veux que Sganarelle se revête de mes habits, et moi...

SGANARELLE.

Monsieur, vous vous moquez. M'exposer à être tué sous vos habits, et...

DON JUAN.

Allons vite, c'est trop d'honneur que je vous fais ; et

bien heureux est le valet qui peut avoir la gloire de mourir pour son maître.

SGANARELLE.

Je vous remercie d'un tel honneur. (Seul.) O ciel! puisqu'il s'agit de mort, fais-moi la grâce de n'être point pris pour un autre!

FIN DU DEUXIÈME ACTE.

ACTE TROISIÈME.

Le théâtre représente une forêt.

SCÈNE I.

DON JUAN, en habit de campagne; SGANARELLE, en médecin.

SGANARELLE.

Ma foi, monsieur, avouez que j'ai eu raison, et que nous voilà l'un et l'autre déguisés à merveille. Votre premier dessein n'était point du tout à propos, et ceci nous cache bien mieux que tout ce que vous vouliez faire.

DON JUAN.

Il est vrai que te voilà bien; et je ne sais où tu as été déterrer cet attirail ridicule.

SGANARELLE.

Oui? c'est l'habit d'un vieux médecin, qui a été laissé en gage au lieu où je l'ai pris; et il m'en a coûté de l'argent pour l'avoir. Mais savez-vous, monsieur, que cet habit me met déjà en considération, que je suis salué des gens que je rencontre, et que l'on me vient consulter ainsi qu'un habile homme?

DON JUAN.

Comment donc?

SGANARELLE.

Cinq ou six paysans et paysannes, en me voyant passer, me sont venus demander mon avis sur différentes maladies.

DON JUAN.

Tu leur as répondu que tu n'y entendais rien.

SGANARELLE.

Moi? Point du tout. J'ai voulu soutenir l'honneur de mon habit; j'ai raisonné sur le mal, et leur ai fait des ordonnances à chacun.

DON JUAN.

Et quels remèdes encore leur as-tu ordonnés?

SGANARELLE.

Ma foi, monsieur, j'en ai pris par où j'en ai pu attraper; j'ai fait mes ordonnances à l'aventure; et, ce serait une chose plaisante si les malades guérissaient, et qu'on m'en vînt remercier.

DON JUAN.

Et pourquoi non? Par quelle raison n'aurais-tu pas les mêmes priviléges qu'ont tous les autres médecins? Ils n'ont pas plus de part que toi aux guérisons des malades et tout leur art est pure grimace. Ils ne font rien que recevoir la gloire des heureux succès; et tu peux profiter, comme eux, du bonheur du malade, et voir attribuer à tes remèdes tout ce qui peut venir des faveurs du hasard et des forces de la nature.

SGANARELLE.

Comment, monsieur, vous êtes aussi impie en médecine?

DON JUAN.

C'est une des grandes erreurs qui soient parmi les hommes.

SGANARELLE.

Quoi! vous ne croyez pas au séné, ni à la casse, ni au vin émétique?

DON JUAN.

Et pourquoi veux-tu que j'y croie?

SGANARELLE.

Vous avez l'âme bien mécréante. Cependant vous voyez,
depuis un temps, que le vin émétique fait bruire ses fuseaux.
Ses miracles ont converti les plus incrédules esprits, et il
n'y a pas trois semaines que j'en ai vu, moi qui vous parle,
un effet merveilleux.

DON JUAN.

Et quel?

SGANARELLE.

Il y avait un homme qui, depuis six jours, était à
l'agonie, on ne savait plus que lui ordonner, et tous les
remèdes ne faisaient rien; on s'avisa à la fin de lui donner
de l'émétique.

DON JUAN.

Il réchappa, n'est-ce pas?

SGANARELLE.

Non, il mourut.

DON JUAN.

L'effet est admirable.

SGANARELLE.

Comment! il y avait six jours entiers qu'il ne pouvait
mourir, et cela le fit mourir tout d'un coup. Voulez-vous
rien de plus efficace?

DON JUAN.

Tu as raison.

SGANARELLE.

Mais laissons là la médecine, où vous ne croyez point,
et parlons des autres choses; car cet habit me donne de
l'esprit, et je me sens en humeur de disputer contre vous.
Vous savez bien que vous me permettez les disputes, et que
vous ne me défendez que les remontrances.

DON JUAN.

Hé bien?

SGANARELLE.

Je veux savoir un peu vos pensées à fond. Est-il possible
que vous ne croyiez point du tout au ciel?

DON JUAN.

Laissons cela.

SGANARELLE.

C'est-à-dire que non. Et à l'enfer?

DON JUAN.

Eh?

SGANARELLE.

Tout de même. Et au diable, s'il vous plaît?

DON JUAN.

Oui, oui.

SGANARELLE.

Aussi peu. Ne croyez-vous point à l'autre vie?

DON JUAN.

Ah! ah! ah!

SGANARELLE.

Voilà un homme que j'aurai bien de la peine à convertir. Et dites-moi un peu, [le Moine bourru¹, qu'en croyez-vous? Eh!

DON JUAN.

La peste soit du fat!

SGANARELLE.

Et voilà ce que je ne puis souffrir; car il n'y a rien de plus vrai que le Moine bourru, et je me ferais pendre pour celui-là. Mais] encore faut-il croire quelque chose [dans le monde.] Qu'est-ce [donc] que vous croyez?

DON JUAN.

Ce que je crois?

SGANARELLE.

Oui.

DON JUAN.

Je crois que deux et deux sont quatre, Sganarelle, et que quatre et quatre sont huit.

¹ On appelait *moine bourru* un fantôme qui, suivant une croyance populaire, courait pendant la nuit les rues des villes et battait les passants attardés.

SGANARELLE.

La belle croyance [et les beaux articles de foi] que voilà!
Votre religion, à ce que je vois, est donc l'arithmétique? Il
faut avouer qu'il se met d'étranges folies dans la tête des
hommes, et que, pour avoir étudié, on est bien moins sage
le plus souvent. Pour moi, monsieur, je n'ai point étudié
comme vous, Dieu merci! et personne ne saurait se vanter de
m'avoir jamais rien appris; mais avec mon petit sens et mon
petit jugement, je vois les choses mieux que tous les livres,
et je comprends fort bien que ce monde que nous voyons
n'est pas un champignon qui soit venu tout seul en une
nuit. Je voudrais bien vous demander qui a fait ces arbres-
là, ces rochers, cette terre, et ce ciel que voilà là-haut, et
si tout cela s'est bâti de lui-même. Vous voilà, vous, par
exemple, vous êtes là : est-ce que vous vous êtes fait tout
seul, et n'a-t-il pas fallu que votre père ait engrossé votre
mère pour vous faire? Pouvez-vous voir toutes les inven-
tions dont la machine de l'homme est composée, sans
admirer de quelle façon cela est agencé l'un dans l'autre?
ces nerfs, ces os, ces veines, ces artères, ces..., ce poumon,
ce cœur, ce foie, et tous ces autres ingrédients qui sont là,
et qui... Oh! dame, interrompez-moi donc, si vous voulez.
Je ne saurais disputer si l'on ne m'interrompt. Vous vous
taisez exprès, et me laissez parler par belle malice.

DON JUAN.

J'attends que ton raisonnement soit fini.

SGANARELLE.

Mon raisonnement est qu'il y a quelque chose d'admirable dans l'homme, quoi que vous puissiez dire, que tous
les savants ne sauraient expliquer. Cela n'est-il pas merveilleux que me voilà ici et que j'aie quelque chose dans la
tête qui pense cent choses différentes en un moment, et fait
de mon corps tout ce qu'elle veut? Je veux frapper des
mains, hausser le bras, lever les yeux au ciel, baisser la

tête, remuer les pieds, aller à droit, à gauche, en avant, en arrière, tourner... (Il se laisse tomber en tournant.)

DON JUAN.

Bon! voilà ton raisonnement qui a le nez cassé.

SGANARELLE.

Morbleu! je suis bien sot de m'amuser à raisonner avec vous; croyez ce que vous voudrez : il m'importe bien que vous soyez damné!

DON JUAN.

Mais, tout en raisonnant, je crois que nous sommes égarés. Appelle un peu cet homme que voilà là-bas, pour lui demander le chemin.

SCÈNE II.

DON JUAN, SGANARELLE, UN PAUVRE.

SGANARELLE.

Holà! ho! l'homme! ho! mon compère! ho! l'ami! un petit mot, s'il vous plaît. Enseignez-nous un peu le chemin qui mène à la ville.

LE PAUVRE.

Vous n'avez qu'à suivre cette route, messieurs, et détourner à main droite quand vous serez au bout de la forêt; mais je vous donne avis que vous devez vous tenir sur vos gardes, et que, depuis quelque temps, il y a des voleurs ici autour.

DON JUAN.

Je te suis obligé, mon ami, et je te rends grâce de tout mon cœur.

LE PAUVRE.

Si vous vouliez me secourir, monsieur, de quelque aumône?

DON JUAN.

Ah! ah! ton avis est intéressé, à ce que je vois.

LE PAUVRE.

Je suis un pauvre homme, monsieur, retiré tout seul dans ce bois depuis dix ans, et je ne manquerai pas de prier le ciel qu'il vous donne toute sorte de biens.

DON JUAN.

Eh! prie le ciel qu'il te donne un habit, sans te mettre en peine des affaires des autres.

SGANARELLE.

Vous ne connaissez pas monsieur, bon homme; il ne croit qu'en deux et deux sont quatre, et en quatre et quatre sont huit.

DON JUAN.

Quelle est ton occupation parmi ces arbres?

LE PAUVRE.

De prier le ciel tout le jour pour la prospérité des gens de bien qui me donnent quelque chose.

DON JUAN.

Il ne se peut donc pas que tu ne sois bien à ton aise?

LE PAUVRE.

Hélas! monsieur, je suis dans la plus grande nécessité du monde.

DON JUAN.

Tu te moques : un homme qui prie le ciel tout le jour ne peut pas manquer d'être bien dans ses affaires.

LE PAUVRE.

Je vous assure, monsieur, que le plus souvent je n'ai pas un morceau de pain à mettre sous les dents.

DON JUAN.

[Voilà qui est étrange, et tu es bien mal reconnu de tes soins. Ah! ah! je m'en vais te donner un louis d'or tout à l'heure, pourvu que tu veuilles jurer.

LE PAUVRE.

Ah! monsieur, voudriez-vous que je commisse un tel péché?

DON JUAN.

Tu n'as qu'à voir si tu veux gagner un louis d'or, ou non; en voici un que je te donne si tu jures. Tiens. Il faut jurer.

LE PAUVRE.

Monsieur...

DON JUAN.

A moins de cela, tu ne l'auras pas.

SGANARELLE.

Va, va, jure un peu; il n'y a pas de mal.

DON JUAN.

Prends, le voilà, prends, te dis-je; mais jure donc.

LE PAUVRE.

Non, monsieur, j'aime mieux mourir de faim.

DON JUAN.

Va, va, je te le donne pour l'amour de l'humanité[1].] (Regardant dans la forêt.) Mais que vois-je là? un homme attaqué par trois autres! La partie est trop inégale, et je ne dois pas souffrir cette lâcheté. (Il met l'épée à la main, et court au lieu du combat.)

SCÈNE III.

SGANARELLE, seul.

Mon maître est un vrai enragé d'aller se présenter à un péril qui ne le cherche pas. Mais, ma foi, le secours a servi, et les deux ont fait fuir les trois.

---

[1] La fin de cette scène, placée entre crochets, fut retranchée à la scène, à partir de la seconde représentation.

SCÈNE IV.

DON JUAN, DON CARLOS; SGANARELLE, au fond du théâtre.

DON CARLOS, remettant son épée.

On voit, par la fuite de ces voleurs, de quel secours est
votre bras. Souffrez, monsieur, que je vous rende grâces
d'une action si généreuse, et que...

DON JUAN.

Je n'ai rien fait, monsieur, que vous n'eussiez fait en ma
place. Notre propre honneur est intéressé dans de pareilles
aventures, et l'action de ces coquins était si lâche, que c'eût
été y prendre part que de ne s'y pas opposer. Mais par
quelle rencontre vous êtes-vous trouvé entre leurs mains?

DON CARLOS.

Je m'étais, par hasard, égaré d'un frère et de tous ceux
de notre suite; et comme je cherchais à les rejoindre, j'ai
fait rencontre de ces voleurs, qui d'abord ont tué mon cheval, et qui, sans votre valeur, en auraient fait autant de
moi.

DON JUAN.

Votre dessein est-il d'aller du côté de la ville?

DON CARLOS.

Oui, mais sans y vouloir entrer; et nous nous voyons
obligés, mon frère et moi, à tenir la campagne pour une
de ces fâcheuses affaires qui réduisent les gentilshommes à
se sacrifier eux et leur famille à la sévérité de leur honneur,
puisque enfin le plus doux succès en est toujours funeste,
et que, si l'on ne quitte pas la vie, on est contraint de
quitter le royaume; et c'est en quoi je trouve la condition
d'un gentilhomme malheureuse, de ne pouvoir point s'assurer sur toute la prudence et toute l'honnêteté de sa conduite,

d'être asservi par les lois de l'honneur au déréglement de la conduite d'autrui, et de voir sa vie, son repos et ses biens dépendre de la fantaisie du premier téméraire qui s'avisera de lui faire une de ces injures pour qui un honnête homme doit périr.

DON JUAN.

On a cet avantage, qu'on fait courir le même risque et passer mal aussi le temps à ceux qui prennent fantaisie de nous venir faire une offense de gaieté de cœur. Mais ne serait-ce point une indiscrétion que de vous demander quelle peut être votre affaire?

DON CARLOS.

La chose en est aux termes de n'en plus faire de secret; et lorsque l'injure a une fois éclaté, notre honneur ne va point à vouloir cacher notre honte, mais à faire éclater notre vengeance, et à publier même le dessein que nous en avons. Ainsi, monsieur, je ne feindrai point de vous dire que l'offense que nous cherchons à venger est une sœur séduite et enlevée d'un couvent, et que l'auteur de cette offense est un don Juan Tenorio, fils de don Louis Tenorio. Nous le cherchons depuis quelques jours, et nous l'avons suivi ce matin sur le rapport d'un valet qui nous a dit qu'il sortait à cheval, accompagné de quatre ou cinq, et qu'il avait pris le long de cette côte; mais tous nos soins ont été inutiles, et nous n'avons pu découvrir ce qu'il est devenu.

DON JUAN.

Le connaissez-vous, monsieur, ce don Juan dont vous parlez?

DON CARLOS.

Non, quant à moi. Je ne l'ai jamais vu, et je l'ai seulement ouï dépeindre à mon frère; mais la renommée n'en dit pas force bien, et c'est un homme dont la vie...

DON JUAN.

Arrêtez, monsieur, s'il vous plaît. Il est un peu de mes

amis, et ce serait à moi une espèce de lâcheté que d'en ouïr dire du mal.

DON CARLOS.

Pour l'amour de vous, monsieur, je n'en dirai rien du tout, et c'est bien la moindre chose que je vous doive, après m'avoir sauvé la vie, que de me taire devant vous d'une personne que vous connaissez, lorsque je ne puis en parler sans en dire du mal; mais, quelque ami que vous lui soyez, j'ose espérer que vous n'approuverez pas son action, et ne trouverez pas étrange que nous cherchions d'en prendre la vengeance.

DON JUAN.

Au contraire, je vous y veux servir, et vous épargner des soins inutiles. Je suis ami de don Juan, je ne puis pas m'en empêcher; mais il n'est pas raisonnable qu'il offense impunément des gentilshommes, et je m'engage à vous faire faire raison par lui.

DON CARLOS.

Et quelle raison peut-on faire à ces sortes d'injures?

DON JUAN.

Toute celle que votre honneur peut souhaiter; et, sans vous donner la peine de chercher don Juan davantage, je m'oblige de le faire trouver au lieu que vous voudrez, et quand il vous plaira.

DON CARLOS.

Cet espoir est bien doux, monsieur, à des cœurs offensés; mais, après ce que je vous dois, ce me serait une trop sensible douleur que vous fussiez de la partie.

DON JUAN.

Je suis si attaché à don Juan, qu'il ne saurait se battre que je ne me batte aussi; mais enfin j'en réponds comme de moi-même, et vous n'avez qu'à dire quand vous voulez qu'il paraisse et vous donne satisfaction.

DON CARLOS.

Que ma destinée est cruelle! Faut-il que je vous doive la vie et que don Juan soit de vos amis!

SCÈNE V.

DON ALONSE, DON CARLOS, DON JUAN, SGANARELLE.

DON ALONSE, parlant à ceux de sa suite, sans voir don Carlos ni don Juan.

Faites boire là mes chevaux, et qu'on les amène après nous; je veux un peu marcher à pied. (Les apercevant tous deux.) O ciel! que vois-je ici? Quoi! mon frère, vous voilà avec notre ennemi mortel!

DON CARLOS.

Notre ennemi mortel?

DON JUAN, mettant la main sur la garde de son épée.

Oui, je suis don Juan moi-même, et l'avantage du nombre ne m'obligera pas à vouloir déguiser mon nom.

DON ALONSE, mettant l'épée à la main.

Ah! traître, il faut que tu périsses; et...

(Sganarelle court se cacher.)

DON CARLOS.

Ah! mon frère, arrêtez. Je lui suis redevable de la vie; et, sans le secours de son bras, j'aurais été tué par des voleurs que j'ai trouvés.

DON ALONSE.

Et voulez-vous que cette considération empêche notre vengeance? Tous les services que nous rend une main ennemie ne sont d'aucun mérite pour engager notre âme, et, s'il faut mesurer l'obligation à l'injure, votre reconnaissance, mon frère, est ici ridicule; et comme l'honneur est infiniment plus précieux que la vie, c'est ne devoir rien proprement, que d'être redevable de la vie à qui nous a ôté l'honneur.

DON CARLOS.

Je sais la différence, mon frère, qu'un gentilhomme doit toujours mettre entre l'un et l'autre, et la reconnaissance de l'obligation n'efface point en moi le ressentiment de l'injure; mais souffrez que je lui rende ici ce qu'il m'a prêté, que je m'acquitte sur-le-champ de la vie que je lui dois, par un délai de notre vengeance, et lui laisse la liberté de jouir, durant quelques jours, du fruit de son bienfait.

DON ALONSE.

Non, non, c'est hasarder notre vengeance que de la reculer, et l'occasion de la prendre peut ne plus revenir. Le ciel nous l'offre ici, c'est à nous d'en profiter. Lorsque l'honneur est blessé mortellement, on ne doit point songer à garder aucunes mesures; et, si vous répugnez à prêter votre bras à cette action, vous n'avez qu'à vous retirer, et laisser à ma main la gloire d'un tel sacrifice.

DON CARLOS.

De grâce, mon frère...

DON ALONSE.

Tous ces discours sont superflus : il faut qu'il meure.

DON CARLOS.

Arrêtez, vous dis-je, mon frère. Je ne souffrirai point du tout qu'on attaque ses jours; et je jure le ciel que je le défendrai ici contre qui que ce soit, et je saurai lui faire un rempart de cette même vie qu'il a sauvée; et, pour adresser vos coups, il faudra que vous me perciez.

DON ALONSE.

Quoi! vous prenez le parti de notre ennemi contre moi; et, loin d'être saisi à son aspect des mêmes transports que je sens, vous faites voir pour lui des sentiments pleins de douceur!

DON CARLOS.

Mon frère, montrons de la modération dans une action légitime, et ne vengeons point notre honneur avec cet emportement que vous témoignez. Ayons du cœur dont nous soyons les maîtres, une valeur qui n'ait rien de farouche, et qui se porte aux choses par une pure délibération de notre raison, et non point par le mouvement d'une aveugle colère. Je ne veux point, mon frère, demeurer redevable à mon ennemi; je lui ai une obligation dont il faut que je m'acquitte avant toute chose. Notre vengeance, pour être différée, n'en sera pas moins éclatante; au contraire, elle en tirera de l'avantage, et cette occasion de l'avoir pu prendre la fera paraître plus juste aux yeux de tout le monde.

DON ALONSE.

O l'étrange faiblesse, et l'aveuglement effroyable de hasarder ainsi les intérêts de son honneur pour la ridicule pensée d'une obligation chimérique!

DON CARLOS.

Non, mon frère, ne vous mettez pas en peine. Si je fais une faute, je saurai bien la réparer, et je me charge de tout le soin de notre honneur; je sais à quoi il nous oblige, et cette suspension d'un jour, que ma reconnaissance lui demande, ne fera qu'augmenter l'ardeur que j'ai de le satisfaire. Don Juan, vous voyez que j'ai soin de vous rendre le bien que j'ai reçu de vous, et vous devez par là juger du reste, croire que je m'acquitte avec la même chaleur de ce que je dois, et que je ne serai pas moins exact à vous payer l'injure que le bienfait. Je ne veux point vous obliger ici à expliquer vos sentiments, et je vous donne la liberté de penser à loisir aux résolutions que vous avez à prendre. Vous connaissez assez la grandeur de l'offense que vous nous avez faite, et je vous fais juge vous-même des réparations qu'elle demande. Il est des moyens doux pour nous satisfaire; il en est de violents et de sanglants : mais enfin, quelque choix que vous fassiez, vous m'avez donné parole de me faire faire raison par don Juan. Songez à me la faire, je vous prie, et vous ressouvenez que, hors d'ici, je ne dois plus qu'à mon honneur.

DON JUAN.

Je n'ai rien exigé de vous, et vous tiendrai ce que j'ai promis.

DON CARLOS.

Allons, mon frère, un moment de douceur ne fait aucune injure à la sévérité de notre devoir.

SCÈNE VI.

DON JUAN, SGANARELLE.

DON JUAN.

Holà! hé! Sganarelle?

SGANARELLE, *sortant de l'endroit où il était caché.*

Plaît-il?

DON JUAN.

Comment! coquin, tu fuis quand on m'attaque!

SGANARELLE.

Pardonnez-moi, monsieur, je viens seulement d'ici près. Je crois que cet habit est purgatif, et que c'est prendre médecine que de le porter.

DON JUAN.

Peste soit l'insolent! Couvre au moins ta poltronnerie d'un voile plus honnête. Sais-tu bien qui est celui à qui j'ai sauvé la vie?

SGANARELLE.

Moi? non.

DON JUAN.

C'est un frère d'Elvire.

SGANARELLE.

Un...

DON JUAN.

Il est assez honnête homme, il en a bien usé, et j'ai regret d'avoir démêlé avec lui.

SGANARELLE.

Il vous serait aisé de pacifier toutes choses.

DON JUAN.

Oui, mais ma passion est usée pour done Elvire, et l'engagement ne compatit point avec mon humeur. J'aime la liberté en amour, tu le sais, et je ne saurais me résoudre à renfermer mon cœur entre quatre murailles. Je te l'ai dit vingt fois, j'ai une pente naturelle à me laisser aller à tout ce qui m'attire. Mon cœur est à toutes les belles, et c'est à elles à le prendre tour à tour, et à le garder tant qu'elles le pourront. Mais quel est le superbe édifice que je vois entre ces arbres?

SGANARELLE.

Vous ne le savez pas?

DON JUAN.

Non, vraiment.

SGANARELLE.

Bon; c'est le tombeau que le commandeur faisait faire lorsque vous le tuâtes.

DON JUAN.

Ah! tu as raison. Je ne savais pas que c'était de ce côté-ci qu'il était. Tout le monde m'a dit des merveilles de cet ouvrage, aussi bien que de la statue du commandeur, et j'ai envie de l'aller voir.

SGANARELLE.

Monsieur, n'allez point là.

DON JUAN.

Pourquoi?

SGANARELLE.

Cela n'est pas civil, d'aller voir un homme que vous avez tué.

DON JUAN.

Au contraire, c'est une visite dont je lui veux faire civilité, et qu'il doit recevoir de bonne grâce, s'il est galant homme. Allons, entrons dedans.

(Le tombeau s'ouvre, où l'on voit un superbe mausolée et la statue du commandeur.)

SGANARELLE.

Ah! que cela est beau! les belles statues! le beau marbre!

les beaux piliers! Ah! que cela est beau! Qu'en dites-vous, monsieur?

DON JUAN.

Qu'on ne peut voir aller plus loin l'ambition d'un homme mort; et ce que je trouve admirable, c'est qu'un homme qui s'est passé durant sa vie d'une assez simple demeure, en veuille avoir une si magnifique pour quand il n'en a plus que faire.

SGANARELLE.

Voici la statue du commandeur.

DON JUAN.

Parbleu! le voilà bon, avec son habit d'empereur romain!

SGANARELLE.

Ma foi, monsieur, voilà qui est bien fait. Il semble qu'il est en vie, et qu'il s'en va parler. Il jette des regards sur nous qui me feraient peur si j'étais tout seul, et je pense qu'il ne prend pas plaisir de nous voir.

DON JUAN.

Il aurait tort, et ce serait mal recevoir l'honneur que je lui fais. Demande-lui s'il veut venir souper avec moi.

SGANARELLE.

C'est une chose dont il n'a pas besoin, je crois.

DON JUAN.

Demande-lui, te dis-je.

SGANARELLE.

Vous moquez-vous? ce serait être fou que d'aller parler à une statue.

DON JUAN.

Fais ce que je te dis.

SGANARELLE.

Quelle bizarrerie! Seigneur commandeur... (A part.) Je ris de ma sottise, mais c'est mon maître qui me la fait faire. (Haut.) Seigneur commandeur, mon maître don Juan vous demande

si vous voulez lui faire l'honneur de venir souper avec lui.
La statue baisse la tête.) Ah!

DON JUAN.

Qu'est-ce? qu'as-tu? Dis donc. Veux-tu parler?

SGANARELLE fait le même signe que lui a fait la statue et baisse la tête.

La statue...

DON JUAN.

Hé bien que veux-tu dire, traître?

SGANARELLE.

Je vous dis que la statue...

DON JUAN.

Hé bien, la statue? Je t'assomme si tu ne parles.

SGANARELLE.

La statue m'a fait signe.

DON JUAN.

La peste le coquin!

SGANARELLE.

Elle m'a fait signe, vous dis-je; il n'est rien de plus vrai.
Allez-vous-en lui parler vous-même pour voir. Peut-être...

DON JUAN.

Viens, maraud, viens. Je te veux bien faire toucher au
doigt ta poltronnerie. Prends garde. Le seigneur commandeur voudrait-il venir souper avec moi?

(La statue baisse encore la tête.)

SGANARELLE.

Je ne voudrais pas en tenir dix pistoles. Hé bien! monsieur?

DON JUAN.

Allons, sortons d'ici.

SGANARELLE, seul.

Voilà de mes esprits forts, qui ne veulent rien croire!

FIN DU TROISIÈME ACTE.

ACTE QUATRIÈME.

Le théâtre représente l'appartement de don Juan.

―――

SCÈNE I.

DON JUAN, SGANARELLE, RAGOTIN.

DON JUAN, à Sganarelle.

Quoi qu'il en soit, laissons cela : c'est une bagatelle, et nous pouvons avoir été trompés par un faux jour, ou surpris de quelque vapeur qui nous ait troublé la vue.

SGANARELLE.

Hé! monsieur, ne cherchez point à démentir ce que nous avons vu des yeux que voilà. Il n'est rien de plus véritable que ce signe de tête; et je ne doute point que le ciel, scandalisé de votre vie, n'ait produit ce miracle pour vous convaincre, et pour vous retirer de...

DON JUAN.

Écoute. Si tu m'importunes davantage de tes sottes moralités, si tu me dis encore le moindre mot là-dessus, je vais appeler quelqu'un, demander un nerf de bœuf, te faire tenir par trois ou quatre, et te rouer de mille coups. M'entends-tu bien?

SGANARELLE.

Fort bien, monsieur, le mieux du monde. Vous vous expliquez clairement ; c'est ce qu'il y a de bon en vous, que vous n'allez point chercher de détours : vous dites les choses avec une netteté admirable.

DON JUAN.

Allons, qu'on me fasse souper le plus tôt que l'on pourra. Une chaise, petit garçon.

SCÈNE II.

DON JUAN, SGANARELLE, LA VIOLETTE, RAGOTIN.

LA VIOLETTE.

Monsieur, voilà votre marchand, monsieur Dimanche, qui demande à vous parler.

SGANARELLE.

Bon. Voilà ce qu'il nous faut. qu'un compliment de créancier! De quoi s'avise-t-il de nous venir demander de l'argent, et que ne lui disais-tu que monsieur n'y est pas?

LA VIOLETTE.

Il y a trois quarts d'heure que je le lui dis; mais il ne veut pas le croire, et s'est assis là dedans pour attendre.

SGANARELLE.

Qu'il attende tant qu'il voudra.

DON JUAN.

Non, au contraire, faites-le entrer. C'est une fort mauvaise politique que de se faire celer aux créanciers. Il est bon de les payer de quelque chose, et j'ai le secret de les renvoyer satisfaits sans leur donner un double.

SCÈNE III.

DON JUAN, MONSIEUR DIMANCHE, SGANARELLE,
LA VIOLETTE, RAGOTIN.

DON JUAN.

Ah! monsieur Dimanche, approchez. Que je suis ravi de
vous voir, et que je veux de mal à mes gens de ne vous pas
faire entrer d'abord! J'avais donné ordre qu'on ne me fît
parler personne; mais cet ordre n'est pas pour vous, et
vous êtes en droit de ne trouver jamais de porte fermée chez
moi.

MONSIEUR DIMANCHE.

Monsieur, je vous suis fort obligé.

DON JUAN, parlant à la Violette et à Ragotin.

Parbleu! coquins, je vous apprendrai à laisser monsieur
Dimanche dans une antichambre, et je vous ferai connaître
les gens.

MONSIEUR DIMANCHE.

Monsieur, cela n'est rien.

DON JUAN, à monsieur Dimanche.

Comment! vous dire que je n'y suis pas, à monsieur Dimanche, au meilleur de mes amis!

MONSIEUR DIMANCHE.

Monsieur, je suis votre serviteur. J'étais venu...

DON JUAN.

Allons, vite, un siége pour monsieur Dimanche.

MONSIEUR DIMANCHE.

Monsieur, je suis bien comme cela.

DON JUAN.

Point, point, je veux que vous soyez assis contre moi.

MONSIEUR DIMANCHE.

Cela n'est point nécessaire.

DON JUAN.

Otez ce pliant, et apportez un fauteuil.

MONSIEUR DIMANCHE.

Monsieur, vous vous moquez ; et...

DON JUAN.

Non, non, je sais ce que je vous dois, et je ne veux point qu'on mette de différence entre nous deux.

MONSIEUR DIMANCHE.

Monsieur...

DON JUAN.

Allons, asseyez-vous.

MONSIEUR DIMANCHE.

Il n'est pas besoin, monsieur, et je n'ai qu'un mot à vous dire. J'étais...

DON JUAN.

Mettez-vous là, vous dis-je.

MONSIEUR DIMANCHE.

Non, monsieur, je suis bien. Je viens pour...

DON JUAN.

Non, je ne vous écoute point si vous n'êtes assis.

MONSIEUR DIMANCHE.

Monsieur, je fais ce que vous voulez. Je...

DON JUAN.

Parbleu! monsieur Dimanche, vous vous portez bien.

MONSIEUR DIMANCHE.

Oui, monsieur, pour vous rendre service. Je suis venu...

DON JUAN.

Vous avez un fonds de santé admirable, des lèvres fraîches, un teint vermeil, et des yeux vifs.

MONSIEUR DIMANCHE.

Je voudrais bien...

DON JUAN.

Comment se porte madame Dimanche, votre épouse?

MONSIEUR DIMANCHE.

Fort bien, monsieur, Dieu merci.

DON JUAN.

C'est une brave femme.

MONSIEUR DIMANCHE.

Elle est votre servante, monsieur. Je venais...

DON JUAN.

Et votre petite fille Claudine, comment se porte-t-elle?

MONSIEUR DIMANCHE.

Le mieux du monde.

DON JUAN.

La jolie petite fille que c'est! je l'aime de tout mon
cœur.

MONSIEUR DIMANCHE.

C'est trop d'honneur que vous lui faites, monsieur. Je
vous...

DON JUAN.

Et le petit Colin, fait-il toujours bien du bruit avec son
tambour?

MONSIEUR DIMANCHE.

Toujours de même, monsieur. Je...

DON JUAN.

Et votre petit chien Brusquet, gronde-t-il toujours aussi
fort, et mord-il toujours bien aux jambes les gens qui vont
chez vous?

MONSIEUR DIMANCHE.

Plus que jamais, monsieur, et nous ne saurions en chevir[1].

DON JUAN.

Ne vous étonnez pas si je m'informe des nouvelles de toute
la famille, car j'y prends beaucoup d'intérêt.

MONSIEUR DIMANCHE.

Nous vous sommes, monsieur, infiniment obligés. Je...

DON JUAN, lui tendant la main.

Touchez donc là, monsieur Dimanche. Êtes-vous bien de
mes amis?

---

[1] *Chevir*, venir à bout.

MONSIEUR DIMANCHE.

Monsieur, je suis votre serviteur.

DON JUAN.

Parbleu! je suis à vous de tout mon cœur.

MONSIEUR DIMANCHE.

Vous m'honorez trop. Je...

DON JUAN.

Il n'y a rien que je ne fisse pour vous.

MONSIEUR DIMANCHE.

Monsieur, vous avez trop de bonté pour moi.

DON JUAN.

Et cela est sans intérêt, je vous prie de le croire.

MONSIEUR DIMANCHE.

Je n'ai point mérité cette grâce, assurément. Mais, monsieur...

DON JUAN.

Oh çà, monsieur Dimanche, sans façon, voulez-vous souper avec moi?

MONSIEUR DIMANCHE.

Non, monsieur, il faut que je m'en retourne tout à l'heure. Je...

DON JUAN, se levant.

Allons, vite un flambeau, pour conduire monsieur Dimanche, et que quatre ou cinq de mes gens prennent des mousquetons pour l'escorter.

MONSIEUR DIMANCHE, se levant aussi.

Monsieur, il n'est pas nécessaire, et je m'en irai bien tout seul. Mais...

(Sganarelle ôte les siéges promptement.)

DON JUAN.

Comment? Je veux qu'on vous escorte, et je m'intéresse trop à votre personne. Je suis votre serviteur, et, de plus, votre débiteur.

MONSIEUR DIMANCHE.

Ah! monsieur...

DON JUAN.

C'est une chose que je ne cache pas, et je le dis à tout le monde.

MONSIEUR DIMANCHE.

Si...

DON JUAN.

Voulez-vous que je vous reconduise?

MONSIEUR DIMANCHE.

Ah! monsieur, vous vous moquez! Monsieur...

DON JUAN.

Embrassez-moi donc, s'il vous plaît. Je vous prie encore une fois d'être persuadé que je suis tout à vous, et qu'il n'y a rien au monde que je ne fisse pour votre service. (Il sort.)

SCÈNE IV.

MONSIEUR DIMANCHE, SGANARELLE.

SGANARELLE.

Il faut avouer que vous avez en monsieur un homme qui vous aime bien.

MONSIEUR DIMANCHE.

Il est vrai; il me fait tant de civilités et tant de compliments, que je ne saurais jamais lui demander de l'argent.

SGANARELLE.

Je vous assure que toute sa maison périrait pour vous; et je voudrais qu'il vous arrivât quelque chose, que quelqu'un s'avisât de vous donner des coups de bâton, vous verriez de quelle manière...

MONSIEUR DIMANCHE.

Je le crois; mais, Sganarelle, je vous prie de lui dire un petit mot de mon argent.

SGANARELLE.

Oh ! ne vous mettez pas en peine, il vous payera le mieux du monde.

MONSIEUR DIMANCHE.

Mais vous, Sganarelle, vous me devez quelque chose en votre particulier.

SGANARELLE.

Fi ! ne me parlez pas de cela.

MONSIEUR DIMANCHE.

Comment ? Je...

SGANARELLE.

Ne sais-je pas bien que je vous dois ?

MONSIEUR DIMANCHE.

Oui. Mais...

SGANARELLE.

Allons, monsieur Dimanche, je vais vous éclairer.

MONSIEUR DIMANCHE.

Mais, mon argent ?

SGANARELLE, prenant monsieur Dimanche par le bras.

Vous moquez-vous ?

MONSIEUR DIMANCHE.

Je veux...

SGANARELLE, le tirant.

Hé !

MONSIEUR DIMANCHE.

J'entends...

SGANARELLE, le poussant vers la porte.

Bagatelles.

MONSIEUR DIMANCHE.

Mais...

SGANARELLE, le poussant encore.

Fi !

MONSIEUR DIMANCHE.

Je..

SGANARELLE, le poussant tout à fait hors du théâtre.

Fi ! vous dis-je.

SCÈNE V.

DON JUAN, SGANARELLE, LA VIOLETTE.

LA VIOLETTE, à don Juan.

Monsieur, voilà monsieur votre père.

DON JUAN.

Ah! me voici bien! Il me fallait cette visite pour me faire enrager.

SCÈNE VI.

DON LOUIS, DON JUAN, SGANARELLE.

DON LOUIS.

Je vois bien que je vous embarrasse, et que vous vous passeriez fort aisément de ma venue. A dire vrai, nous nous incommodons étrangement l'un et l'autre; et si vous êtes las de me voir, je suis bien las aussi de vos déportements. Hélas! que nous savons peu ce que nous faisons, quand nous ne laissons pas au ciel le soin des choses qu'il nous faut, quand nous voulons être plus avisés que lui, et que nous venons à l'importuner par nos souhaits aveugles et nos demandes inconsidérées! J'ai souhaité un fils avec des ardeurs non pareilles, je l'ai demandé sans relâche avec des transports incroyables; et ce fils que j'obtiens en fatiguant le ciel de vœux, est le chagrin et le supplice de cette vie même dont je croyais qu'il devait être la joie et la consolation. De quel œil, à votre avis, pensez-vous que je puisse voir cet amas d'actions indignes, dont on a peine, aux yeux du monde, d'adoucir le mauvais visage; cette suite continuelle de méchantes affaires, qui nous réduisent à toute heure à lasser les bontés du souverain, et qui ont épuisé auprès de lui le mérite de mes services et le crédit de mes amis? Ah! quelle bassesse est la vôtre! Ne rougissez-vous point de mériter si peu votre naissance? Êtes-vous en droit, dites-moi, d'en tirer quelque vanité? Et qu'avez-vous fait dans le monde pour être gentilhomme? Croyez-vous qu'il suffise d'en porter le nom et les armes, et que ce nous soit une gloire d'être sortis d'un sang noble, lorsque nous vivons en infâmes? Non, non, la naissance n'est rien où la vertu n'est pas. Aussi, nous n'avons part à la gloire de nos ancêtres qu'autant que nous nous efforçons de leur ressembler; et cet éclat de leurs actions qu'ils répandent sur nous, nous impose un engagement de leur faire le même honneur, de suivre les pas qu'ils nous tracent, et de ne point dégénérer de leur vertu, si nous voulons être estimés leurs véritables descendants. Ainsi, vous descendez en vain des aïeux dont vous êtes né; ils vous désavouent pour leur sang, et tout ce qu'ils ont fait d'illustre ne vous donne aucun avantage; au contraire, l'éclat n'en rejaillit sur vous qu'à votre déshonneur, et leur gloire est un flambeau qui éclaire aux yeux d'un chacun la honte de vos actions. Apprenez enfin qu'un gentilhomme qui vit mal est un monstre dans la nature; que la vertu est le premier titre de noblesse; que je regarde bien moins au nom qu'on signe qu'aux actions qu'on fait, et que je ferais plus d'état du fils d'un crocheteur qui serait honnête homme, que du fils d'un monarque qui vivrait comme vous.

DON JUAN.

Monsieur, si vous étiez assis, vous en seriez mieux pour parler.

DON LOUIS.

Non, insolent, je ne veux point m'asseoir, ni parler davantage, et je vois bien que toutes mes paroles ne font rien sur ton âme; mais sache, fils indigne, que la tendresse paternelle est poussée à bout par tes actions; que je saurai, plus tôt que tu ne penses, mettre une borne à tes déréglements, prévenir sur toi le courroux du ciel, et laver, par ta punition, la honte de t'avoir fait naître.

SCÈNE VII.

DON JUAN, SGANARELLE.

DON JUAN, adressant encore la parole à son père quoiqu'il soit sorti.

Hé! mourez le plus tôt que vous pourrez, c'est le mieux que vous puissiez faire. Il faut que chacun ait son tour, et j'enrage de voir des pères qui vivent autant que leurs fils. (Il se met dans un fauteuil.)

SGANARELLE.

Ah! monsieur, vous avez tort.

DON JUAN, se levant.

J'ai tort!

SGANARELLE, tremblant.

Monsieur...

DON JUAN.

J'ai tort!

SGANARELLE.

Oui, monsieur, vous avez tort d'avoir souffert ce qu'il vous a dit, et vous le deviez mettre dehors par les épaules. A-t-on jamais rien vu de plus impertinent? un père venir faire des remontrances à son fils, et lui dire de corriger ses actions, de se ressouvenir de sa naissance, de mener une vie d'honnête homme, et cent autres sottises de pareille nature! Cela se peut-il souffrir à un homme comme vous, qui savez comme il faut vivre? J'admire votre patience, et, si j'avais été en votre place, je l'aurais envoyé promener. (Bas, à part.) O complaisance maudite! à quoi me réduis-tu!

DON JUAN.

Me fera-t-on souper bientôt?

SCÈNE VIII.

DON JUAN, SGANARELLE, RAGOTIN

RAGOTIN.

Monsieur, voici une dame voilée qui vient vous parler.

DON JUAN.

Que pourrait-ce être?

SGANARELLE.

Il faut voir.

SCÈNE IX.

DONE ELVIRE, voilée; DON JUAN, SGANARELLE.

DONE ELVIRE.

Ne soyez point surpris, don Juan, de me voir à cette heure et dans cet équipage. C'est un motif pressant qui m'oblige à cette visite; et ce que j'ai à vous dire ne veut point du tout de retardement. Je ne viens point ici pleine de ce courroux que j'ai tantôt fait éclater; et vous me voyez bien changée de ce que j'étais ce matin. Ce n'est plus cette done Elvire qui faisait des vœux contre vous, et dont l'âme irritée ne jetait que menaces et ne respirait que vengeance. Le ciel a banni de mon âme toutes ces indignes ardeurs que je sentais pour vous, tous ces transports tumultueux d'un attachement criminel, tous ces honteux emportements d'un amour terrestre et grossier; et il n'a laissé dans mon cœur pour vous qu'une flamme épurée de tout le commerce des sens, une tendresse toute sainte, un amour détaché de tout, qui n'agit point pour soi, et ne se met en peine que de votre intérêt.

DON JUAN, bas, à Sganarelle.

Tu pleures, je pense?

SGANARELLE.

Pardonnez-moi.

DONE ELVIRE.

C'est ce parfait et pur amour qui me conduit ici pour
votre bien, pour vous faire part d'un avis du ciel, et tâcher
de vous retirer du précipice où vous courez. Oui, don Juan,
je sais tous les déréglements de votre vie; et ce même ciel,
qui m'a touché le cœur et fait jeter les yeux sur les égarements de ma conduite, m'a inspiré de vous venir trouver, et
de vous dire de sa part que vos offenses ont épuisé sa miséricorde, que sa colère redoutable est prête de tomber sur
vous, qu'il est en vous de l'éviter par un prompt repentir, et
que peut-être vous n'avez pas encore un jour à vous pouvoir
soustraire au plus grand de tous les malheurs. Pour moi, je
ne tiens plus à vous par aucun attachement du monde. Je
suis revenue, grâce au ciel, de toutes mes folles pensées;
ma retraite est résolue, et je ne demande qu'assez de vie
pour pouvoir expier la faute que j'ai faite, et mériter,
par une austère pénitence, le pardon de l'aveuglement où
m'ont plongée les transports d'une passion condamnable.
Mais, dans cette retraite, j'aurais une douleur extrême
qu'une personne que j'ai chérie tendrement devînt un
exemple funeste de la justice du ciel; et ce me sera une
joie incroyable, si je puis vous porter à détourner de dessus
votre tête l'épouvantable coup qui vous menace. De grâce,
don Juan, accordez-moi, pour dernière faveur, cette douce
consolation : ne me refusez point votre salut, que je vous
demande avec larmes; et, si vous n'êtes point touché de
votre intérêt, soyez-le au moins de mes prières, et m'épargnez le cruel déplaisir de vous voir condamner à des supplices
éternels.

SGANARELLE, à part.

Pauvre femme!

DONE ELVIRE.

Je vous ai aimé avec une tendresse extrême, rien au monde ne m'a été aussi cher que vous; j'ai oublié mon devoir pour vous, j'ai fait toutes choses pour vous; et toute la récompense que je vous en demande c'est de corriger votre vie et de prévenir votre perte. Sauvez-vous, je vous prie, ou pour l'amour de vous ou pour l'amour de moi. Encore une fois, don Juan, je vous le demande avec larmes; et si ce n'est assez des larmes d'une personne que vous avez aimée, je vous en conjure par tout ce qui est le plus capable de vous toucher.

SGANARELLE, à part, regardant don Juan.

Cœur de tigre!

DONE ELVIRE.

Je m'en vais après ce discours; et voilà tout ce que j'avais à vous dire.

DON JUAN.

Madame, il est tard, demeurez ici. On vous y logera le mieux qu'on pourra.

DONE ELVIRE.

Non, don Juan, ne me retenez pas davantage.

DON JUAN.

Madame, vous me ferez plaisir de demeurer, je vous assure.

DONE ELVIRE.

Non, vous dis-je; ne perdons point de temps en discours superflus. Laissez-moi vite aller, ne faites aucune instance pour me conduire, et songez seulement à profiter de mon avis.

SCÈNE X.

DON JUAN, SGANARELLE.

DON JUAN.

Sais-tu bien que j'ai encore senti quelque peu d'émotion pour elle, que j'ai trouvé de l'agrément dans cette nouveauté bizarre, et que son habit négligé, son air languissant et ses larmes, ont réveillé en moi quelques petits restes d'un feu éteint?

SGANARELLE.

C'est-à-dire que ses paroles n'ont fait aucun effet sur vous.

DON JUAN.

Vite à souper.

SGANARELLE.

Fort bien.

SCÈNE XI.

DON JUAN, SGANARELLE, LA VIOLETTE, RAGOTIN.

DON JUAN, se mettant à table.

Sganarelle, il faut songer à s'amender, pourtant.

SGANARELLE.

Oui-da.

DON JUAN.

Oui, ma foi, il faut s'amender. Encore vingt ou trente ans de cette vie-ci, et puis nous songerons à nous.

SGANARELLE.

Oh!

DON JUAN.

Qu'en dis-tu?

SGANARELLE.

Rien. Voilà le souper. (Il prend un morceau d'un des plats qu'on apporte, et le met dans sa bouche.)

DON JUAN.

Il me semble que tu as la joue enflée : qu'est-ce que c'est? parle donc. Qu'as-tu là?

SGANARELLE.

Rien.

DON JUAN.

Montre un peu. Parbleu! c'est une fluxion qui lui est tombée sur la joue. Vite une lancette pour percer cela! le pauvre garçon n'en peut plus, et cet abcès le pourrait étouffer. Attends : voyez comme il était mûr! Ah! coquin que vous êtes!

SGANARELLE.

Ma foi, monsieur, je voulais savoir si votre cuisinier n'avait point mis trop de sel ou trop de poivre.

DON JUAN.

Allons, mets-toi là et mange. J'ai affaire de toi, quand j'aurai soupé. Tu as faim, à ce que je vois.

SGANARELLE, se mettant à table.

Je le crois bien, monsieur, je n'ai point mangé depuis ce matin. Tâtez de cela, voilà qui est le meilleur du monde. (A Ragotin, qui, à mesure que Sganarelle met quelque chose sur son assiette, la lui ôte dès que Sganarelle tourne la tête.) Mon assiette, mon assiette! Tout doux, s'il vous plaît. Vertubleu! petit compère, que vous êtes habile à donner des assiettes nettes! Et vous petit la Violette, que vous savez présenter à boire à propos!

(Pendant que la Violette donne à boire à Sganarelle, Ragotin ôte encore son assiette.)

DON JUAN.

Qui peut frapper de cette sorte?

SGANARELLE.

Qui diable nous vient troubler dans notre repas?

DON JUAN.

Je veux souper en repos, au moins, et qu'on ne laisse entrer personne.

SGANARELLE.

Laissez-moi faire, je m'y en vais moi-même.

DON JUAN, voyant venir Sganarelle effrayé.

Qu'est-ce donc? qu'y a-t-il?

SGANARELLE, baissant la tête comme la statue.

Le... qui est là.

DON JUAN.

Allons voir, et montrons que rien ne me saurait ébranler.

SGANARELLE.

Ah! pauvre Sganarelle, où te cacheras-tu?

SCÈNE XII.

DON JUAN, LA STATUE DU COMMANDEUR, SGANARELLE, LA VIOLETTE, RAGOTIN.

DON JUAN, à ses gens.

Une chaise et un couvert. Vite donc. (Don Juan et la statue se mettent à table.) — (A Sganarelle.) Allons, mets-toi à table.

SGANARELLE.

Monsieur, je n'ai plus faim.

DON JUAN.

Mets-toi là, te dis-je. A boire. A la santé du commandeur! Je te la porte, Sganarelle; qu'on lui donne du vin.

SGANARELLE.

Monsieur, je n'ai pas soif.

DON JUAN.

Bois et chante ta chanson, pour régaler le commandeur.

SGANARELLE.

Je suis enrhumé, monsieur.

DON JUAN.

Il n'importe. Allons, vous autres, (A ses gens.) venez, accom-
pagnéz sa voix.

LA STATUE.

Don Juan, c'est assez. Je vous invite à venir demain
souper avec moi. En aurez-vous le courage?

DON JUAN.

Oui, j'irai accompagné du seul Sganarelle.

SGANARELLE.

Je vous rends grâces, il est demain jeûne pour moi.

DON JUAN, à Sganarelle.

Prends ce flambeau.

LA STATUE.

On n'a pas besoin de lumière, quand on est conduit par
le ciel.

FIN DU QUATRIÈME ACTE.

ACTE CINQUIÈME.

Le théâtre représente une campagne.

SCÈNE I.

DON LOUIS, DON JUAN, SGANARELLE.

DON LOUIS.

Quoi! mon fils, serait-il possible que la bonté du ciel eût exaucé mes vœux? Ce que vous me dites est-il bien vrai? Ne m'abusez-vous point d'un faux espoir, et puis-je prendre quelque assurance sur la nouveauté surprenante d'une telle conversion?

DON JUAN, faisant l'hypocrite.

Oui, vous me voyez revenu de toutes mes erreurs, je ne suis plus le même d'hier au soir, et le ciel tout d'un coup a fait en moi un changement qui va surprendre tout le monde. Il a touché mon âme et dessillé mes yeux; et je regarde avec horreur le long aveuglement où j'ai été, et les désordres criminels de la vie que j'ai menée. J'en repasse dans mon esprit toutes les abominations, et m'étonne comme le ciel les a pu souffrir si longtemps, et n'a pas vingt fois sur ma tête laissé tomber les coups de sa justice redoutable. Je vois les grâces que sa bonté m'a faites en ne me punissant point de mes crimes, et je prétends en profiter comme je dois, faire éclater aux yeux du monde un soudain changement de vie, réparer par là le scandale de mes actions passées, et m'efforcer d'en obtenir du ciel une pleine rémission. C'est à quoi je vais travailler; et je vous prie, monsieur, de vouloir bien contribuer à ce dessein, et de m'aider vous-même à faire choix d'une personne qui me serve de guide, et sous la conduite de qui je puisse marcher sûrement dans le chemin où je m'en vais entrer.

DON LOUIS.

Ah! mon fils, que la tendresse d'un père est aisément rappelée, et que les offenses d'un fils s'évanouissent vite au moindre mot de repentir! Je ne me souviens plus déjà de tous les déplaisirs que vous m'avez donnés, et tout est effacé par les paroles que vous venez de me faire entendre. Je ne me sens pas, je l'avoue; je jette des larmes de joie; tous mes vœux sont satisfaits, et je n'ai plus rien désormais à demander au ciel. Embrassez-moi, mon fils, et persistez, je vous conjure, dans cette louable pensée. Pour moi, j'en vais, tout de ce pas, porter l'heureuse nouvelle à votre mère, partager avec elle les doux transports du ravissement où je suis, et rendre grâces au ciel des saintes résolutions qu'il a daigné vous inspirer.

SCÈNE II.

DON JUAN, SGANARELLE.

SGANARELLE.

Ah! monsieur, que j'ai de joie de vous voir converti! Il y a longtemps que j'attendais cela, et voilà, grâces au ciel, tous mes souhaits accomplis.

DON JUAN.

La peste le benêt!

SGANARELLE.

Comment, le benêt?

DON JUAN.

Quoi! tu prends pour de bon argent ce que je viens de dire, et tu crois que ma bouche était d'accord avec mon cœur?

SGANARELLE.

Quoi! ce n'est pas... Vous ne... Votre... (A part.) Oh! quel homme! quel homme! quel homme!

DON JUAN.

Non, non, je ne suis point changé, et mes sentiments sont toujours les mêmes.

SGANARELLE.

Vous ne vous rendez pas à la surprenante merveille de cette statue mouvante et parlante?

DON JUAN.

Il y a bien quelque chose là dedans que je ne comprends pas; mais, quoi que ce puisse être, cela n'est pas capable, ni de convaincre mon esprit, ni d'ébranler mon âme; et, si j'ai dit que je voulais corriger ma conduite, et me jeter dans un train de vie exemplaire, c'est un dessein que j'ai formé par pure politique, un stratagème utile, une grimace nécessaire où je veux me contraindre, pour ménager un père dont j'ai besoin, et me mettre à couvert, du côté des hommes, de cent fâcheuses aventures qui pourraient m'arriver. Je veux bien, Sganarelle, t'en faire confidence, et je suis bien aise d'avoir un témoin du fond de mon âme, et des véritables motifs qui m'obligent à faire les choses.

SGANARELLE.

Quoi! vous ne croyez rien du tout, et vous voulez cependant vous ériger en homme de bien?

DON JUAN.

Et pourquoi non? il y en a tant d'autres comme moi, qui se mêlent de ce métier, et qui se servent du même masque pour abuser le monde!

SGANARELLE.

Ah! quel homme! quel homme!

DON JUAN.

Il n'y a plus de honte maintenant à cela; l'hypocrisie est
un vice à la mode, et tous les vices à la mode passent pour
vertus. Le personnage d'homme de bien est le meilleur de
tous les personnages qu'on puisse jouer; la profession d'hypocrite a de merveilleux avantages. C'est un art de qui
l'imposture est toujours respectée; et, quoiqu'on la découvre,
on n'ose rien dire contre elle. Tous les autres vices des
hommes sont exposés à la censure, et chacun a la liberté de
les attaquer hautement; mais l'hypocrisie est un vice privi-
légié qui, de sa main, ferme la bouche à tout le monde, et
jouit en repos d'une impunité souveraine. On lie, à force de
grimaces, une société étroite avec tous les gens du parti.
Qui en choque un, se les attire tous sur les bras, et ceux
que l'on sait même agir de bonne foi là-dessus, et que chacun connaît pour être véritablement touchés, ceux-là, dis-je,
sont toujours les dupes des autres; ils donnent bonnement
dans le panneau des grimaciers, et appuient aveuglément
les singes de leurs actions. Combien crois-tu que j'en con-
naisse, qui, par ce stratagème, ont rhabillé adroitement les
désordres de leur jeunesse, qui se font un bouclier du manteau de la religion, et, sous cet habit respecté, ont la permission d'être les plus méchants hommes du monde? On a
beau savoir leurs intrigues, et les connaître pour ce qu'ils
sont, ils ne laissent pas pour cela d'être en crédit parmi les
gens; et quelque baissement de tête, un soupir mortifié, et
deux roulements d'yeux, rajustent dans le monde tout ce
qu'ils peuvent faire. C'est sous cet abri favorable que je
veux me sauver, et mettre en sûreté mes affaires. Je ne
quitterai point mes douces habitudes; mais j'aurai soin de
me cacher, et me divertirai à petit bruit. Que si je viens à
être découvert, je verrai, sans me remuer, prendre mes
intérêts à toute la cabale, et je serai défendu par elle en-

vers et contre tous. Enfin, c'est là le vrai moyen de faire
impunément tout ce que je voudrai. Je m'érigerai en cen-
seur des actions d'autrui, jugerai mal de tout le monde, et
n'aurai bonne opinion que de moi. Dès qu'une fois on
m'aura choqué tant soit peu, je ne pardonnerai jamais, et
garderai tout doucement une haine irréconciliable. Je ferai
le vengeur des intérêts du ciel; et, sous ce prétexte commode, je pousserai mes ennemis, je les accuserai d'impiété,
et saurai déchaîner contre eux des zélés indiscrets, qui, sans
connaissance de cause, crieront en public contre eux, qui
les accableront d'injures, et les damneront hautement de
leur autorité privée. C'est ainsi qu'il faut profiter des faiblesses des hommes, et qu'un sage esprit s'accommode aux
vices de son siècle.

SGANARELLE.

O ciel! qu'entends-je ici? il ne vous manquait plus que
d'être hypocrite, pour vous achever de tout point, et voilà
le comble des abominations. Monsieur, cette dernière-ci
m'emporte, et je ne puis m'empêcher de parler. Faites-moi
tout ce qu'il vous plaira; battez-moi, assommez-moi de
coups, tuez-moi, si vous voulez; il faut que je décharge
mon cœur, et qu'en valet fidèle, je vous dise ce que je dois.
Sachez, monsieur, que tant va la cruche à l'eau, qu'enfin
elle se brise: et, comme dit fort bien cet auteur que je ne
connais pas, l'homme est en ce monde ainsi que l'oiseau
sur la branche; la branche est attachée à l'arbre; qui s'attache à l'arbre suit de bons préceptes; les bons préceptes
valent mieux que les belles paroles; les belles paroles se
trouvent à la cour; à la cour sont les courtisans; les courtisans suivent la mode; la mode vient de la fantaisie; la
fantaisie est une faculté de l'âme; l'âme est ce qui nous
donne la vie; la vie finit par la mort; la mort nous fait
penser au ciel; le ciel est au-dessus de la terre; la terre
n'est point la mer; la mer est sujette aux orages; les orages
tourmentent les vaisseaux; les vaisseaux ont besoin d'un bon

pilote; un bon pilote a de la prudence; la prudence n'est
pas dans les jeunes gens; les jeunes gens doivent obéissance
aux vieux; les vieux aiment les richesses; les richesses font
les riches; les riches ne sont pas pauvres; les pauvres ont
de la nécessité; la nécessité n'a point de loi; qui n'a pas de
loi vit en bête brute; et, par conséquent, vous serez damné
à tous les diables.

DON JUAN.

O le beau raisonnement!

SGANARELLE.

Après cela, si vous ne vous rendez, tant pis pour vous.

SCÈNE III.

DON CARLOS, DON JUAN, SGANARELLE.

DON CARLOS.

Don Juan, je vous trouve à propos, et suis bien aise de
vous parler ici plutôt que chez vous, pour vous demander
vos résolutions. Vous savez que ce soin me regarde, et que
je me suis, en votre présence, chargé de cette affaire. Pour
moi, je ne le cèle point, je souhaite fort que les choses
aillent dans la douceur; et il n'y a rien que je ne fasse
pour porter votre esprit à vouloir prendre cette voie, et
pour vous voir publiquement confirmer à ma sœur le nom
de votre femme.

DON JUAN, d'un ton hypocrite.

Hélas! je voudrais bien de tout mon cœur vous donner la
satisfaction que vous souhaitez; mais le ciel s'y oppose directement; il a inspiré à mon âme le dessein de changer de
vie, et je n'ai point d'autres pensées maintenant que de
quitter entièrement tous les attachements du monde, de me
dépouiller au plus tôt de toutes sortes de vanités, et de corri-

ger désormais par une austère conduite tous les déréglements criminels où m'a porté le feu d'une aveugle jeunesse.

DON CARLOS.

Ce dessein, don Juan, ne choque point ce que je dis; et la compagnie d'une femme légitime peut bien s'accommoder avec les louables pensées que le ciel vous inspire.

DON JUAN.

Hélas! point du tout, c'est un dessein que votre sœur elle-même a pris; elle a résolu sa retraite, et nous avons été touchés tous deux en même temps.

DON CARLOS.

Sa retraite ne peut nous satisfaire, pouvant être imputée au mépris que vous feriez d'elle et de notre famille; et notre honneur demande qu'elle vive avec vous.

DON JUAN.

Je vous assure que cela ne se peut. J'en avais, pour moi, toutes les envies du monde, et je me suis, même encore aujourd'hui, conseillé au ciel pour cela; mais lorsque je l'ai consulté, j'ai entendu une voix qui m'a dit que je ne devais point songer à votre sœur, et qu'avec elle, assurément, je ne ferais point mon salut.

DON CARLOS.

Croyez-vous, don Juan, nous éblouir par ces belles excuses?

DON JUAN.

J'obéis à la voix du ciel.

DON CARLOS.

Quoi! vous voulez que je me paye d'un semblable discours?

DON JUAN.

C'est le ciel qui le veut ainsi.

DON CARLOS.

Vous aurez fait sortir ma sœur d'un couvent pour la laisser ensuite?

DON JUAN.

Le ciel l'ordonne de la sorte.

DON CARLOS.

Nous souffrirons cette tache en notre famille?

DON JUAN.

Prenez-vous-en au ciel.

DON CARLOS.

Hé quoi! toujours le ciel!

DON JUAN.

Le ciel le souhaite comme cela.

DON CARLOS.

Il suffit, don Juan, je vous entends. Ce n'est pas ici que je veux vous prendre, et le lieu ne le souffre pas; mais, avant qu'il soit peu, je saurai vous trouver.

DON JUAN.

Vous ferez ce que vous voudrez. Vous savez que je ne manque point de cœur, et que je sais me servir de mon épée quand il le faut. Je m'en vais passer tout à l'heure dans cette petite rue écartée qui mène au grand couvent; mais je vous déclare, pour moi, que ce n'est point moi qui me veux battre, le ciel m'en défend la pensée, et si vous m'attaquez, nous verrons ce qui en arrivera.

DON CARLOS.

Nous verrons, de vrai, nous verrons.

SCÈNE IV.

DON JUAN, SGANARELLE.

SGANARELLE.

Monsieur, quel diable de style prenez-vous là? Ceci est bien pis que le reste, et je vous aimerais bien mieux encore comme vous étiez auparavant. J'espérais toujours de votre salut : mais c'est maintenant que j'en désespère; et je crois que le ciel, qui vous a souffert jusques ici, ne pourra souffrir du tout cette dernière horreur.

DON JUAN.

Va, va, le ciel n'est pas si exact que tu penses ; et si toutes les fois que les hommes...

SCÈNE V.

DON JUAN, SGANARELLE, UN SPECTRE en femme voil .

SGANARELLE , apercevant le spectre.

Ah! monsieur, c'est le ciel qui vous parle, et c'est un avis qu'il vous donne.

DON JUAN.

Si le ciel me donne un avis, il faut qu'il parle un peu plus clairement, s'il veut que je l'entende.

LE SPECTRE.

Don Juan n'a plus qu'un moment à pouvoir profiter de la miséricorde du ciel, et s'il ne se repent ici, sa perte est résolue.

SGANARELLE.

Entendez-vous, monsieur?

DON JUAN.

Qui ose tenir ces paroles? Je crois connaître cette voix.

SGANARELLE.

Ah! monsieur, c'est un spectre, je le reconnais au marcher.

DON JUAN.

Spectre, fantôme, ou diable, je veux voir ce que c'est.

(Le spectre change de figure, et représente le Temps , avec sa faux à la main.)

SGANARELLE.

O ciel! voyez-vous, monsieur, ce changement de figure?

DON JUAN.

Non, non, rien n'est capable de m'imprimer de la terreur;

et je veux éprouver, avec mon épée, si c'est un corps ou un esprit.

(Le spectre s'envole, dans le temps que don Juan veut le frapper.)

SGANARELLE.

Ah! monsieur, rendez-vous à tant de preuves, et jetez-vous vite dans le repentir.

DON JUAN.

Non, non, il ne sera pas dit, quoi qu'il arrive, que je sois capable de me repentir. Allons, suis-moi.

SCÈNE VI.

LA STATUE DU COMMANDEUR, DON JUAN, SGANARELLE.

LA STATUE.

Arrêtez, don Juan. Vous m'avez hier donné parole de venir manger avec moi.

DON JUAN.

Oui. Où faut-il aller?

LA STATUE.

Donnez-moi la main.

DON JUAN.

La voilà.

LA STATUE.

Don Juan, l'endurcissement au péché traîne une mort funeste; et les grâces du ciel que l'on renvoie ouvrent un chemin à sa foudre.

DON JUAN.

O ciel! que sens-je? un feu invisible me brûle, je n'en puis plus, et tout mon corps devient un brasier ardent. Ah!

(Le tonnerre tombe avec un grand bruit et de grands éclairs sur don Juan. La terre s'ouvre et l'abîme ; et il sort de grands feux de l'endroit où il est tombé.)

SCÈNE VII.

SGANARELLE, seul.

[Ah! mes gages! mes gages!] Voilà, par sa mort, un chacun satisfait. Ciel offensé, lois violées, filles séduites, familles
déshonorées, parents outragés, femmes mises à mal, maris
poussés à bout, tout le monde est content; il n'y a que
moi seul de malheureux. [Mes gages, mes gages, mes gages[1]!]

FIN DU FESTIN DE PIERRE.

[1] Nous rappelons ici que les mots placés entre crochets ne se trouvent
que dans quelques éditions, et notamment dans les éditions hollandaises.

L'AMOUR MÉDECIN.

COMÉDIE-BALLET EN TROIS ACTES.

15 septembre 1665.

AU LECTEUR.

—

Ce n'est ici qu'un simple crayon, un petit impromptu dont le roi a voulu se faire un divertissement. Il est le plus précipité de tous ceux que Sa Majesté m'ait commandés; et, lorsque je dirai qu'il a été proposé, fait, appris et représenté en cinq jours, je ne dirai que ce qui est vrai. Il n'est pas nécessaire de vous avertir qu'il y a beaucoup de choses qui dépendent de l'action. On sait bien que les comédies ne sont faites que pour être jouées; et je ne conseille de lire celle-ci qu'aux personnes qui ont des yeux pour découvrir, dans la lecture, tout le jeu du théâtre. Ce que je vous dirai, c'est qu'il serait à souhaiter que ces sortes d'ouvrages pussent toujours se montrer à vous avec les ornements qui les accompagnent chez le roi. Vous les verriez dans un état beaucoup plus supportable; et les airs et les symphonies de l'incomparable M. Lulli, mêlés à la beauté des voix et à l'adresse des danseurs, leur donnent sans doute des grâces dont ils ont toutes les peines du monde à se passer.

—

PERSONNAGES DU PROLOGUE.

LA COMÉDIE.
LA MUSIQUE.
LE BALLET.

PERSONNAGES DE LA COMÉDIE.

SGANARELLE, père de Lucinde.
LUCINDE, fille de Sganarelle.
CLITANDRE, amant de Lucinde.
AMINTE, voisine de Sganarelle.
LUCRÈCE, nièce de Sganarelle.
LISETTE, suivante de Lucinde.
M. GUILLAUME, marchand de tapisseries.
M. JOSSE, orfévre.
M. THOMÈS,
M. DESFONANDRÈS,
M. MACROTON, } médecins.
M. BAHIS,
M. FILERIN,
UN NOTAIRE.
CHAMPAGNE, valet de Sganarelle.

PERSONNAGES DU BALLET.

PREMIÈRE ENTRÉE.

CHAMPAGNE, valet de Sganarelle, dansant.
QUATRE MÉDECINS, dansants.

DEUXIÈME ENTRÉE.

UN OPÉRATEUR, chantant.
TRIVELINS ET SCARAMOUCHES, dansants, de la suite de l'Opérateur.

TROISIÈME ENTRÉE.

LA COMÉDIE.	LE BALLET.
LA MUSIQUE.	JEUX, RIS, PLAISIRS, dansants.

La scène est à Paris, dans une salle de la maison de Sganarelle.

L'AMOUR MÉDECIN.

PROLOGUE.

LA COMÉDIE, LA MUSIQUE, LE BALLET.

LA COMÉDIE.

Quittons, quittons notre vaine querelle,
Ne nous disputons point nos talents tour à tour;
    Et d'une gloire plus belle
    Piquons-nous en ce jour.
Unissons-nous tous trois d'une ardeur sans seconde
Pour donner du plaisir au plus grand roi du monde.

TOUS TROIS ENSEMBLE.

Unissons-nous tous trois d'une ardeur sans seconde
Pour donner du plaisir au plus grand roi du monde.

LA COMÉDIE.

De ses travaux, plus grands qu'on ne peut croire,
Il se vient quelquefois délasser parmi nous.
    Est-il de plus grande gloire?
    Est-il bonheur plus doux?

TOUS TROIS ENSEMBLE.

Unissons-nous tous trois d'une ardeur sans seconde
Pour donner du plaisir au plus grand roi du monde.

FIN DU PROLOGUE.

ACTE PREMIER.

SCÈNE I.

SGANARELLE, AMINTE,
LUCRÈCE, MONSIEUR GUILLAUME, MONSIEUR JOSSE.

SGANARELLE.

Ah! l'étrange chose que la vie! et que je puis bien dire, avec ce grand philosophe de l'antiquité, que qui terre a, guerre a, et qu'un malheur ne vient jamais sans l'autre! Je n'avais qu'une seule femme, qui est morte.

MONSIEUR GUILLAUME.

Et combien donc en voulez-vous avoir?

SGANARELLE.

Elle est morte, monsieur mon ami. Cette perte m'est très-sensible, et je ne puis m'en ressouvenir sans pleurer. Je n'étais pas fort satisfait de sa conduite, et nous avions le plus souvent dispute ensemble; mais enfin la mort rajuste toutes choses. Elle est morte; je la pleure. Si elle était en vie, nous nous querellerions. De tous les enfants que le ciel m'avait donnés, il ne m'a laissé qu'une fille, et cette fille est toute ma peine; car enfin je la vois dans une mélancolie la plus sombre du monde, dans une tristesse épouvantable, dont il n'y a pas moyen de la retirer, et dont je ne saurais même apprendre la cause. Pour moi, j'en perds l'esprit, et j'aurais besoin d'un bon conseil sur cette matière. (A Lucrèce.)

Vous êtes ma nièce; (A Aminte.) vous, ma voisine; (A monsieur Guillaume, et à monsieur Josse.) et vous, mes compères et mes amis :
je vous prie de me conseiller tous ce que je dois faire.

MONSIEUR JOSSE.

Pour moi, je tiens que la braverie et l'ajustement est la
chose qui réjouit le plus les filles; et si j'étais que de vous,
je lui achèterais, dès aujourd'hui, une belle garniture de
diamants, ou de rubis, ou d'émeraudes.

MONSIEUR GUILLAUME.

Et moi, si j'étais en votre place, j'achèterais une belle
tenture de tapisserie de verdure, ou à personnages, que je
ferais mettre dans sa chambre, pour lui réjouir l'esprit et la
vue.

AMINTE.

Pour moi, je ne ferais pas tant de façons, et je la marie-
rais fort bien, et le plus tôt que je pourrais, avec cette personne qui vous la fit, dit-on, demander il y a quelque
temps.

LUCRÈCE.

Et moi, je tiens que votre fille n'est point du tout propre
pour le mariage. Elle est d'une complexion trop délicate et
trop peu saine, et c'est la vouloir envoyer bientôt en l'autre
monde que de l'exposer, comme elle est, à faire des enfants. Le monde n'est point du tout son fait; et je vous
conseille de la mettre dans un couvent, où elle trouvera des
divertissements qui seront mieux de son humeur.

SGANARELLE.

Tous ces conseils sont admirables assurément; mais je les
tiens un peu intéressés, et trouve que vous me conseillez
fort bien pour vous. Vous êtes orfèvre, monsieur Josse, et
votre conseil sent son homme qui a envie de se défaire de
sa marchandise. Vous vendez des tapisseries, monsieur Guillaume, et vous avez la mine d'avoir quelque tenture qui
vous incommode. Celui que vous aimez, ma voisine, a, dit-
on, quelque inclination pour ma fille; et vous ne seriez pas

fâchée de la voir la femme d'un autre. Et quant à vous,
ma chère nièce, ce n'est pas mon dessein, comme on sait,
de marier ma fille avec qui que ce soit, et j'ai mes raisons
pour cela ; mais le conseil que vous me donnez de la faire
religieuse est d'une femme qui pourrait bien souhaiter cha-
ritablement d'être mon héritière universelle. Ainsi, messieurs
et mesdames, quoique tous vos conseils soient les meilleurs
du monde, vous trouverez bon, s'il vous plaît, que je n'en
suive aucun. (Seul). Voilà de mes donneurs de conseils à la
mode.

SCÈNE II.

LUCINDE, SGANARELLE.

SGANARELLE.

Ah ! voilà ma fille qui prend l'air. Elle ne me voit pas.
Elle soupire ; elle lève les yeux au ciel. (A Lucinde.) Dieu vous
garde ! Bonjour, ma mie. Hé bien ! qu'est-ce ? Comme vous
en va ? Hé quoi ! toujours triste et mélancolique comme cela,
et tu ne veux pas me dire ce que tu as ? Allons donc, dé-
couvre-moi ton petit cœur. Là, ma pauvre mie, dis, dis, dis
tes petites pensées à ton petit papa mignon. Courage !
Veux-tu que je te baise ? Viens. (A part.) J'enrage de la voir
de cette humeur-là. (A Lucinde.) Mais, dis-moi, me veux-tu faire
mourir de déplaisir ; et ne puis-je savoir d'où vient cette
grande langueur ? découvre-m'en la cause, et je te promets
que je ferai toutes choses pour toi. Oui, tu n'as qu'à me
dire le sujet de ta tristesse ; je t'assure ici et te fais serment qu'il n'y a rien que je ne fasse pour te satisfaire ;
c'est tout dire. Est-ce que tu es jalouse de quelqu'une de tes
compagnes que tu voies plus brave que toi ? et serait-il
quelque étoffe nouvelle dont tu voulusses avoir un habit ?
Non. Est-ce que ta chambre ne te semble pas assez parée,

et que tu souhaiterais quelque cabinet[1] de la foire Saint-
Laurent? Ce n'est pas cela. Aurais-tu envie d'apprendre
quelque chose, et veux-tu que je te donne un maître pour
te montrer à jouer du clavecin? Nenni. Aimerais-tu quel-
qu'un, et souhaiterais-tu d'être mariée? (Lucinde fait signe que c'est cela.)

SCÈNE III.

SGANARELLE, LUCINDE, LISETTE.

LISETTE.

Hé bien, monsieur, vous venez d'entretenir votre fille.
Avez-vous su la cause de sa mélancolie?

SGANARELLE.

Non. C'est une coquine qui me fait enrager.

LISETTE.

Monsieur, laissez-moi faire, je m'en vais la sonder un peu.

SGANARELLE.

Il n'est pas nécessaire; et, puisqu'elle veut être de cette
humeur, je suis d'avis qu'on l'y laisse.

LISETTE.

Laissez-moi faire, vous dis-je. Peut-être qu'elle se décou-
vrira plus librement à moi qu'à vous. Quoi? madame, vous
ne nous direz point ce que vous avez, et vous voulez affliger ainsi tout le monde? Il me semble qu'on n'agit point
comme vous faites, et que, si vous avez quelque répugnance
à vous expliquer à un père, vous n'en devez avoir aucune
à me découvrir votre cœur. Dites-moi, souhaitez-vous
quelque chose de lui? Il nous a dit plus d'une fois qu'il
n'épargnerait rien pour vous contenter. Est-ce qu'il ne vous

---

[1] *Cabinet*, espèce de buffet.

donne pas toute la liberté que vous souhaiteriez? Et les promenades et les cadeaux ne tenteraient-ils point votre âme? Heu ! avez-vous reçu quelque déplaisir de quelqu'un? Heu! n'auriez-vous point quelque secrète inclination avec qui vous souhaiteriez que votre père vous mariât? Ah ! je vous entends. Voilà l'affaire. Que diable ! pourquoi tant de façons? Monsieur, le mystère est découvert; et...

SGANARELLE, l'interrompant.

Va, fille ingrate, je ne te veux plus parler, et je te laisse dans ton obstination.

LUCINDE.

Mon père, puisque vous voulez que je vous dise la chose...

SGANARELLE.

Oui, je perds toute l'amitié que j'avais pour toi.

LISETTE.

Monsieur, sa tristesse...

SGANARELLE.

C'est une coquine qui me veut faire mourir.

LUCINDE.

Mon père, je veux bien...

SGANARELLE.

Ce n'est pas la récompense de t'avoir élevée comme j'ai fait.

LISETTE.

Mais, monsieur...

SGANARELLE.

Non, je suis contre elle dans une colère épouvantable.

LUCINDE.

Mais, mon père.

SGANARELLE.

Je n'ai plus aucune tendresse pour toi.

LISETTE.

Mais...

SGANARELLE.

C'est une friponne.

LUCINDE.

Mais...

SGANARELLE.

Une ingrate.

LISETTE.

Mais...

SGANARELLE.

Une coquine qui ne me veut pas dire ce qu'elle a.

LISETTE.

C'est un mari qu'elle veut.

SGANARELLE, faisant semblant de ne pas entendre.

Je l'abandonne.

LISETTE.

Un mari.

SGANARELLE.

Je la déteste.

LISETTE.

Un mari.

SGANARELLE.

Et la renonce pour ma fille.

LISETTE.

Un mari.

SGANARELLE.

Non. Ne m'en parlez point.

LISETTE.

Un mari.

SGANARELLE.

Ne m'en parlez point.

LISETTE.

Un mari.

SGANARELLE.

Ne m'en parlez point.

LISETTE.

Un mari, un mari, un mari.

SCÈNE IV.

LUCINDE. LISETTE.

LISETTE.

On dit bien vrai qu'il n'y a point de pires sourds que ceux qui ne veulent point entendre.

LUCINDE.

Hé bien ! Lisette, j'avais tort de cacher mon déplaisir, et je n'avais qu'à parler pour avoir tout ce que je souhaitais de mon père ! Tu le vois.

LISETTE.

Par ma foi, voilà un vilain homme; et je vous avoue que j'aurais un plaisir extrême à lui jouer quelque tour. Mais d'où vient donc, madame, que jusqu'ici vous m'avez caché votre mal?

LUCINDE.

Hélas! de quoi m'aurait servi de te le découvrir plus tôt; et n'aurais-je pas autant gagné à le tenir caché toute ma vie? Crois-tu que je n'aie pas bien prévu tout ce que tu vois maintenant, que je ne susse pas à fond tous les sentiments de mon père, et que le refus qu'il a fait porter à celui qui m'a demandée par un ami, n'ait pas étouffé dans mon âme toute sorte d'espoir?

LISETTE.

Quoi ! c'est cet inconnu qui vous a fait demander, pour qui vous?...

LUCINDE.

Peut-être n'est-il pas honnête à une fille de s'expliquer si librement; mais enfin je t'avoue que, s'il m'était permis de vouloir quelque chose, ce serait lui que je voudrais. Nous n'avons eu ensemble aucune conversation, et sa bouche ne

m'a point déclaré la passion qu'il a pour moi ; mais dans
tous les lieux où il m'a pu voir, ses regards et ses actions
m'ont toujours parlé si tendrement, et la demande qu'il a
fait faire de moi m'a paru d'un si honnête homme, que mon
cœur n'a pu s'empêcher d'être sensible à ses ardeurs ; et
cependant tu vois où la dureté de mon père réduit toute
cette tendresse.

LISETTE.

Allez, laissez-moi faire. Quelque sujet que j'aie de me
plaindre de vous du secret que vous m'avez fait, je ne veux
pas laisser de servir votre amour; et, pourvu que vous ayez
assez de résolution...

LUCINDE.

Mais que veux-tu que je fasse contre l'autorité d'un père?
Et, s'il est inexorable à mes vœux...

LISETTE.

Allez, allez, il ne faut pas se laisser mener comme un oi-
son; et pourvu que l'honneur n'y soit pas offensé, on peut
se libérer un peu de la tyrannie d'un père. Que prétend-il
que vous fassiez? N'êtes-vous pas en âge d'être mariée? et
croit-il que vous soyez de marbre? Allez, encore un coup,
je veux servir votre passion : je prends dès à présent sur
moi tout le soin de ses intérêts, et vous verrez que je sais
des détours... Mais je vois votre père. Rentrons et me laissez
agir.

SCÈNE V.

SGANARELLE, seul.

Il est bon quelquefois de ne point faire semblant d'entendre
les choses qu'on n'entend que trop bien ; et j'ai fait sagement
de parer la déclaration d'un désir que je ne suis pas résolu
de contenter. A-t-on jamais rien vu de plus tyrannique que

cette coutume où l'on veut assujettir les pères, rien de plus impertinent et de plus ridicule que d'amasser du bien avec de grands travaux, et d'élever une fille avec beaucoup de soin et de tendresse, pour se dépouiller de l'un et de l'autre entre les mains d'un homme qui ne nous touche de rien? Non, non, je me moque de cet usage, et je veux garder mon bien et ma fille pour moi.

SCÈNE VI.

SGANARELLE, LISETTE.

LISETTE, courant sur le théâtre, et feignant de ne pas voir Sganarelle.

Ah! malheur! ah! disgrâce! ah! pauvre seigneur Sganarelle, où pourrai-je te rencontrer?

SGANARELLE, à part.

Que dit-elle là?

LISETTE, courant toujours.

Ah! misérable père! que feras-tu, quand tu sauras cette nouvelle?

SGANARELLE, à part.

Que sera-ce?

LISETTE.

Ma pauvre maîtresse !

SGANARELLE.

Je suis perdu !

LISETTE.

Ah!

SGANARELLE, courant après Lisette.

Lisette!

LISETTE.

Quelle infortune!

SGANARELLE.

Lisette!

LISETTE.

Quel accident!

SGANARELLE.

Lisette!

LISETTE.

Quelle fatalité!

SGANARELLE.

Lisette!

LISETTE, s'arrêtant.

Ah! monsieur.

SGANARELLE.

Qu'est-ce?

LISETTE.

Monsieur!

SGANARELLE.

Qu'y a-t-il?

LISETTE.

Votre fille...

SGANARELLE.

Ah! ah!

LISETTE.

Monsieur, ne pleurez donc point comme cela, car vous me feriez rire.

SGANARELLE.

Dis donc vite.

LISETTE.

Votre fille, toute saisie des paroles que vous lui avez dites et de la colère effroyable où elle vous a vu contre elle, est montée vite dans sa chambre, et, pleine de désespoir, a ouvert la fenêtre qui regarde sur la rivière.

SGANARELLE.

Hé bien!

LISETTE.

Alors, levant les yeux au ciel : « Non, a-t-elle dit, il m'est impossible de vivre avec le courroux de mon père ; et puisqu'il me renonce pour sa fille, je veux mourir. »

SGANARELLE.

Elle s'est jetée?

LISETTE.

Non, monsieur. Elle a fermé tout doucement la fenêtre, et s'est allée mettre sur son lit. Là, elle s'est prise à pleurer amèrement; et tout d'un coup son visage a pâli, ses yeux se sont tournés, le cœur lui a manqué, et elle est demeurée entre mes bras.

SGANARELLE.

Ah! ma fille! [Elle est morte?

LISETTE.

Non, monsieur.] À force de la tourmenter, je l'ai fait revenir; mais cela lui reprend de moment en moment, et je crois qu'elle ne passera pas la journée.

SGANARELLE.

Champagne! Champagne! Champagne!

SCÈNE VII.

SGANARELLE, CHAMPAGNE, LISETTE.

SGANARELLE.

Vite, qu'on m'aille querir des médecins, et en quantité. On n'en peut trop avoir dans une pareille aventure. Ah! ma fille! ma pauvre fille!

PREMIER ENTR'ACTE.

Champagne, valet de Sganarelle, frappe, en dansant, aux portes de quatre médecins.

Les quatre médecins dansent, et entrent avec cérémonie chez le père de la malade.

FIN DU PREMIER ACTE.

ACTE DEUXIÈME.

—

SCÈNE I.

SGANARELLE, LISETTE.

LISETTE.

Que voulez-vous donc faire, monsieur, de quatre médecins? N'est-ce pas assez d'un pour tuer une personne?

SGANARELLE.

Taisez-vous. Quatre conseils valent mieux qu'un.

LISETTE.

Est-ce que votre fille ne peut pas bien mourir sans le secours de ces messieurs-là?

SGANARELLE.

Est-ce que les médecins font mourir?

LISETTE.

Sans doute, et j'ai connu un homme qui prouvait, par bonnes raisons, qu'il ne faut jamais dire: Une telle personne est morte d'une fièvre et d'une fluxion sur la poitrine; mais: Elle est morte de quatre médecins et de deux apothicaires.

SGANARELLE.

Chut! N'offensez pas ces messieurs-là.

LISETTE.

Ma foi, monsieur, notre chat est réchappé depuis peu d'un saut qu'il fit du haut de la maison dans la rue, et il

fut trois jours sans manger et sans pouvoir remuer ni pied ni
patte; mais il est bien heureux de ce qu'il n'y a point de chats
médecins, car ses affaires étaient faites, et ils n'auraient pas
manqué de le purger et de le saigner.

SGANARELLE.

Voulez-vous vous taire? vous dis-je. Mais voyez quelle impertinence! Les voici.

LISETTE.

Prenez garde, vous allez être bien édifié. Ils vous diront
en latin que votre fille est malade.

SCÈNE II.

MESSIEURS TOMÈS, DESFONANDRÈS, MACROTON,
BAHIS, médecins; SGANARELLE, LISETTE.

SGANARELLE.

Hé bien! messieurs?

MONSIEUR TOMÈS.

Nous avons vu suffisamment la malade, et sans doute
qu'il y a beaucoup d'impuretés en elle.

SGANARELLE.

Ma fille est impure?

MONSIEUR TOMÈS.

Je veux dire qu'il y a beaucoup d'impuretés dans son
corps, quantités d'humeurs corrompues.

SGANARELLE.

Ah! je vous entends.

MONSIEUR TOMÈS.

Mais nous allons consulter ensemble.

SGANARELLE.

Allons, faites donner des siéges.

LISETTE , à M. Tomès.

Ah! monsieur, vous en êtes!

SGANARELLE , à Lisette.

De quoi donc connaissez-vous monsieur?

LISETTE.

De l'avoir vu l'autre jour chez la bonne amie de madame votre nièce.

MONSIEUR TOMÈS.

Comment se porte son cocher?

LISETTE.

Fort bien. Il est mort.

MONSIEUR TOMÈS.

Mort?

LISETTE.

Oui.

MONSIEUR TOMÈS.

Cela ne se peut.

LISETTE.

Je ne sais pas si cela se peut, mais je sais bien que cela est.

MONSIEUR TOMÈS.

Il ne peut pas être mort, vous dis-je.

LISETTE.

Et moi, je vous dis qu'il est mort et enterré.

MONSIEUR TOMÈS.

Vous vous trompez.

LISETTE.

Je l'ai vu.

MONSIEUR TOMÈS.

Cela est impossible. Hippocrate dit que ces sortes de maladies ne se terminent qu'au quatorze ou au vingt-un; et il n'y a que six jours qu'il est tombé malade.

LISETTE.

Hippocrate dira ce qu'il lui plaira, mais le cocher est mort.

SGANARELLE.

Paix, discoureuse. Allons, sortons d'ici. Messieurs, je vous
supplie de consulter de la bonne manière. Quoique ce ne
soit pas la coutume de payer auparavant, toutefois, de peur
que je l'oublie, et afin que ce soit une affaire faite, voici...

(Il leur donne de l'argent, et chacun, en le recevant, fait un geste différent.)

SCÈNE III.

MESSIEURS DESFONANDRÈS, TOMÈS, MACROTON,
BAHIS. Ils s'asseyent et toussent.

MONSIEUR DESFONANDRÈS.

Paris est étrangement grand, et il faut faire de longs tra-
jets quand la pratique donne un peu.

MONSIEUR TOMÈS.

Il faut avouer que j'ai une mule admirable pour cela, et
qu'on a peine à croire le chemin que je lui fais faire tous
les jours.

MONSIEUR DESFONANDRÈS.

J'ai un cheval merveilleux, et c'est un animal infatigable.

MONSIEUR TOMÈS

Savez-vous le chemin que ma mule a fait aujourd'hui? J'ai
été, premièrement, tout contre l'Arsenal; de l'Arsenal, au
bout du faubourg Saint-Germain; du faubourg Saint-Germain, au fond du Marais; du fond du Marais, à la porte
Saint-Honoré; de la porte Saint-Honoré, au faubourg Saint-
Jacques; du faubourg Saint-Jacques, à la porte de Richelieu; de la porte de Richelieu ici, et d'ici je dois aller encore
à la place Royale.

MONSIEUR DESFONANDRÈS.

Mon cheval a fait tout cela aujourd'hui, et de plus j'ai
été à Ruel voir un malade.

MONSIEUR TOMÈS.

Mais, à propos, quel parti prenez-vous dans la querelle des deux médecins Théophraste et Artémius? car c'est une affaire qui partage tout notre corps.

MONSIEUR DESFONANDRÈS.

Moi, je suis pour Artémius.

MONSIEUR TOMÈS.

Et moi aussi. Ce n'est pas que son avis, comme on a vu, n'ait tué le malade, et que celui de Théophraste ne fût beaucoup meilleur, assurément; mais enfin il a tort dans les circonstances, il ne devait pas être d'un autre avis que son ancien. Qu'en dites-vous?

MONSIEUR DESFONANDRÈS.

Sans doute. Il faut toujours garder les formalités, quoi qu'il puisse arriver.

MONSIEUR TOMÈS.

Pour moi, j'y suis sévère en diable, à 'moins que ce soit entre amis; et l'on nous assembla un jour, trois de nous autres, avec un médecin de dehors[1], pour une consultation où j'arrêtai toute l'affaire, et ne voulus point endurer qu'on opinât, si les choses n'allaient dans l'ordre. Les gens de la maison faisaient ce qu'ils pouvaient, et la maladie pressait; mais je n'en voulus point démordre, et la malade mourut bravement pendant cette contestation.

MONSIEUR DESFONANDRÈS.

C'est fort bien fait d'apprendre aux gens à vivre, et de leur montrer leur bec jaune.

MONSIEUR TOMÈS.

Un homme mort n'est qu'un homme mort, et ne fait point de conséquence; mais une formalité négligée porte un notable préjudice à tout le corps des médecins.

---

[1] Un médecin de dehors était un médecin d'une autre Faculté que la Faculté de Paris.

SCÈNE IV.

SGANARELLE, MESSIEURS TOMÈS, DESFONANDRÈS,
MACROTON, BAHIS.

SGANARELLE.

Messieurs, l'oppression de ma fille augmente; je vous prie
de me dire vite ce que vous avez résolu.

MONSIEUR TOMÈS, à M. Desfonandrès.

Allons, monsieur.

MONSIEUR DESFONANDRÈS.

Non, monsieur, parlez, s'il vous plaît.

MONSIEUR TOMÈS.

Vous vous moquez.

MONSIEUR DESFONANDRÈS.

Je ne parlerai pas le premier.

MONSIEUR TOMÈS.

Monsieur.

MONSIEUR DESFONANDRÈS.

Monsieur.

SGANARELLE.

Hé! de grâce, messieurs, laissez toutes ces cérémonies, et
songez que les choses pressent.

(Ils parlent tous quatre à la fois.)

MONSIEUR TOMÈS.

La maladie de votre fille...

MONSIEUR DESFONANDRÈS.

L'avis de tous ces messieurs tous ensemble...

MONSIEUR MACROTON.

A-près a-voir bi-en con-sul-té...

MONSIEUR BAHIS.

Pour raisonner...

SGANARELLE.

Hé! messieurs, parlez l'un après l'autre, de grâce.

MONSIEUR TOMÈS.

Monsieur, nous avons raisonné sur la maladie de votre fille, et mon avis, à moi, est que cela procède d'une grande chaleur de sang; ainsi je conclus à la saigner le plus tôt que vous pourrez.

MONSIEUR DESFONANDRÈS.

Et moi, je dis que sa maladie est une pourriture d'humeur causée par une trop grande réplétion; ainsi je conclus à lui donner de l'émétique.

MONSIEUR TOMÈS.

Je soutiens que l'émétique la tuera.

MONSIEUR DESFONANDRÈS.

Et moi, que la saignée la fera mourir.

MONSIEUR TOMÈS.

C'est bien à vous de faire l'habile homme!

MONSIEUR DESFONANDRÈS.

Oui, c'est à moi; et je vous prêterai le collet en tout genre d'érudition.

MONSIEUR TOMÈS.

Souvenez-vous de l'homme que vous fîtes crever ces jours passés.

MONSIEUR DESFONANDRÈS.

Souvenez-vous de la dame que vous avez envoyée en l'autre monde il y a trois jours.

MONSIEUR TOMÈS, à Sganarelle.

Je vous ai dit mon avis.

MONSIEUR DESFONANDRÈS, à Sganarelle.

Je vous ai dit ma pensée.

MONSIEUR TOMÈS.

Si vous ne faites saigner tout à l'heure votre fille, c'est une personne morte. (Il sort.)

MONSIEUR DESFONANDRÈS.

Si vous la faites saigner, elle ne sera pas en vie dans un quart d'heure. (Il sort.)

SCÈNE V.

SGANARELLE, MESSIEURS MACROTON et BAHIS.

SGANARELLE.

A qui croire des deux? et quelle résolution prendre sur des avis si opposés? Messieurs, je vous conjure de déterminer mon esprit, et de me dire, sans passion, ce que vous croyez le plus propre à soulager ma fille.

MONSIEUR MACROTON, il parle en allongeant ses mots.

Mon-si-eur, dans ces ma-ti-è-res-là, il faut pro-cé-der a-vec-que cir-con-spec-tion, et ne ri-en fai-re, com-me on dit, à la vo-lée; d'au-tant que les fau-tes qu'on y peut fai-re sont, se-lon no-tre maî-tre Hip-po-cra-te, d'u-ne dan-ge-reu-se con-sé-quen-ce.

MONSIEUR BAHIS, celui-ci parle toujours en bredouillant.

Il est vrai, il faut bien prendre garde à ce qu'on fait; car ce ne sont pas ici des jeux d'enfant; et, quand on a failli, il n'est pas aisé de réparer le manquement, et de rétablir ce qu'on a gâté : *experimentum periculosum*. C'est pourquoi il s'agit de raisonner auparavant comme il faut, de peser mûrement les choses, de regarder le tempérament des gens, d'examiner les causes de la maladie, et de voir les remèdes qu'on y doit apporter.

SGANARELLE, à part.

L'un va en tortue, et l'autre court la poste.

MONSIEUR MACROTON.

Or, mon-si-eur, pour ve-nir au fait, je trou-ve que vo-tre fil-le a u-ne ma-la-die chro-ni-que, et qu'el-le peut pé-ri-cli-ter, si on ne lui don-ne du se-cours, d'au-tant que les symp-tô-mes qu'el-le a sont in-di-ca-tifs d'u-ne va-peur fu-li-gi-neu-se et mor-di-can-te qui lui pi-co-te les mem-bra-nes du cer-veau. Or, cet-te va-peur, que nous nom-mons en grec *at-mos*, est cau-sée par des hu-meurs pu-tri-des, te-na-ces et con-glu-ti-neu-ses, qui sont con-te-nu-es dans le bas-ven-tre.

MONSIEUR BAHIS.

Et comme ces humeurs ont été là engendrées par une longue succession de temps, elles s'y sont recuites, et ont acquis cette malignité qui fume vers la région du cerveau.

MONSIEUR MACROTON.

Si bi-en donc que, pour ti-rer, dé-ta-cher, ar-ra-cher, ex-pul-ser, é-va-cuer les-di-tes hu-meurs, il fau-dra une pur-ga-tion vi-gou-reu-se. Mais au pré-a-la-ble, je trou-ve à pro-pos, et il n'y a pas d'in-con-vé-nient, d'u-ser de pe-tits re-mè-des a-no-dins, c'est-à-di-re de pe-tits la-ve-ments re-mol-li-ents et dé-ter-sifs, de ju-leps et de si-rops ra-fraî-chis-sants, qu'on mê-le-ra dans sa pti-sa-ne.

MONSIEUR BAHIS.

Après, nous en viendrons à la purgation, et à la saignée, que nous réitérerons, s'il en est besoin.

MONSIEUR MACROTON.

Ce n'est pas qu'a-vec-que tout ce-la vo-tre fil-le ne puis-se mourir; mais au moins vous au-rez fait quel-que chose, et vous au-rez la con-so-la-ti-on qu'el-le se-ra mor-te dans les for-mes.

MONSIEUR BAHIS.

Il vaut mieux mourir selon les règles que de réchapper contre les règles.

MONSIEUR MACROTON.

Nous vous disons sin-cè-re-ment no-tre pen-sé-e.

MONSIEUR BAHIS.

Et vous avons parlé comme nous parlerions à notre propre frère.

SGANARELLE, à M. Macroton, en allongeant ses mots.

Je vous rends très-hum-bles grâ-ces. (A M. Bahis, en bredouillant.) Et vous suis infiniment obligé de la peine que vous avez prise.

SCÈNE VI.

SGANARELLE, seul.

Me voilà justement un peu plus incertain que je n'étais
auparavant Morbleu ! il me vient une fantaisie. Il faut que
j'aille acheter de l'orviétan, et que je lui en fasse prendre;
l'orviétan est un remède dont beaucoup de gens se sont bien
trouvés. Holà !

SCÈNE VII.

SGANARELLE, UN OPÉRATEUR.

SGANARELLE.

Monsieur, je vous prie de me donner une boîte de votre
orviétan, que je m'en vais vous payer.

L'OPÉRATEUR chante.

L'or de tous les climats qu'entoure l'Océan
Peut-il jamais payer ce secret d'importance?
Mon remède guérit, par sa rare excellence,
Plus de maux qu'on n'en peut nombrer dans tout un an :

> La gale,
>
> La rogne,
>
> La teigne,
>
> La fièvre,
>
> La peste,
>
> La goutte,
>
> Vérole,
>
> Descente,
>
> Rougeole,

O grande puissance de l'orviétan !

SGANARELLE.

Monsieur, je crois que tout l'or du monde n'est pas capable de payer votre remède ; mais pourtant voici une pièce de trente sous que vous prendrez, s'il vous plaît.

L'OPÉRATEUR chante.

Admirez mes bontés, et le peu qu'on vous vend
Ce trésor merveilleux que ma main vous dispense.
Vous pouvez, avec lui, braver en assurance
Tous les maux que sur nous l'ire du ciel répand :

> La gale,
> La rogne,
> La teigne,
> La fièvre,
> La peste,
> La goutte,
> Vérole,
> Descente,
> Rougeole,

O grande puissance de l'orviétan !

DEUXIÈME ENTR'ACTE.

Plusieurs Trivelins et plusieurs Scaramouches, valets de l'opérateur,
se réjouissent en dansant.

FIN DU DEUXIÈME ACTE.

ACTE TROISIÈME.

SCÈNE I.

MESSIEURS FILERIN, TOMÈS, DESFONANDRÈS.

MONSIEUR FILERIN.

N'avez-vous point de honte, messieurs, de montrer si peu de prudence, pour des gens de votre âge, et de vous être querellés comme de jeunes étourdis ! Ne voyez-vous pas bien quel tort ces sortes de querelles nous font parmi le monde? et n'est-ce pas assez que les savants voient les contrariétés et les dissensions qui sont entre nos auteurs et nos anciens maîtres, sans découvrir encore au peuple, par nos débats et nos querelles, la forfanterie de notre art? Pour moi, je ne comprends rien du tout à cette méchante politique de quelques-uns de nos gens, et il faut confesser que toutes ces contestations nous ont décriés depuis peu d'une étrange manière; et que, si nous n'y prenons garde, nous allons nous ruiner nous-mêmes. Je n'en parle pas pour mon intérêt; car, Dieu merci! j'ai déjà établi mes petites affaires. Qu'il vente, qu'il pleuve, qu'il grêle, ceux qui sont morts sont morts, et j'ai de quoi me passer des vivants; mais, enfin, toutes ces disputes ne valent rien pour la médecine. Puisque le ciel nous fait la grâce que, depuis tant de siècles, on demeure infatué de nous, ne désabusons point les hommes avec nos cabales extravagantes, et profitons de leurs sottises le plus doucement que nous pourrons. Nous ne sommes pas les seuls, comme vous savez, qui tâchons à nous prévaloir de la faiblesse humaine. C'est là que va l'étude de la plupart du monde, et chacun s'efforce de prendre les hommes par leur faible, pour en tirer quelque profit. Les flatteurs, par exemple, cherchent à profiter de l'amour que les hommes ont pour les louanges, en leur donnant tout le vain encens qu'ils souhaitent ; et c'est un art où l'on fait, comme on voit, des fortunes considérables. Les alchimistes tâchent à profiter de la passion que l'on a pour les richesses, en promettant des montagnes d'or à ceux qui les écoutent ; et les diseurs d'horoscopes, par leurs prédictions trompeuses, profitent de la vanité et de l'ambition des crédules esprits. Mais le plus grand faible des hommes, c'est l'amour qu'ils ont pour la vie ; et nous en profitons, nous autres, par notre pompeux galimatias, et savons prendre nos avantages de cette vénération que la peur de mourir leur donne pour notre métier. Conservons-nous donc dans le degré d'estime où leur faiblesse nous a mis, et soyons de concert auprès des malades, pour nous attribuer les heureux succès de la maladie, et rejeter sur la nature toutes les bévues de notre art. N'allons point, dis-je, détruire sottement les heureuses préventions d'une erreur qui donne du pain à tant de personnes, [et, de l'argent de ceux que nous mettons en terre, nous fait élever de tous côtés de beaux héritages.]

MONSIEUR TOMÈS.

Vous avez raison en tout ce que vous dites, mais ce sont chaleurs de sang dont parfois on n'est pas le maître.

MONSIEUR FILERIN.

Allons donc, messieurs, mettez bas toute rancune, et faisons ici votre accommodement.

MONSIEUR DESFONANDRÈS.

J'y consens. Qu'il me passe mon émétique pour la malade

dont il s'agit, et je lui passerai tout ce qu'il voudra pour le premier malade dont il sera question.

MONSIEUR FILERIN.

On ne peut pas mieux dire, et voilà se mettre à la raison.

MONSIEUR DESFONANDRÈS.

Cela est fait.

MONSIEUR FILERIN.

Touchez donc là. Adieu. Une autre fois, montrez plus de prudence.

SCÈNE II.

MESSIEURS TOMÈS et DESFONANDRÈS, LISETTE.

LISETTE.

Quoi! messieurs, vous voilà, et vous ne songez pas à réparer le tort qu'on vient de faire à la médecine!

MONSIEUR TOMÈS.

Comment! qu'est-ce?

LISETTE.

Un insolent, qui a eu l'effronterie d'entreprendre sur votre métier, et qui, sans votre ordonnance, vient de tuer un homme d'un grand coup d'épée au travers du corps.

MONSIEUR TOMÈS.

Écoutez, vous faites la railleuse; mais vous passerez par vos mains quelque jour.

LISETTE.

Je vous permets de me tuer lorsque j'aurai recours à vous.

SCÈNE III.

CLITANDRE, en habit de médecin; LISETTE.

CLITANDRE.

Hé bien! Lisette, [que dis-tu de mon équipage? Crois-tu qu'avec cet habit je puisse duper le bon homme?] Me trouves-tu bien ainsi?

LISETTE.

Le mieux du monde, et je vous attendais avec impatience. Enfin, le ciel m'a faite d'un naturel le plus humain du monde, et je ne puis voir deux amants soupirer l'un pour l'autre qu'il ne me prenne une tendresse charitable, et un désir ardent de soulager les maux qu'ils souffrent. Je veux, à quelque prix que ce soit, tirer Lucinde de la tyrannie où elle est, et la mettre en votre pouvoir. Vous m'avez plu d'abord; je me connais en gens, et elle ne peut pas mieux choisir. L'amour risque des choses extraordinaires; et nous avons concerté ensemble une manière de stratagème qui pourra peut-être nous réussir. Toutes nos mesures sont déjà prises. L'homme à qui nous avons affaire n'est pas des plus fins de ce monde; et si cette aventure nous manque, nous trouverons mille autres voies pour arriver à notre but. Attendez-moi là seulement, je reviens vous querir.

(Clitandre se retire dans le fond du théâtre.)

SCÈNE IV.

SGANARELLE, LISETTE.

LISETTE.

Monsieur, allégresse! allégresse!

SGANARELLE.

Qu'est-ce?

LISETTE.

Réjouissez-vous.

SGANARELLE.

De quoi?

LISETTE.

Réjouissez-vous, vous dis-je.

SGANARELLE.

Dis-moi donc ce que c'est, et puis je me réjouirai peut-être.

LISETTE.

Non, je veux que vous vous réjouissiez auparavant, que vous chantiez, que vous dansiez.

SGANARELLE.

Sur quoi?

LISETTE.

Sur ma parole.

SGANARELLE.

Allons donc. (Il chante et danse.) La, lerà la, la; là, lera la. Que diable!

LISETTE.

Monsieur, votre fille est guérie!

SGANARELLE.

Ma fille est guérie!

LISETTE.

Oui. Je vous amène un médecin, mais un médecin d'importance, qui fait des cures merveilleuses et qui se moque des autres médecins.

SGANARELLE.

Où est-il?

LISETTE.

Je vais le faire entrer.

SGANARELLE, seul.

Il faut voir si celui-ci fera plus que les autres.

SCÈNE V.

CLITANDRE, en habit de médecin; SGANARELLE, LISETTE.

LISETTE, amenant Clitandre.

Le voici.

SGANARELLE.

Voilà un médecin qui a la barbe bien jeune.

LISETTE.

La science ne se mesure pas à la barbe, et ce n'est pas par le menton qu'il est habile.

SGANARELLE.

Monsieur, on m'a dit que vous aviez des remèdes admirables pour faire aller à la selle.

CLITANDRE.

Monsieur, mes remèdes sont différents de ceux des autres. Ils ont l'émétique, les saignées, les médecines, et les lavements; mais moi, je guéris par des paroles, par des sons, par des lettres, par des talismans, et par des anneaux constellés.

LISETTE.

Que vous ai-je dit?

SGANARELLE.

Voilà un grand homme!

LISETTE.

Monsieur, comme votre fille est là tout habillée dans une chaise, je vais la faire passer ici.

SGANARELLE.

Oui, fais.

CLITANDRE, tâtant le pouls à Sganarelle.

Votre fille est bien malade.

SGANARELLE.

Vous connaissez cela ici?

CLITANDRE.

Oui, par la sympathie qu'il y a entre le père et la fille.

SCÈNE VI.

SGANARELLE, LUCINDE, CLITANDRE, LISETTE.

LISETTE, à Clitandre.

Tenez, monsieur, voilà une chaise auprès d'elle. (A Sganarelle.) Allons, laissez-les là tous deux.

SGANARELLE.

Pourquoi? je veux demeurer là.

LISETTE.

Vous moquez-vous? Il faut s'éloigner. Un médecin a cent choses à demander qu'il n'est pas honnête qu'un homme entende.

(Sganarelle et Lisette s'éloignent.)

CLITANDRE, parlant à Lucinde à part.

Ah! madame, que le ravissement où je me trouve est grand! et que je sais peu par où vous commencer mon discours! Tant que je ne vous ai parlé que des yeux, j'avais, ce me semblait, cent choses à vous dire, et maintenant que j'ai la liberté de vous parler de la façon que je souhaitais, je demeure interdit, et la grande joie où je suis étouffe toutes mes paroles.

LUCINDE.

Je puis vous dire la même chose, et je sens, comme vous, des mouvements de joie qui m'empêchent de pouvoir parler.

CLITANDRE.

Ah ! madame, que je serais heureux s'il était vrai que vous sentissiez tout ce que je sens, et qu'il me fût permis de juger de votre âme par la mienne! Mais, madame, puis-je au moins croire que ce soit à vous à qui je doive la pensée de cet heureux stratagème qui me fait jouir de votre présence?

LUCINDE.

Si vous ne m'en devez pas la pensée, vous m'êtes redevable au moins d'en avoir approuvé la proposition avec beaucoup de joie.

SGANARELLE , à Lisette.

Il me semble qu'il lui parle de bien près.

LISETTE , à Sganarelle.

C'est qu'il observe sa physionomie et tous les traits de son visage.

CLITANDRE , à Lucinde.

Serez-vous constante, madame, dans ces bontés que vous me témoignez?

LUCINDE.

Mais vous, serez-vous ferme dans les résolutions que vous avez montrées?

CLITANDRE.

Ah! madame, jusqu'à la mort. Je n'ai point de plus forte envie que d'être à vous, et je vais le faire paraître dans tout ce que vous m'allez voir faire.

SGANARELLE , à Clitandre.

Hé bien! notre malade? Elle me semble un peu plus gaie.

CLITANDRE.

C'est que j'ai déjà fait agir sur elle un de ces remèdes que mon art m'enseigne. Comme l'esprit a grand empire sur le corps, et que c'est de lui bien souvent que procèdent les maladies, ma coutume est de courir à guérir les esprits avant que de venir aux corps. J'ai donc observé ses regards, les traits de son visage, et les lignes de ses deux mains; et, par la science que le ciel m'a donnée, j'ai reconnu que c'était de l'esprit qu'elle était malade, et que tout son mal ne venait que d'une imagination déréglée, d'un désir dépravé de vouloir être mariée. Pour moi, je ne vois rien de plus extravagant et de plus ridicule que cette envie qu'on a du mariage.

SGANARELLE, à part.

Voilà un habile homme!

CLITANDRE.

Et j'ai eu et aurai pour lui toute ma vie une aversion effroyable.

SGANARELLE, à part.

Voilà un grand médecin!

CLITANDRE.

Mais, comme il faut flatter l'imagination des malades, et que j'ai vu en elle de l'aliénation d'esprit, et même qu'il y avait du péril à ne lui pas donner un prompt secours, je l'ai prise par son faible, et lui ai dit que j'étais venu ici pour vous la demander en mariage. Soudain son visage a changé, son teint s'est éclairci, ses yeux se sont animés; et, si vous voulez, pour quelques jours, l'entretenir dans cette erreur, vous verrez que nous la tirerons d'où elle est.

SGANARELLE.

Oui-da, je le veux bien.

CLITANDRE.

Après, nous ferons agir d'autres remèdes pour la guérir entièrement de cette fantaisie.

SGANARELLE.

Oui, cela est le mieux du monde. Hé bien! ma fille, voilà monsieur qui a envie de t'épouser, et je lui ai dit que je le voulais bien.

LUCINDE.

Hélas! est-il possible?

SGANARELLE.

Oui.

LUCINDE.

Mais, tout de bon?

SGANARELLE.

Oui, oui.

LUCINDE, à Clitandre.

Quoi! vous êtes dans les sentiments d'être mon mari?

CLITANDRE.

Oui, madame.

LUCINDE.

Et mon père y consent?

SGANARELLE.

Oui, ma fille.

LUCINDE.

Ah! que je suis heureuse, si cela est véritable!

CLITANDRE.

N'en doutez point, madame. Ce n'est pas d'aujourd'hui que je vous aime, et que je brûle de me voir votre mari. Je ne suis venu ici que pour cela; et, si vous voulez que je vous dise nettement les choses comme elles sont, cet habit n'est qu'un pur prétexte inventé, et je n'ai fait le médecin que pour m'approcher de vous, et obtenir [plus facilement] ce que je souhaite.

LUCINDE.

C'est me donner des marques d'un amour bien tendre, et j'y suis sensible autant que je puis.

SGANARELLE, à part.

Oh la folle! oh la folle! oh la folle!

LUCINDE.

Vous voulez donc bien, mon père, me donner monsieur pour époux?

SGANARELLE.

Oui. Çà, donne-moi ta main. Donnez-moi un peu aussi la vôtre, pour voir.

CLITANDRE.

Mais, monsieur...

SGANARELLE, s'étouffant de rire.

Non, non, c'est pour... pour lui contenter l'esprit. Touchez là. Voilà qui est fait.

CLITANDRE.

Acceptez, pour gage de ma foi, cet anneau que je vous donne. (Bas, à Sganarelle.) C'est un anneau constellé, qui guérit les égarements d'esprit.

LUCINDE.

Faisons donc le contrat, afin que rien n'y manque.

CLITANDRE.

Hélas! je le veux bien, madame. (Bas, à Sganarelle.) Je vais faire monter l'homme qui écrit mes remèdes, et lui faire croire que c'est un notaire.

SGANARELLE.

Fort bien.

CLITANDRE.

Holà! faites monter le notaire que j'ai amené avec moi.

LUCINDE.

Quoi! vous aviez amené un notaire?

CLITANDRE.

Oui, madame.

LUCINDE.

J'en suis ravie.

SGANARELLE.

Oh la folle! oh la folle!

SCÈNE VII.

LE NOTAIRE, CLITANDRE, SGANARELLE, LUCINDE, LISETTE.

[Clitandre parle bas au notaire.]

SGANARELLE, au notaire.

Oui, monsieur, il faut faire un contrat pour ces deux personnes-là. Écrivez. [Le notaire écrit. — A Lucinde.] Voilà le contrat qu'on fait. [Au notaire.] Je lui donne vingt mille écus en mariage. Écrivez.

LUCINDE.

Je vous suis bien obligée, mon père.

LE NOTAIRE.

Voilà qui est fait. Vous n'avez qu'à venir signer.

SGANARELLE.

Voilà un contrat bientôt bâti.

CLITANDRE, à Sganarelle.

[Mais] au moins [monsieur...]

SGANARELLE.

Hé! non, vous dis-je. Sait-on pas bien?... [Au notaire.] Allons, donnez-lui la plume pour signer. [A Lucinde.] Allons, signez, signez, signez. Va, va, je signerai tantôt, moi.

LUCINDE.

Non, non, je veux avoir le contrat entre mes mains.

SGANARELLE.

Hé bien! tiens. [Après avoir signé.] Es-tu contente?

LUCINDE.

Plus qu'on ne peut s'imaginer.

SGANARELLE.

Voilà qui est bien, voilà qui est bien.

CLITANDRE.

Au reste, je n'ai pas eu seulement la précaution d'amener
un notaire, j'ai eu celle encore de faire venir des voix et
des instruments et des danseurs pour célébrer la fête et pour
nous réjouir. Qu'on les fasse venir. Ce sont des gens que je
mène avec moi, et dont je me sers tous les jours pour pacifier avec leur harmonie et leurs danses les troubles de
l'esprit.

SCÈNE VIII.

LA COMÉDIE, LE BALLET ET LA MUSIQUE.

TOUS TROIS ENSEMBLE.

Sans nous tous les hommes
Deviendraient malsains,
Et c'est nous qui sommes
Leurs grands médecins.

LA COMÉDIE.

Veut-on qu'on rabatte,
Par des moyens doux,
Les vapeurs de rate
Qui vous minent tous?
Qu'on laisse Hippocrate,
Et qu'on vienne à nous.

TOUS TROIS ENSEMBLE.

Sans nous tous les hommes
Deviendraient malsains,
Et c'est nous qui sommes
Leurs grands médecins.

(Durant qu'ils chantent et que les Jeux, les Ris et les Plaisirs dansent, Clitandre emmène
Lucinde.)

SCÈNE IX.

SGANARELLE, LISETTE, LA COMÉDIE, LA MUSIQUE,
LE BALLET, JEUX, RIS, PLAISIRS.

SGANARELLE.

Voilà une plaisante façon de guérir? Où est donc ma fille
et le médecin?

LISETTE.

Ils sont allés achever le reste du mariage.

SGANARELLE.

Comment, le mariage?

LISETTE.

Ma foi, monsieur, la bécasse est bridée; et vous avez cru
faire un jeu, qui demeure une vérité.

SGANARELLE.

Comment diable! (Il veut aller après Clitandre et Lucinde, les danseurs le
retiennent.) Laissez-moi aller, laissez-moi aller, vous dis-je. (Les
danseurs le retiennent toujours.) Encore? (Ils veulent faire danser Sganarelle de force.)
Peste des gens!

FIN DE L'AMOUR MÉDECIN.

TABLE DES MATIÈRES.

PARIS. — IMPRIMERIE ET LIBRAIRIE CENTRALES DE NAPOLÉON CHAIX ET Cᵉ.

LA BIBLIOTHÈQUE UNIVERSELLE DES FAMILLES

SE COMPOSE DE 500 BEAUX VOLUMES

CHOISIS PARMI LES MEILLEURS OUVRAGES ANCIENS ET MODERNES

[Prix, par série, 2 francs le volume. — Séparément, 2 fr. 50 c.

Voici les Ouvrages compris dans la première Série, classés par ordre de matières :

RELIGION.

NOUVEAU TESTAMENT. — Les Évangiles. —
  Les Actes des Apôtres. — Épitres, etc. 2
L'IMITATION DE JÉSUS-CHRIST 1
LA VIE DE JÉSUS-CHRIST 1
BOSSUET. — Traité de la Connaissance de
  Dieu et de soi-même. — Traité du
  libre arbitre. — Oraisons funèbres. —
  Élév. à Dieu sur les Myst. de la Relig. 3
BOURDALOUE. — Avent. — Carême . . . 3
FÉNELON. — Traité de l'Existence de
  Dieu. — Lettres sur divers sujets de
  métaphysique et de religion 1
SAINT FRANÇOIS DE SALES. — Introduc-
  tion à la vie dévote 1
FLÉCHIER. — Oraisons funèbres. — Ser-
  mons. — Discours de piété 3
MASSILLON. — Avent. — Carême. — Pe-
  tit Carême. — Oraisons funèbres. . . 5

MORALE.

LA ROCHEFOUCAULD. — Maximes 1
LA BRUYÈRE. — Caractères. 1
PASCAL. — Pensées 1
VAUVENARGUES. — Pensées 1

PHILOSOPHIE.

DESCARTES. — Discours de la Méthode.
  — Les Méditations. — Réponses aux
  Objections. — Passions de l'Ame, etc. 2
MALEBRANCHE.—Recherche de la verité.
  — Entretiens métaphysiques. — Médi-
  tations. — Traité de l'amour de Dieu.
  Entretiens d'un philosophe chrétien et
  d'un philosophe chinois 2

HISTOIRE.

AMYOT. — Vies des Hommes célèbres de
  Plutarque. 3
BOSSUET. — Discours sur l'Hist. univ. . 1
FLÉCHIER. — Hist. de Théodose le Grand. 1
MONTESQUIEU. — Considérations sur les
  Causes de la grandeur et de la déca-
  dence des Romains. 1
RETZ (CARDINAL DE). — Mémoires . . . 2
VOLTAIRE. — Siècle de Louis XIV. —
  Siècle de Louis XV.—Hist. de Charles XII 4

POÉSIE.

BOILEAU. — Œuvres complètes. 3
CORNEILLE (PIERRE). — Œuvres complètes. 7
CORNEILLE (THOMAS). — Œuvres 1
CHÉNIER (ANDRÉ). — Poésies 1

POÉSIE.

DELILLE. — L'Imagination. — Les Géor-
  giques. — Malheur et Pitié. — Les Jar-
  dins. — l'Homme des champs. —
  Pièces diverses 4
MALHERBE. — Œuvres 1
MOLIÈRE. — Œuvres complètes. 5
RACINE (JEAN). — Œuvres complètes . . 2
RACINE (LOUIS). — Poëme de la Reli-
  gion. — Poëme de la Grâce. — Odes
  sacrées. — Pièces diverses 1
REGNARD. — Œuvres choisies 1
VOLTAIRE. — Théâtre choisi. — La Hen-
  riade. — Choix de poésies. 4

LITTÉRATURE.

BERNARDIN DE SAINT-PIERRE. — Études
  de la nature 2
CHATEAUBRIAND. — Génie du Christia-
  nisme. 1
FÉNELON. — Éducation des Filles. — Dia-
  logues sur l'Eloquence. — Opuscules
  littéraires. — Poésies 1
FONTENELLE. — Entretiens sur la pluralité
  des mondes 1
Mme DE SÉVIGNÉ. — Œuvres complètes . 8
VOLTAIRE. — Choix de Correspondance. . 2

HISTOIRE NATURELLE.

BUFFON. — Histoire de l'Homme. — Histoire des Mammifères 2

ROMANS.

BERNARDIN DE SAINT-PIERRE. — Paul et
  Virginie. — La Chaumière indienne.
  — Voyage à l'Ile de France. 1
FÉNELON. — Télémaque 1
Mme DE STAEL. — Corinne 1

FABLES.

LA FONTAINE. — Fables 1
FÉNELON. — Fables 1
FLORIAN. — Fables 1

VOYAGES.

BARTHÉLEMY. — Voyage d'Anacharsis. . 4
CHATEAUBRIAND. — Voyages. — Itinéraire
  de Paris à Jérusalem 2

DROIT PUBLIC.

D'AGUESSEAU. — Mercuriales 1
MONTESQUIEU. — Esprit des lois . . . 2

PARIS. IMPRIMERIE ET LIBRAIRIE CENTRALES DE NAPOLÉON CHAIX ET Cie.

www.ingramcontent.com/pod-product-compliance
Lightning Source LLC
Chambersburg PA
CBHW061022030726
47504CB00002B/217